浙江省级线下一流课程"商务谈判"配套教材

商务谈判

法律与实务

李春友　厉飞芹　黄文胜　著

浙江工商大学 出版社
ZHEJIANG GONGSHANG UNIVERSITY PRESS
·杭州·

图书在版编目(CIP)数据

商务谈判：法律与实务 / 李春友,厉飞芹,黄文胜
著. — 杭州：浙江工商大学出版社，2023.12
ISBN 978-7-5178-5921-5

Ⅰ. ①商… Ⅱ. ①李… ②厉… ③黄… Ⅲ. ①商务
谈判—教材 Ⅳ.①F715.4

中国国家版本馆 CIP 数据核字(2023)第 253502 号

商务谈判：法律与实务
SHANGWU TANPAN：FALÜ YU SHIWU
李春友　　厉飞芹　黄文胜 著

责任编辑	吴岳婷
责任校对	都青青
封面设计	胡　晨
责任印制	包建辉
出版发行	浙江工商大学出版社
	（杭州市教工路 198 号　邮政编码 310012)
	（E-mail：zjgsupress@163.com）
	（网址：http://www.zjgsupress.com）
	电话：0571-88904980,88831806(传真)
排　　版	杭州朝曦图文设计有限公司
印　　刷	浙江全能工艺美术印刷有限公司
开　　本	710mm×1000mm　1/16
印　　张	16.5
字　　数	261 千
版 印 次	2023 年 12 月第 1 版　2023 年 12 月第 1 次印刷
书　　号	ISBN 978-7-5178-5921-5
定　　价	59.00 元

前言

党的二十大报告指出："构建高水平社会主义市场经济体制。"在社会主义市场经济体制的初建时期，商务谈判可谓"遍地开花"，小到买菜购衣，大到国际贸易，处处都需要用到商务谈判的技能。然而随着社会主义市场经济体制的逐渐完善，消费者市场中的商务谈判场景日益减少，而生产者市场、中间商市场和政府市场中的商务谈判日益呈现出专业化、职业化、科学化和法治化等特点。在此背景下，高校中的商务谈判课程需要进行调整，以适应这一变化。

本教材立足商务谈判的最新实践和对人才素质的要求，按照"商法融合、理实结合、框架创新、实践导向"的理念编写，目标是培养具有深厚理论基础、扎实专业能力并知法守法的专业商务谈判人才。本书的特色主要体现在以下四方面。

(1)商法融合

党的二十大报告指出："弘扬社会主义法治精神，传承中华优秀传统法律文化，引导全体人民做社会主义法治的忠实崇尚者、自觉遵守者、坚定捍卫者。"为此，本教材将在商务谈判领域贯彻落实党的二十大精神作为本书的第一大特色。《中华人民共和国民法典》自 2021 年 1 月 1 日起施行,其中第三编"合同"是商务谈判的基本法律依据。本教材在商务谈判知识体系中吸纳《中华人民共和国民法典》合同编的基本内容,以及《中华人民共和国政府采购法》《中华人民共和国招标投标法》《中华人民共和国仲裁法》等相关法律内容,通过释法说理与引用典型案例的方式,加大对商务谈判相关法律的教学力度,让法律所蕴含的契约精神、自愿原则、诚信原则等体现于商务谈判的教学内容中,并深深根植于学生心中。

(2)理实结合

当前商务谈判教材中的案例主要改编自国内外专著、网络信息、电视剧、中国古典故事等,与实务有一定距离。本教材的案例取材于一线实践,有以下三种来源:一是主编团队在对正泰集团、哈尔滨电气集团、新华三集团等知名企业进行深入调研的基础上,将信息脱敏后自编而成;二是采集和改编自中华人民共和国最高人民法院和高级人民法院公布的典型案例和裁判文书;三是引用同类教材中的典型实务案例。本教材希望通过这些具备实践性、时效性和典型性的案例,实现理论与实务的结合,启迪学生思维,培养学生的专业技能。

(3)框架创新

现有商务谈判教材主要以谈判流程(商务谈判的准备、磋商、让步、签约、履行)为主线进行框架结构安排,注重流程的整体性。本教材对现有框架结构安排做了改革尝试。具体地,基础篇(第一章至第四章)依然沿用现有的框架结构,而实践篇(第五章至第八章)则以商务谈判三要素为基础,按照单要素(合同文本、谈判主体、谈判环境)—双要素(谈判主体+合同文本、谈判环境+合同文本)—三要素(合同文本+谈判主体+谈判环境)次序组织内容,强调知识内容的模块化和知识难度的梯度上升。

(4)实践导向

本教材力图呈现"专业性、实用性、趣味性"的特点。在结构安排上,由基础篇逐步过渡到实践篇再到模拟篇。在内容安排上,从内容设计到每章节的具体内容,都是由教师团队与一线的商务、法务人员共同设计完成的。以上举措共同确保教材的实践导向及知识的专业性和实用性。教材的趣味性体现在案例思考题的设计上。本教材的案例后会列出思考题,并给出推荐答案而非标准答案(推荐答案将放置在配套资源库中),借以激发学生的创新思维,提升知识学习过程的趣味性。

　　本教材是浙江省级线下一流课程"商务谈判"的配套教材,适用于高校电子商务、贸易经济、市场营销、工商管理等专业的教学,也可供谈判从业者培训或自学使用。

　　我们在编写过程中参考了大量国内外同行的成果,在此致以衷心的感谢。由于水平有限,难免有疏漏之处,敬请专家、同行和读者不吝赐教,以便我们今后进行修正和完善。

编　者

2023 年 9 月

目录

第一章　商务谈判概述

学习目标

知识目标	技能目标
• 了解商务谈判的定义与特征 • 掌握商务谈判的目标与原则 • 掌握商务谈判的构成要素 • 了解商务谈判的类型及其优缺点	• 根据实际情况调整商务谈判目标 • 熟练掌握商务谈判的原则 • 掌握不同类型商务谈判涉及的主要议题

案例导入

1月12日,某餐饮集团(以下简称"乙方")通过招标方式采购4块电子大屏幕,总面积约为400平方米。某能源技术公司(以下简称"甲方")中标,双方签订了合同。合同约定,4块大屏幕需要配合乙方装修工期分次安装,乙方验收第一块完毕后即付款到甲方账户,甲方再进行第二块安装,以此类推。

4月12日,甲方按照合同约定完成第一块屏幕的安装、调试并点亮。乙方对照各项指标逐一查验,所有指标都符合标书要求,且完美度(框架上下契合度)高于标书要求。但没想到的是,乙方突然提出:大屏幕播放时,用手机拍出的屏幕照片有水波纹,可以认为不合格,尽管这次予以通过,但后续的三块屏幕不能由甲方完成,乙方要另行招标。

甲方当即提出不同意见,认为这种现象属于物理现象,跟视频素材、拍照手机像素及拍照角度都有关系,不是屏幕本身的质量问题,不同意乙方的决定,并将情况回传公司管理层,寻找解决办法。

甲方连夜开会讨论,一致认为,必须据理力争。于是,甲方第一时间拿出文字性权威解释,说明照片有水波纹是正常的物理现象,非屏幕质量问题。同时,甲方技术人员第二天全部赶到现场,配合乙方人员,用不同手机,从不同角度拍摄不同照片,发现均有水波纹,只是轻重程度不一。甲方技术人员又用华为手机,快门设定在 1/80 秒对着屏幕拍照,结果没有水波纹,乙方对此未置可否。此时刚好甲方经理在日本休假,得知此事后,在东京银座及涉谷街头用手机拍了很多大屏幕照片,照片显示都有水波纹,甲方经理将手机快门设定在 1/80 秒,水波纹基本消失。日本企业是这个行业最权威的芯片供应商,日本芯片也是全世界大屏幕生产厂家竞相采购的核心零部件。甲方用这些照片跟乙方再次交涉,乙方同意回去研究后再做答复。

4 月 15 日,乙方回复,希望剩下三块屏幕更换为 P3 屏(原合同为 P4 屏),要求更改参数,提高刷新频率和亮度。甲方同意,但要重新核价,因为 P3 屏比 P4 屏成本要高很多,双方需要签订补充合同,乙方同意。

案例思考:该案例反映出哪些商务谈判的特征?

资料来源:贺继红,王书环.商务谈判[M].北京:经济管理出版社,2019.

在当今社会,商务往来日益频繁,个人与个人之间、个人与组织之间、组织与组织之间在商务领域的交流合作日益增多。商务谈判已成为各方之间实现商品与服务交换、沟通合作、改善关系、减少摩擦等的有效手段。

第一节　商务谈判的定义与特征

一、谈判的定义

谈判是人类社会生活中经常发生的事情。那么,何为谈判?综观对谈判的解释,古今中外众说纷纭,其中比较有代表性的有以下几种。

按照字典的解释,"谈"的本意为"彼此对话、讨论","判"的本意为"评判"。

所以谈判实际上包含"谈"和"判"两个紧密联系的环节。"谈"是指当事人明确阐述自己的意愿和目标,充分发表关于各方应当承担和享有的权、责、利的看法;"判"是指当事人努力寻求关于权、责、利的一致意见,并以书面形式、口头形式或其他形式予以确认。

美国谈判协会创始人、著名律师杰勒德·I. 尼伦伯格(Gerard I. Nierenberg)在《哈佛谈判学》一书中,曾给出谈判的定义:"谈判就像在一张绷紧了的网中,运用情报及权力来左右他人的行为。"他又在《谈判的艺术》一书中指出:"谈判的定义最为简单,而涉及的范围却最为广泛,每一个要求满足的愿望和每一种要求满足的需要,都是引诱人们展开谈判的潜因。只要人们为了改变相互关系而交换观点,只要人们为了取得一致而磋商协议,他们就是在进行谈判。"

英国学者 P. D. V. 马什(P. D. V. Marsh)在《合同谈判手册》一书中,从经济贸易的角度给谈判下了定义:"所谓谈判,是指有关各方为了自身的目的,在一项涉及各方利益的事务中进行磋商,并通过调整各自提出的条件,最终达成一项各方较为满意的协议这样一个不断协调的过程。"

法国谈判学家克里斯托夫·杜邦(Christophe Dupont)全面研究了欧美许多谈判专家的著述后,在《谈判的行为、理论与应用》一书中,从社会关系的角度提出:"谈判是使两个或数个角色处于面对面位置上的一项活动。各个角色因持有分歧而相互对立,但他们又彼此依存。他们谋求达成协议的实际态度,以便终止分歧,并在彼此之间(即使是暂时性地)创造、维持、发展某种关系。"

二、商务谈判的定义

商务谈判是指各方在商务活动中为了促成交易或获得各自的经济利益,以及为分享资源、谋求合作、化解分歧、补偿经济利益损失等而进行的一种协商活动。商品经济本质上就是交换经济。在当今这个时代,商品经济获得空前的发展,可供交换的商品和服务极其丰富,而交换与商务谈判密切相关。除此之外,国家机关、事业单位、团体组织、企业等各种主体之间的经济和合作关系也越来越密切,需要协调和处理的经济利益问题越来越复杂。因此,各方必须充分发挥自己的谈判智慧、能力与技巧,才能通过交换达到各自的经济目的。

商务谈判与交换密切相关,但并不意味着所有交换活动都必须通过商务谈判来实现。一般而言,商务谈判包括当事人从接触、协商到达成协议的动态过程和静态协议两个方面。根据对象性质的不同,交换可以分成两大类:一类是不包含商务谈判的交换;另一类是包含商务谈判的交换。购买超市、百货商场、自动售货机里陈列的标价商品,交换条件相对固定,往往不需要当事人协商,就可达成交易,这种交换属于不包含商务谈判的交换。而大多数国家机关、事业单位、团体组织、各类企业等所采购的物资、工程、原材料等,交换条件是不固定的,且随着有关因素的变化而变化。在这种情况下,当事人就需要通过商务谈判来完成交换。

三、商务谈判的特征

纷繁复杂的表象之下,蕴含着商务谈判的共同特征。

(一)以互利互惠为导向

商务谈判本质上是互利互惠的。从实践看,谈判当事人获得的利益会受到当事人所在的组织、谈判策略等多种因素影响,不同当事人获得的利益不可能是绝对客观公平的,得到的满足程度也不可能完全一样。但是鉴于参与商务谈判的当事人是平等关系且是自愿的,最后达成的谈判结果一定是对各方都有利的。只利他的谈判难以持续,只利己的谈判会迫使对手退出。在互利互惠的导向下,一是参与谈判的当事人要学会处理短期利益与长期利益的关系,在社会主义市场经济日臻完善的当下,任何一方过于追求短期利益的行为,会通过互联网、人际网络等迅速传播,最终会导致失去长期利益,甚至逐步失去生存的土壤。二是参与谈判的当事人要学会处理经济利益与非经济利益的关系。商务谈判固然有很明确的经济利益目标,但切不可忽视对情感利益、关系利益等的追求,成功的商务谈判既能满足各当事人的经济利益诉求,又能实现加强交流、增进互信、改善关系等目的。

(二)以价格谈判为核心

商务谈判的议题很多,一般会涉及标的名称、数量、质量、价格、交货时间与地点、支付方式、运输、违约责任、解决争议的方法等。实践中,议题顺序的安排可以有多种,如谈判始于其他议题终于价格议题,始于价格议题终于其他议题,或者混合进行。但无论谈判议题顺序如何安排,其实质不是直接围绕着价格,就是间接体现价格。价格总是商务谈判的核心,根本原因就在于价格与其他的谈判议题有着极其紧密的内在关系。例如,通常情况下,数量越多,单价越低;质量要求越严格,价格越高;现付价格低于远期支付价格;包运输的价格高于不包运输的价格。因此,我们会发现,商务谈判谈来谈去,最终价格是归宿。商务谈判的这一特征,要求参与商务谈判的当事人应全面考虑各个议题与价格之间的内在关系,制定出以价格为核心的整合式谈判方案。只有这样,才能游刃有余,避免顾此失彼,最终实现自己的谈判目标。

(三)以议题交易为途径

世界上没有两场完全相同的商务谈判,即使是同一团队参与的谈判,因时间、环境等因素的不同,谈判的过程和结果也会有一定差异。那么,我们不禁要问,形形色色的商务谈判表象下,当事人到底在谈什么?答案是议题交易。议题交易包括当事人之间的议题交易与当事人自身的议题交易两种。当事人之间的议题交易是指参与谈判的不同当事人之间的议题交易。例如,买方通过提高价格,换取卖方将质保年限由2年延长至3年;买方通过提高价格,换取卖方提供运输服务;卖方通过提高产品质量标准,换取买方提高购买价格等。当事人自身的议题交易是指当事人通过调整己方各议题之间的关系,达到自己的目的,实现双赢的结果。例如,如果买方认为卖方的价格高,那么卖方可以调整自己的议题来降低报价,如增加首付款比例、降低违约金、降低履约保证金等。在此前提下,卖家可以降低标的的价格。

(四)冲突性与合作性兼备

商务谈判的冲突性来源于当事人对利益的角逐,因此,在整个谈判过程中,当事人都会积极地维护自己的利益,希望在谈判中获得尽可能多的利益,这是谈判对抗和竞争的一面。然而,参与商务谈判的当事人具有平等性和自愿性特征。所谓平等性,是指当事人在法律地位上处于平等的状态,权利受到同等的法律保护,彼此之间不存在管理和服从的关系。所谓自愿性,是指谈判的结果本质上是当事人合意的产物。因此,当谈判当事人立场不同时,为了达成满意的协议,每一当事人都必须采取合作的态度,做出适当的让步;否则,任一当事人退出谈判,都会造成谈判中断甚至失败。不难看出,谈判不是一味追求自身利益的过程,而是各方通过不断地调整各自的需要而相互接近,最终达成合意的过程。通过谈判达成的协议应该能够保障各方的主要利益或底线利益,这体现了谈判的合作性。

(五)科学性与艺术性统一

商务谈判的科学性主要体现在其背后所蕴含的众多科学知识上。例如,先进设备采购谈判、工程招标谈判、技术贸易谈判等,既包含机械、材料、电气、工程等学科知识,又包含法学、会计学、心理学、社会学等学科知识,还包含研发、工艺、制造、运输、售后等企业(组织)内部知识。如果谈判人员不懂与谈判内容相关的知识、行业惯例、术语等,就很难使谈判取得成功。同时,运用这些科学知识的是谈判人员,谈判人员的素质、能力、经验、心理状态等因素及其临场发挥对谈判过程和结果又有着极大的影响,使谈判具有难以预测、难以把握的特征。同样的谈判内容,同样的环境,不同的人去谈判,最终的结果往往是不同的,这就反映出了商务谈判的艺术性。

第二节 商务谈判的目标与原则

确定科学的商务谈判目标、了解和贯彻商务谈判的基本原则,是参与商务谈判活动的前提和基础。

一、商务谈判的目标

商务谈判的目标是指谈判当事人通过商务谈判所要达到的具体目标,它指明了谈判的方向和谈判当事人对本次谈判的期望水平。谈判目标是一种在科学分析的基础上形成的谈判预期,确定科学的谈判目标对于制定谈判计划、选用谈判策略、指导现场谈判活动具有非常重要的作用。商务谈判目标具体可分为最优目标、可接受目标和底线目标。

最优目标也可称作理想目标、最高目标等,一个合理的最优目标既能达到己方的期望,又要在谈判对手的可接受范围内。在现实中,科学设定最优目标除了要考虑当事人自身因素外,还要考虑需求因素、行业因素、经济发展规律等其他众多因素,非常具有挑战性。实践中,很多谈判者误将首次报价当成最优目标,这是不对的。一般地讲,假如卖方的最优目标是每台设备 100 万元,那么首次报价往往要高于 100 万元,至于高出多少合适,要视具体情况而定。如果首次报价是每台 100 万元,那么以 100 万元/台成交的概率是极低的。

底线目标是当事人在谈判中所要达到的最低目标,通常简称为底线。对于当事人来说,这种目标是最低要求,毫无讨价还价的余地,如果不能实现,宁愿退出谈判,也不会妥协让步。相较于最优目标,底线目标的设定相对简单,一般与成本密切相关,大多数情况下略高于成本,少数情况下也可等于甚至低于成本。值得注意的是,底线目标一般属于商业机密,当事人要严格保密,切勿因疏忽大意而泄密。

可接受目标是经过综合平衡,满足谈判当事人部分需求的,介于最优目标和底线目标之间的一个中间目标。理论上,可接受目标属于由最优目标为上限,底线目标为下限所构成的区间,但这个区间过大,缺乏指导意义。因此,实践中,谈判者应在理论区间中确定一个相对小的区间,从而在最优目标后,构建起力争实现的第二道防线,以防止当事人一步步退让后,只能在底线附近达成协议。

在商务谈判中,谈判目标的确定是一项非常重要的工作。实践中要注意以下三个方面。一是不能盲目地将全部精力放在争取任何一个固定目标上,而忽视谈判过程中可能出现的偶然因素和种种困难,谈判目标要根据实际情况随机应变,在最优目标、可接受目标和底线目标之间进行适时调整。二是针对任何一个目标,都要提前设计出几套支持目标实现的方案。例如,针对最优目标,可以设计 A、B、C 三套实现方案。当对方对 A 方案不满意时,不建议直接降到可接受目标,而是拿出 B 方案和 C 方案继续与对方协商。只有当 A、B、C 三套方案都被否定了,才考虑退而求其次,在可接受目标这道防线上与对方继续谈判。三是对底线目标要注意保密,除己方谈判团队外,绝对不可主动透露或因疏忽大意泄露给谈判对手。

二、商务谈判的原则

商务谈判的原则是指商务谈判中各方当事人应共同遵守的基本准则和行为规范。认识、把握和贯彻商务谈判的原则,有助于凝聚共识、维护合法利益、正确使用谈判策略、提高谈判成功率。商务谈判的原则主要有以下几条。

(一)平等自愿原则

平等是指在商务谈判中,无论当事人的经济实力强弱、组织规模大小,其法律地位都是平等的。具体来讲,在商务谈判中,各方当事人对于交易标的及具体交易条件都拥有同等的发言权、表决权和否决权。协议只能通过各方的平等对话达成,不能搞一言堂或者少数服从多数。在实践中,实力悬殊的各方当事人话语权不对等是十分常见的现象,然而从根本上说,这不符合商务谈判的平等原则。

商务谈判中的自愿是指具有独立行为能力的谈判当事人出于对自身目标的追求,能够按照自己的意愿进行谈判并做出决定,而不用屈服于外界压力或者他人的驱使。自愿是商务谈判各方进行合作的重要前提和保证,如果谈判任一方是被迫而非自愿的,严格地讲,这属于违反《中华人民共和国民法典》合同编的行为;退一步讲,即使不构成违法,被迫的一方势必也带有抵触情绪,谈判有可能会中途破裂,被迫的一方退出谈判。只有在自愿的情况下,谈判当事人才会有发自内心的合作意愿,才会进行平等的竞争和合作,才能互谅互让,谈判才会取得令人满意的结果。

(二)互利双赢原则

现代谈判理论将商务谈判当事人视作合作者,而不是竞争者,更不是敌对者。这是因为,当事人需要通过谈判完成交换,进而达到各自的目的,这是一个需要谈判当事人进行配合、谅解与让步,最终达成协议的过程。如果参与谈判的当事人不是秉持互利双赢原则,而是将对方看作对手,将谈判看成一场争斗,必须分出输赢,那么就会千方百计地压倒对方,结果就是谈判破裂,或者即使签订了协议,在履行阶段,感觉到利益受损的一方也会缺乏履行协议的积极性,甚至暗地里破坏协议,最终任何一方都不会成为赢家。

坚持互利双赢原则需要秉持真诚和坦率的态度,在平等、自愿的基础上,坦诚交流,公开交换各自的目标、条件和要求,相互理解,求同存异,建立稳固和长久的合作关系。在互利双赢原则下,当事人应践行诚实守信的行为标准,重信守诺,既要取信于人,也要信任对方,避免互相猜疑、互相欺骗,破坏友好的谈判氛围。

阅读材料 1-1

有时看起来某家外商的报价明显低于其他人,谈判者从节省费用角度出发做出选择,表面上占了不少便宜,但事实上这里可能潜伏着利益损失的危机。谈判者必须懂得,明显的低价往往包含着三种可能:第一种是对方计算失误,以后在工程实施过程中对方将陷入进退两难的境地,不得不偷工减料,结果到头来还是你吃亏;第二种是对方为了应付竞争故意报低价,来取得该项目,但是在取得项目后,就可能把这部分损失从别的地方捞回来,结果你并没有得便宜,反而陷入一系列令人烦恼的争执之中;第三种是对方的低价仅仅是一种策略,是在你轮番压价中,屈从于你的权宜之计,然而由于价格差异太大,最后实在没能力完成,只能赔偿或被罚款,看起来你并没有吃亏,但事实上你想做的事没做成,再重新由别的公司做,延误了时机,这实在是得不偿失。

资料来源:张祥.国际商务谈判:原则、方法、艺术[M].北京:社会科学文献出版社,2014.

(三)守法原则

在我国,任何商务谈判活动必须遵守《中华人民共和国民法典》合同编、《中华人民共和国招标投标法》、《中华人民共和国政府采购法》、《中华人民共和国仲裁法》等相关法律、法规和政策,其中,《中华人民共和国民法典》合同编是调整商务谈判当事人之间交易关系的最根本、最重要的法律规范。

商务谈判的守法原则主要体现在谈判当事人、交易内容和目的、谈判过程、签订合同等四个方面。

谈判当事人的合法性是指参与谈判的当事人须具有相应的民事行为能力且当事人的意思表示须真实。交易内容和目的合法性是指谈判的内容和目的不得违反法律和公序良俗,法律禁止的交易内容,即使具备谈判要素和形式,也是非法的。谈判过程的合法性是指谈判要通过正当手段达到目的,而不能通过行贿受贿、暴力威胁、欺诈等不正当手段牟取不合法利益。签订合同的合法性,是指在符合上述三个条件的情况下,当事人之间所签订的合同条款应当全面、确定、准确、严密,一般应包括:当事人的姓名或者名称和住所;标的;数量;质量;价格或者报酬;履行期限、地点和方式;违约责任;解决争议的方法。只有在谈判中遵守合法原则,谈判及签订的合同才有法律效力,谈判当事人的利益才能得到法律保护。

(四)人事分开原则

人事分开原则是指在商务谈判过程中,将对谈判对手的态度与对所讨论议题的态度严格区分开来,就事论事,不要因人误事。谈判人员是活生生的人,人的行为很容易受个人价值观、性格、心理、情绪等主观因素影响,这些主观因素不仅会影响谈判氛围,也会影响谈判结果。如果谈判过程中谈判人员相互产生满意的心理感受,那么在这种积极和正面的心理状态下,谈判过程会更顺利和更有效率,谈判人员更愿意做出适当让步,谈判成功的可能性就会大增。

相反,如果谈判人员之间存有芥蒂、猜忌甚至是敌意,则很难达成一致意见,容易出现因人误事。造成这种情况的主要原因在于,当事人不能很好地将人与事分开,容易将对谈判具体问题的不满意,发泄到对方谈判人员头上,或者相反,将对谈判人员的不满意转嫁到对谈判具体问题的看法上。人事分开原则强调,与对方打交道是形式和载体,达成协议或解决问题才是目的。因此,当事人应有理、有据、有节地进行谈判和磋商,避免因人误事。

(五)客观性原则

在商务谈判中,当事人通常处在对立状态,在各自的立场、利益和强烈情感的支配下,容易陷入臆想、偏见、固执己见、先入为主的泥潭中,以致不顾事实真相,一意孤行,使商务谈判陷入僵局。坚持客观性原则能够有效克服上述问题,打破僵局,有利于当事人达成一份明智而公正的协议。所谓客观性原则,是指谈判内容要符合独立于当事人主观意志之外的合乎客观事实和切实可用的标准,包括国家标准、行业标准、商业惯例、交易习惯、统计数据、行业报告、第三方鉴定、价格走势等。在商务谈判中坚持使用客观性原则,有助于当事人调和、消除彼此的分歧,和睦相处,冷静而又客观地分析问题。依据客观性原则达成的协议,当事人会感到自己的利益没有受到损害,因此会积极严格地履行协议。

(六)灵活变通原则

世界上没有两场完全相同的商务谈判,商务谈判受到很多偶然因素和随机因素的影响。只有在谈判中灵活、变通地应对,才能提高谈判成功的概率。灵活变通原则是指当事人应在底线目标基础上,采用多种谈判策略、谈判技巧促进谈判顺利进行,实现既定目标。灵活变通原则要求当事人应当具有全面且长远的眼光、敏锐的思维,能够根据环境因素的变化、谈判议题的重要性、谈判对手的不同等,对事先准备的谈判方案和谈判策略做出及时和必要的调整,以有效应对谈判场上的变化。例如,卖方想保持甚至抬高售价,买方想方设法压低价格,卖方希望早点回收货款,买家希望晚点付款等。这些都是商务谈判中的常态。当事人应该将这些分歧视作各方希望成交的积极信号,充分发挥自己的想象力,提出多种变通方案,积极灵活地处理当事人之间的分歧,寻求各方都能接受的方案,帮助谈判朝有利方向发展。

第三节　商务谈判的构成要素

任何商务谈判活动都由相互联系和相互影响的三个基本要素构成:谈判主体、谈判议题和谈判环境。

一、谈判主体

谈判主体可以是自然人,也可以是组织(包括法人和非法人组织)。与自然人不同,组织虽然具有谈判和缔约资格,但受其属性的限制,组织的谈判和缔约能力的行使必须假借自然人代表。因此,谈判主体一般可分为两类:有资格参与商务谈判并能独立承担法律后果的组织和自然人,可称为关系主体;代表组织参与商务谈判的法定代表人(代表法人)、组织负责人(代表非法人组织)以及两者的授权代理人,以及代表自然人的授权代理人,可称为行为主体。

实践中,当行为主体与关系主体处于分离状态时,可能会出现行为主体的行为超越关系主体的经营范围、职能范围或者超越关系主体的授权范围的情况,这会造成合同无效,并可能进一步引发法律纠纷。因此,要特别注意行为主体的谈判范围和谈判权限。

(一)行为主体的谈判范围

行为主体的谈判范围应当在关系主体的经营范围或职能范围内。例如,对于企业而言,经营范围是指企业得到市场监管部门允许从事经营的行业、商业类别和服务项目。企业的法定代表人及其授权代理人的谈判内容应该在企业的经营范围内。对于超越经营范围的,可以分为对一般经营范围的超越和对禁止经营、限制经营及特许经营事项的超越。当超越的只是一般经营范围时,签订的合同有效;当涉及的是禁止经营、限制经营及特许经营事项时,签订的合同无效。

(二)行为主体的谈判权限

在通常情况下,行为主体应当在关系主体的授权权限内从事商务谈判活动,谈判结果由关系主体承担。当行为主体的行为超出授权权限,其所实施的谈判行为是否仍然具有法律效力?按照《中华人民共和国民法典》合同编的规定,行为主体超越授权权限订立的合同,除相对人知道或者应当知道其超越权限的以外,关系主体对它的行为主体的活动承担责任,其签订的合同具有法律效力。

二、谈判议题

从理论上讲,在不违反社会公德和社会公共利益及强制性规范的前提下,当事人可以就任何议题进行谈判和订立合同。然而从实践来看,经过人们的不断探索,各种类型谈判所涵盖的议题范围逐渐趋于固定。因此,当事人可以参考和借鉴具有一定典型性和成熟性的商务谈判实践,确定具体谈判议题。

根据交易标的的不同,谈判可以划分为:买卖谈判;建设工程谈判;承揽谈判;技术谈判;借款谈判;租赁谈判;融资租赁谈判;供电、水、气、热谈判;运输谈判；仓储谈判；委托谈判；合伙谈判；保理谈判；保管谈判等。

不同类型的谈判涉及的议题会有所区别。下面介绍几种常见的谈判及其主要议题。

买卖谈判是关于卖方转移标的物的所有权于买方，买方支付价款的谈判。买卖谈判一般包括标的物的名称、数量、质量、价款、履行期限、履行地点和方式、包装方式、检验标准和方法、结算方式、合同使用的文字及其效力等议题。

建设工程谈判是关于承包人进行工程建设，发包人支付价款的谈判，包括工程勘察谈判、设计谈判和施工谈判。其中，施工谈判一般包括工程范围、建设工期、中间交工工程的开工和竣工时间、工程质量、工程造价、技术资料交付时间、材料和设备供应责任、拨款和结算、竣工验收、质量保修范围和质量保证期、相互协作等议题。

承揽谈判是关于承揽人按照定作人的要求完成工作，交付工作成果，定作人支付报酬的谈判，承揽包括加工、定作、修理、复制、测试、检验等工作。承揽谈判一般包括承揽的标的、承揽数量、质量、报酬、承揽方式、材料的提供、履行期限、验收标准和方法等议题。

技术谈判是当事人就技术开发、转让、许可、咨询或者服务等，确立相互之间权利和义务的谈判。技术谈判一般包括项目的名称，标的的内容、范围和要求，履行的计划、地点和方式，技术信息和资料的保密，技术成果的归属和收益的分配办法，验收标准和方法，名词和术语的解释等议题。

借款谈判是借贷双方关于借款、到期返还借款并支付利息的谈判。借款谈判一般包括借款种类、币种、用途、数额、利率、期限和还款方式等议题。

租赁谈判一般包括租赁物的名称、数量、用途、租赁期限、租金及其支付期限和方式、租赁物维修等议题。

融资租赁谈判是涉及出租人根据承租人对卖方、租赁物的选择，向买方购买租赁物提供给承租人使用，承租人支付租金的谈判。融资租赁谈判一般包括租赁物的名称、数量、规格、技术性能、检验方法，租赁期限，租金构成及其支付期限和方式、币种，租赁期限届满后租赁物的归属等议题。

在实践中，难免会出现议题遗漏，约定不完整、含糊、相互矛盾等问题，那么该如何补救？对此问题，《中华人民共和国民法典》合同编有明文规定。合同生效后,当事人就质量、价款或者报酬、履行地点等议题没有约定或者约定不明确的,可以协议补充;不能达成补充协议的,按照合同相关条款或者交易习惯确定。

按照合同相关条款或者交易习惯仍不能确定的,适用下列规定:(1)质量要求不明确的,按照强制性国家标准履行;没有强制性国家标准的,按照推荐性国家标准履行;没有推荐性国家标准的,按照行业标准履行;没有国家标准、行业标准的,按照通常标准或者符合合同目的的特定标准履行。(2)价款或者报酬不明确的,按照订立合同时履行地的市场价格履行;依法应当执行政府定价或者政府指导价的,依照规定履行。(3)履行地点不明确,给付货币的,在接受货币一方所在地履行;交付不动产的,在不动产所在地履行;其他标的,在履行义务一方所在地履行。(4)履行期限不明确的,债务人可以随时履行,债权人也可以随时请求履行,但是应当给对方必要的准备时间。(5)履行方式不明确的,按照有利于实现合同目的的方式履行。(6)履行费用的负担不明确的,由履行义务方负担;因债权人原因增加的履行费用,由债权人负担。

三、谈判环境

任何的商务谈判都是在一定的环境下进行的,即使是相同的谈判团队,谈判议题相同,只要谈判背景不同,谈判的结果也会有所差异。谈判环境主要包括政治环境、经济环境、技术环境、文化环境、地理环境、人口环境等。

政治环境是国际谈判中一个很重要的背景因素,包括所在国家或地区的社会制度、政治制度、政局、政策等。如果国家之间关系友好,谈判环境也会较为舒适,谈判双方彼此能坦诚相待,充满互帮互助的友谊,出现的问题也比较容易解决;反之,国家关系处于紧张状态时,可能会出现制裁、禁运或执行歧视性政策,从而也会对谈判内容和过程造成诸多限制和困难,在此情况下,某些已经达成合意的协议,也可能因政治环境影响而不能生效。此外,政局动荡、人事更迭等,也有可能导致政策出现变化,给谈判结果造成重大影响和不确定性。

经济环境包括所在国家或地区的经济发展水平、人均收入水平、经济发展速度、汇率走势、市场状况等。例如,某地的经济发展水平在一定程度上可以反映当事人背后的经济实力;市场供求状况不同,当事人的态度和策略也会有所不同;汇率走势既反映了当下的宏观经济状况,又对未来经济走势提供了参考依据。

技术环境包括高新技术的拥有及创新产出情况、技术人才的数量和质量等。

文化环境包括所在国家或地区的历史渊源、民族宗教、价值观念、风俗习惯等。东西方国家之间、不同种族和不同民族之间,甚至一个国家内的不同区域之间,文化环境也会有很大差异。

地理环境是指所在国家和地区的地理位置及其气候、土地、河流、湖泊、山脉、矿藏,以及动植物资源等自然条件的总和。

人口环境包括人口的数量、分布、年龄结构、性别结构等。

阅读材料 1-2

某国际建设工程公司到非洲修建高速公路,可行性报告对绝大部分情况考虑得很周全,但忽视了当地石料不适于做高速公路路基这个关键问题。根据这份可行性报告,双方进行了一系列谈判,并达成了协议。然而开工后该公司却傻了眼,因为路基所需的石料必须到 300 千米以外去开采,这样就使开采与运输费用大幅度上升,不仅贻误了整个工期,而且还使整个工程足足损失了 1000多万美元,该公司总经理为此病倒,卧床整整两个星期。

资料来源:张祥.国际商务谈判:原则、方法、艺术[M].北京:社会科学文献出版社,2014.

第四节　商务谈判的类型

不同类型的商务谈判优缺点不同,适用的情境也不同。认识商务谈判的基本类型,有利于根据客观条件和要求选用合适的商务谈判类型,扬长避短,争取谈判主动权。

一、按谈判地点划分

按谈判举行地点划分,商务谈判可分为主场谈判、客场谈判、主客场轮流谈判和第三地谈判。

(一)主场谈判

主场谈判是指对谈判的某一方当事人而言,以东道主身份在自己的所在地进行的谈判,所在地包括自己居住的国家、城市或办公场所。主场谈判不离开自己熟悉的工作和生活环境,是在自己做主人的情况下组织的商务谈判。主场谈判具有如下优点:一是心理优势,己方的谈判人员熟悉主场环境,不会存在对语言、环境、生活习惯等方面的不适应问题,能够产生熟悉感和安全感;二是主动优势,由于主场谈判的接待、会议时间和场地、会议议程等主要由东道主安排,东道主可以通过对己方有利的安排来掌握谈判的主动权;三是支持优势和沟通优势,东道主可以很容易地获得己方组织和人员的支持,如谈判信息的补充收集与校准、谈判资料的准备和打印等。此外,对于谈判中遇到的难以决策的事项,可以及时请示己方领导并获得反馈。

(二)客场谈判

客场谈判是指在对方所在地进行的谈判。客场谈判在天时、地利、人和等方面没有优势,会面临诸多困难。例如,谈判中的客方通常要受出差劳顿之苦,会因为异地环境而产生心理紧张、生活不适应等问题,同时很难得到己方组织和人员的支持。这就需要客方谈判人员在谈判前做好做足谈判准备,在谈判中要有较强的应变能力,以处理和应对谈判中出现的复杂局面和敏感问题。当然,客场谈判并非无一是处,客场谈判最大的优点在于,客方可借谈判之机对东道主的实际情况进行现场考察,与已掌握的资料相互印证和相互补充。此外,客场谈判省去了迎来送往等烦琐工作,对于不利的谈判局面,可以假借请示领导、己方准备不足等理由中断谈判。

(三)主客场轮流谈判

主客场轮流谈判是指在商务谈判中互换谈判地点的谈判。谈判可能开始在买方所在地进行,然后又转移到卖方所在地进行,再接下来可能又回到买方所在地。主客场轮流谈判的出现往往和标的的性质密切相关,例如,技术引进、成套设备采购、大宗商品采购等,这些谈判通常比较复杂,短时间内难以达成协议,不得不分几场进行。在主客场轮流谈判中,有两点需要特别注意:一是提前确定谈判议程,各方要在谈判开始前,明确谈判的场次、每场谈判的具体议题和目标,以及谈判的时间、地点、人员等;二是确保主要谈判人员的连贯性,在谈判中,可以对部分谈判人员进行调整,但主要谈判人员尽量不要更换,以保证谈判的连续性和谈判成果的前后一致性。

(四)第三地谈判

第三地谈判也可称作中立地谈判,是指在谈判当事人所在地以外的其他地点进行的谈判。第三地谈判最大的特点在于公平性,各方均无主场优势,谈判的地理、社会等环境对各方较为公平,策略运用的背景条件相当,各方都不能通过实地考察深入了解对方情况。第三地谈判一般出于某些特殊理由才被采用,例如,当商务谈判的各方当事人都远离中心城市,任何一方出行都不大方便时,可以选某个中心城市作为谈判地点。再如,各方因其他原因同时出现在第三地,此时选择第三地作为谈判地点省时省力。当然,在关系不融洽、信任程度不高的状况下,各方也倾向于选择第三地进行谈判。

二、按谈判方式划分

(一)面对面谈判

按谈判方式划分,商务谈判可分为面对面谈判、书面谈判和线上谈判。

面对面谈判是商务谈判最常见和最主要的谈判类型,是指谈判人员直接面对面就谈判议题进行口头协商。面对面谈判的优点:一是可以当面陈述、解释与回应,简单、直接、灵活,有利于提高沟通效率;二是便于谈判人员在专业、知识、能力、经验等方面相互补充、协同配合,有利于展现团队谈判能力;三是能够透过对方的言谈、表情、举止、动作等了解、分析和把握对方的外在表现和内在动机,有利于有针对性地调整谈判策略;四是能够最大限度地发挥情感因素的作用,为实力较弱的谈判方说服对方提供机会。面对面谈判最大的缺点在于,谈判过程会受到谈判人员的谈判能力和现场表现的影响,谈判结果并非完全取决于各方的客观实力。

(二)书面谈判

书面谈判是指谈判人员不直接见面,而是通过信件、电报、传真、电子数据交换、电子邮件等进行的谈判。书面谈判的主要优点如下:一是谈判成本低,书面谈判一般只需要花费通信费,不需花费差旅费、招待费等;二是便于留存证据,书面谈判通常会产生纸质或电子资料,这些是解决未来争议的原始证据;三是有利于理性决策,书面谈判不需要在短时间内对谈判问题、谈判分歧等做出回应,给谈判双方留下冷静思考的时间。书面谈判的缺点也相当明显,实践中容易出现的有:一是约定不全面,受限于信息交流不便利,书面谈判往往只会谈及重要议题,一般性议题往往按交易惯例确定,当各方对交易惯例的理解存在分歧时,将来就有可能产生争议;二是约定不明确,文字容易出现辞不达意的问题,造成双方理解差异,对于合同生效时间、生效地点等要件的确认有一定难度。书面谈判一般适用于标的较为简单和有合作历史的情况。

(三)线上谈判

线上谈判是伴随信息技术的兴起而发展起来的新型谈判方式,是指谈判人员借助电话、互联网等工具进行的谈判。线上谈判提供了一种异地同时谈判的可能,谈判人员可以在不同的远程位置进行谈判,增强了谈判的灵活性,提高了谈判效率,节省了出差时间、差旅费等。同时,线上谈判的缺点也逐渐引起了人们的关注:一是不利于保守商业秘密,谈判中所使用的数字、资料、组织内部信息等,存在被谈判对手、竞争对手等留存和公开的风险;二是在面对面谈判和书面谈判中,会产生纸质、电子文件等原始证据,而线上谈判除最终协议外,一般不会产生这些原始证据(录音、录屏除外),若产生纠纷,取证较为困难。

三、按议题组织划分

按照议题组织方式的不同及议题的多寡,可将商务谈判划分为统筹型谈判和单一型谈判。

(一)统筹型谈判

统筹型谈判是指确定谈判需要协商的议题范围后,按照一定的逻辑顺序,可对多个议题同时展开讨论。当谈判当事人对某个议题意见不一致时,可以暂停对该议题的讨论,先讨论其他议题,待其他问题确定后,再有针对性地解决遗留议题,直到所有议题都谈妥为止。例如,在买卖谈判中,买卖双方初步谈妥数量、质量、履行期限、履行地点和方式、包装方式、检验标准和方法等议题后,开始就价格进行磋商,如果价格确定不下来,则可以回过头继续讨论数量、质量、履行期限、履行地点和方式、包装方式、检验标准和方法等议题,以使价格朝双方都能接受的方向调整。统筹型谈判的优点是,议题安排灵活多样,能够充分发挥谈判人员的创造力和想象力,有利于更好地运用谈判策略和技巧,找出变通的方法。统筹型谈判一般适用于标的较为复杂、谈判人员规模较大的情形。

(二)单一型谈判

单一型谈判是指只针对有限几个议题展开的谈判。例如,买卖谈判中,买卖双方围绕价格进行谈判。一般情况下,买方希望价格越低越好,而卖方则希望保住期望价格。单一型谈判由于涉及的议题少,谈判人员发挥创造力和想象力的空间小,所以,如果谈判人员处理不好,容易变为硬式谈判。单一型谈判一般适用于标的较为简单或有过合作历史的情形。

四、按谈判观念划分

按照谈判观念的不同,商务谈判可分为硬式谈判、软式谈判和原则式谈判。

(一)硬式谈判

硬式谈判也称立场型谈判,是指谈判人员以意志力的较量为手段,很少顾及或根本不顾及对手的利益,以取得己方胜利为目的的立场坚定、主张强硬的谈判方法。硬式谈判视对方为敌人,强调谈判立场的坚定性,强调针锋相对,认为谈判是一场意志力的竞赛,为了达到自己的目的,丝毫不考虑别人的需要和利益,也不顾及己方的形象及对今后合作的影响,认为只有按照己方的意愿达成协议才是谈判的胜利。

硬式谈判一般适用于以下两种情形:一是一次性交往,也就是俗称的"一锤子买卖",如果今后还想往来,或者维持长久关系,那么为取得一次胜利而采取硬式谈判将影响未来的合作;二是双方实力悬殊,己方处于绝对优势的情况。

(二)软式谈判

软式谈判也称关系型谈判,是一种为了保持同对方的某种关系而采取的带有退让与妥协行为的谈判类型。软式谈判具有以下特点:一是将对方当朋友,谈判人员总是从个人的良好愿望出发,将对手看成与自己同样善良的人,不相信对方会搞阴谋诡计,即使对手设下陷阱,也看作是蜜糖;二是目标是追求某种形象、地位或维持某种类似于"单相思"的良好关系,即使达成的协议对己方不利,对对方有利,也不管;三是只提出自己的最低要求,深怕刺痛对方,破坏与对方的关系;四是屈服于对方的压力,不敢固守自己的正当利益,常以己方的损失为代价促成谈判。

(三)原则式谈判

原则式谈判,也称价值型谈判,最早由美国哈佛大学谈判研究中心提出,故又称哈佛谈判术。原则式谈判借鉴了软式谈判与硬式谈判之所长,同时又避其短,强调公正和公平原则,主要有以下特点:一是既不将对方当朋友,也不当作敌人,将谈判当事人都看作问题的解决者,就事论事,聚焦于解决问题;二是将人与事分开,谈判人员以公正的态度参加谈判,将对谈判对方的态度和对所讨论议题的态度严格区分开来,对人采取软的态度,对事采取硬的态度;三是将社会公认的客观标准、科学原则、国内和国际法律、风俗、习惯传统、道德规范、宗教原则等作为解决矛盾和分歧的原则,而不是自设原则或自立标准。

总体来看,硬式谈判和软式谈判缺点较多,过于"硬"或"软"都不利于谈判的顺利进行和谈判目标的达成。原则式谈判是一种理性而又富有人情味的谈判方式。因此,当代谈判人员应把握原则式谈判的精髓,努力在实践中加以运用。

课后练习

一、单项选择题

1.商务谈判的核心议题是(　　　)。

    A.质量　　　　　　B.数量　　　　　　C.价格　　　　　　D.支付

2.（　　）是调整商务谈判当事人之间交易关系的最根本、最重要的法律规范。

　　A.《中华人民共和国招标投标法》

　　B.《中华人民共和国民法典》合同编

　　C.《中华人民共和国政府采购法》

　　D.《中华人民共和国仲裁法》

3.当行为主体超越的是（　　）时,签订的合同仍然有效。

　　A.一般经营范围　　　　　　　　B.禁止经营范围

　　C.限制经营范围　　　　　　　　D.特许经营范围

4.（　　）是关于卖方转移标的物的所有权于买方,买方支付价款的谈判。

　　A.建设工程谈判　　　　　　　　B.承揽谈判

　　C.技术谈判　　　　　　　　　　D.买卖谈判

5.（　　）是关于承包人进行工程建设,发包人支付价款的谈判。

　　A.建设工程谈判　　　　　　　　B.承揽谈判

　　C.技术谈判　　　　　　　　　　D.买卖谈判

6.（　　）是关于承揽人按照定作人的要求完成工作,交付工作成果,定作人支付报酬的谈判。

　　A.建设工程谈判　　　　　　　　B.承揽谈判

　　C.技术谈判　　　　　　　　　　D.买卖谈判

7.（　　）是当事人就技术开发、转让、许可、咨询或者服务等,确立相互之间权利和义务的谈判。

　　A.建设工程谈判　　　　　　　　B.承揽谈判

　　C.技术谈判　　　　　　　　　　D.买卖谈判

8.（　　）一般适用于标的较为简单和有合作历史的情况。

　　A.面对面谈判　　　　　　　　　B.书面谈判

　　C.线上谈判　　　　　　　　　　D.客场谈判

9.可借谈判之机对东道主的实际情况进行现场考察的是（　　）。

　　A.面对面谈判　　　　　　　　　B.书面谈判

　　C.线上谈判　　　　　　　　　　D.客场谈判

二、多项选择题

1. 谈判当事人的合法性是指( )。

   A. 当事人须具有相应的民事行为能力

   B. 不得违反法律

   C. 不得违反公序良俗

   D. 意思表示须真实

2. 交易内容和目的合法性是指( )。

   A. 当事人须具有相应的民事行为能力

   B. 不得违反法律

   C. 不得违反公序良俗

   D. 意思表示须真实

3. ( )是商务谈判中倡导使用的客观标准。

   A. 国家标准   B. 行业标准

   C. 商业惯例   D. 交易习惯

   E. 统计数据   F. 行业报告

   G. 第三方鉴定   H. 价格走势

4. 代表法人和非法人组织参与商务谈判的可以是( )。

   A. 法定代表人   B. 组织负责人

   C. 授权代理人   D. 自然人

5. 买卖谈判一般包括( )等议题。

   A. 结算方式   B. 数量

   C. 质量   D. 价款

   E. 履行期限   F. 履行地点

   G. 检验标准和方法   H. 包装方式

6. 施工谈判一般包括( )等议题。

   A. 工程范围   B. 履行期限

   C. 中间交工工程的开工和竣工时间 D. 工程质量

   E. 工程造价   F. 技术资料交付时间

   G. 材料和设备供应责任   H. 质量保修范围和质量保证期

7.技术谈判一般包括(　　)等议题。

　　A.履行的计划　　　　　　　　　B.标的的内容、范围和要求

　　C.项目的名称　　　　　　　　　D.技术成果的归属和收益的分配办法

　　E.报酬　　　　　　　　　　　　F.技术信息和资料的保密

　　G.材料的提供　　　　　　　　　H.验收标准和方法

8.租赁合同一般包括(　　)等议题。

　　A.租赁物的名称　　　　　　　　B.数量

　　C.租赁物维修　　　　　　　　　D.租赁期限

　　E.用途　　　　　　　　　　　　F.计量方式

　　G.租金及其支付期限和方式　　　H.利率

9.借款谈判一般包括(　　)等议题。

　　A.用途　　　　　　　　　　　　B.期限

　　C.币种　　　　　　　　　　　　D.借款种类

　　E.利率　　　　　　　　　　　　F.还款方式

　　G.质量保证期　　　　　　　　　H.数额

三、思考题

1.商务谈判的特征有哪些?

2.请阐释商务谈判的目标层次。

3.商务谈判的原则有哪些?

4.请阐释商务谈判的构成要素。

5.客场谈判有何优缺点?

6.什么是书面谈判?有何优缺点?

7.统筹型谈判和单一型谈判有何区别?

第二章　商务谈判理论

学习目标

知识目标	技能目标
• 掌握商务谈判中的需求理论 • 理解商务谈判中的博弈论 • 理解商务谈判中的社会交换理论 • 了解商务谈判中的冲突转化理论	• 学会运用需求理论,了解对方需求 • 学会运用博弈论,制定商务谈判策略 • 学会运用冲突转化理论,化解利益冲突

案例导入

　　在与外国某著名跨国公司合作时,鉴于该公司信誉良好,是我们的长期合作伙伴,而我们利用的是低息优惠贷款,我们决定向该公司支付20%的项目预付款。一般来说,在项目签约之后,项目委托方向项目受托方提供的预付款占整个项目应付款的比例为5%—10%,极少有超过15%的。我们提出向对方支付20%的项目预付款,只是改变了用款计划,并没有增加开支。我们这种突破常规的做法,避免了对方原计划中借用更多高利率的商业贷款的情况。

　　帮助对方降低成本就等于增加了双方的共同利益,对方认为自己的利益已经在项目预付款这一项上得到了许多弥补,也就愿意降低价格,这项谈判进行得很顺利。

案例思考:本案例中的己方和对方如何满足各自的需要?

资料来源:张祥.国际商务谈判:原则、方法、艺术[M].北京:社会科学文献出版社,2014.

商务谈判作为一门实践性很强的交叉学科,许多学科的理论对其起着指导作用。了解相关理论,对于深刻认识谈判活动的规律、更好地从事商务谈判活动,具有重要意义。

第一节　需求理论

商务谈判活动的目的就是满足谈判当事人的需求,或者说进行商务谈判就是满足需求的一种方式。研究谈判当事人的需求规律,对于正确把握商务谈判的基本规律有着重要作用。

一、马斯洛的需求层次理论

需求层次理论由美国心理学家马斯洛(Abraham H. Maslow)在1943年出版的《人类动机理论》一书中首次提出。该理论有三个基本假设:

第一,人是有需求的动物,需求取决于人已经得到什么,还缺少些什么,只有尚未满足的需求能够影响行为。

第二,人的需求按重要性和层次性从基本的需求(如食物和住房)到复杂的需求(如自我实现)排成一定的次序。

第三,当人的某一级需求得到最低限度满足后,才会追求高一级的需求,如此逐渐上升,成为继续努力的内在动力。

在上述假设的基础上,马斯洛的需求层次理论将需求从低到高分成五个层次。

(一)生理需求

生理需求,即维持个体生存和人类繁衍而产生的衣、食、住、行方面的需求,如对食物、氧气、水、睡眠等的需求。该层次的需求级别最低,人们在转向较高层次的需求之前,总是尽力满足这类需求。一个人在饥饿时不会对其他任何事物感兴趣,他的主要动力是寻找食物。

(二)安全需求

安全需求,即在生理与心理上免受伤害,获得保护和安全感的需求,如要求健康、安全、有序的环境,稳定的职业和有保障的生活等。安全需求包括对人身安全、生活稳定及免遭痛苦、威胁或疾病等的需求。和生理需求一样,人会尽力满足这种需求。

(三)社交的需求

社交的需求也称归属和爱的需求,即希望给予或接受他人的友谊、关怀和爱护,得到某些群体的承认、接纳和重视,如乐于结交朋友、交流感情、表达和接受爱情、融入某些社会团队并参加他们的活动等。当生理需求和安全需求得到满足后,社交需求就会凸显出来,进而产生激励作用。社交的需求属于情感需要的范畴,与个人的家庭环境、成长经历、生活习惯等息息相关。这种需求比生理需求和安全需求更难被察觉和满足。

(四)获得尊重的需求

获得尊重的需求,即希望获得荣誉、受到尊敬、博得好评、得到一定的社会地位等。获得尊重的需求是与个人的荣辱感紧密联系在一起的,涉及独立、自信、自由、地位、名誉等多方面内容。有获得尊重需求的人希望别人按照他们的实际形象来接受他们,并认为他们有能力胜任工作。当他们得到他人的尊重时,内心会因得到满足而充满自信,当该类需求不能得到满足时,他们就会感到沮丧。

(五)自我实现的需求

马斯洛认为,人类的生理、安全、社交、获得尊重的需求得到满足之后,还会产生一种新的需求,即自我实现的需求。自我实现的需求是人类最高级的需求,是指实现个人理想、抱负,最大限度地发挥个人能力的需求。达到自我实现境界的人,解决问题能力强,自觉性高,善于独立处事,要求不受打扰地独处,能够完成与自己能力相称的工作。

二、需求层次理论在商务谈判中的应用

(一)不同的谈判当事人有着不同层次的需求

由于各种各样的原因,不同组织、不同个人对标的的需求是有差异的。例如,有的当事人为了赶工期,要求越早交货越好;有的当事人为了满足进度要求,要求准时交货,既不能早交付也不能晚交付;有的当事人为了避免停机损失,希望质保期长且质保服务及时;有的当事人因为自己有合格的维修人员,对质保期没有特别要求等。鉴于此,在进行商务谈判之前,首先要分析对方的需求层次和主导要求。

(二)商务谈判活动本身有着不同层次的需求

对方来到己方所在地进行谈判,己方应该安排好对方的衣食住行(满足生理需求),保障对方的人身与财产安全(满足安全需求),注重与对方的交流尤其是心灵的交流(满足社交的需求),尊重对方的人格、风俗、习惯等(满足获得尊重的需求),在双方能接受的情况下尽可能达成协议,实现双方的目标(满足自我实现的需求)。

(三)商务谈判中要注重关系的建立与维护

实践证明,关注谈判当事人的精神层次需求,与对方建立长期稳定和谐的友好关系,有利于获得忠诚的客户和伙伴,降低成本,提高谈判效率和成功率。正因如此,谈判当事人应促使谈判从交易性谈判逐渐发展为关系性谈判。

三、奥尔德弗的 ERG 理论

美国耶鲁大学的奥尔德弗(Alderfer)在马斯洛需求层次理论的基础上进行了更接近实际的研究,提出了一种新的人本需要理论。1969 年,奥尔德弗在《人类需要新理论的经验测试》中指出,每个人都存在三种核心需求,即生存(Existence)的需求、相互关系(Relatedness)的需求、成长(Growth)的需求。

生存的需求,与人们物质生活中的基本需要有关,对应着马斯洛提出的生理需求和安全需求。相互关系的需求,指的是人们对于保持有意义的、重大的社交关系的渴望,此需求与马斯洛的社交需求和获得尊重需求的外在部分是对

应的。成长的需求表示个人对提升发展潜能、谋求自我成长的内在愿望,与马斯洛提出的获得尊重需求和自我实现需求基本对应。

奥尔德弗的需求理论简称为 ERG 理论。奥尔德弗的 ERG 理论与马斯洛的需求层次理论的不同之处在于,需求层次理论认为,人类需求的发展是基于"满足—上升"的路径,而 ERG 理论对人类需求的发展路径的诠释不只是局限于"满足—上升",还提出了"受挫—回归"这一新主张。需求层次理论认为,当一个人的某一层次需求尚未得到满足时,可能会停留在这一需求层次上,直到获得满足为止。相反地,ERG 理论则认为,当一个人某一较高等级的需求得不到满足时,那么作为替代,他的某一较低层次的需求很有可能会增强。例如,如果一个人在感情上经常受挫,他可能会暂时放弃对感情的渴求,而将更多的时间与精力转移至工作上,以期获得物质回报。此外,ERG 理论还指出需求的层级要求并非如此严格,而是可以越级的,也存在多种需求并存的情况,多种需求可以同时作为激励因素。

奥尔德弗的 ERG 理论重点强调了需求满足、需求加强、需求受挫三个概念。

(一)需求满足

当一个人的某种需求只有少量得到满足时,一般会促使其对同一层次的需求产生强烈的欲望,希望该需求得到更多满足。由此可推知,此时谈判当事人不会指向更高层次的需求,而是停留在原来的层次,寻求更多的满足。

(二)需求加强

当一个人的较低层次需求基本得到满足之后,会产生较高层次的需求,而且较低层次的需求满足得越充分,对较高层次的需求就显得越强烈,此时个人行为将指向更高层次的需求。

(三)需求受挫

"受挫—回归"路径表明,人们在某一较高层次需求长时间得不到满足时,就会改变自己的需求,转而将注意力放到较低一级的需求上。较高层次需求的满足程度越低,就越会导致较低层次需求的急剧膨胀。

四、奥尔德弗 ERG 理论在商务谈判中的应用

奥尔德弗 ERG 理论的意义在于,它不仅要求重视谈判当事人的需求,而且提供了分析需求的指导方法。

(一)应抓住并设法满足谈判当事人的主导需求

要注意准确分析对方的主导需求是什么,抓住了对方的主导需求也就是抓住了对方的弱点和要害。奥尔德弗的 ERG 理论告诉我们,不仅存在"满足—上升"路径,而且存在"受挫—回归"路径。如果当事人的主导需求没有得到满足,双方就很难达成进一步的一致;反之,如果主导需求得到了满足,一些细枝末节的问题就会迎刃而解。

(二)注意发展谈判当事人的高等级需求

随着社会的进步和经济的发展,在低层次的需求被满足之后,人们的高层次需求逐渐增强。当事人在确定谈判策略时,应注意开发对方的高等级需求,在适当的时机向对方抛出满足该需求的条件,有时能达到意想不到的效果。比如,在设备买卖中,卖家除了提供质优价廉的产品外,还可以根据买家的需求层次,适当推出租赁、贷款、维修保养等增值服务或提供优质的售后服务。

阅读材料 2-1

不少谈判者在参加谈判时,常常会感到对方的价格太高了,自己无法接受;或认为对方的价格正中下怀,欣然签约。其实价格的高与低是极难进行科学界定的,它常带有浓厚的主观色彩,不同的人在不同的情况下会有不同的看法。你的条件越能满足对方的要求或愿望,对方就越会觉得你的价格便宜,就越会欣然接受;反之,如果对方认为你所提供的条件与其要求相距甚远,那么你的价格在他的眼中就一定是太高了。这种情况不仅在日常生活中存在,在国际商务谈判中也同样存在。

资料来源:张祥. 国际商务谈判:原则、方法、艺术[M]. 北京:社会科学文献出版社,2014.

第二节　博弈论

当思考商务谈判策略时,当事人必须清楚地考虑对方可能会采取的行动,并且当事人的最优选择或最优策略可能会随着己方对另一方当事人所采取预期策略的改变而改变。制定商务谈判策略就像在一个布满镜子的房间内观察谈判对手,除了考虑己方策略,还要考虑对方如何看待你。

一、博弈论的发展

博弈论是商务谈判的基本理论之一。博弈论又称对策论,是研究某个个人、团队或组织,在一定的环境条件及规则约束下,依靠所掌握的信息,利用对方的策略变换己方的对抗策略,取得相应收益的过程的理论。博弈论思想古已有之,中国古代的《孙子兵法》一书不仅是一部军事杰作,而且算是最早的一部博弈论著作。博弈论最初主要研究象棋、桥牌、赌博中的胜负问题,考虑游戏中个体的预测行为和实际行为。最初人们对博弈格局的把握仅仅停留在经验层面,没有将之提炼为理论。

近代对于博弈论的研究,开始于策梅洛(Zermelo)、波莱尔(Borel)及冯·诺依曼(von Neumann)。1928 年,冯·诺依曼证明了博弈论的基本原理,从而宣告了博弈论的正式诞生。1944 年,冯·诺依曼和摩根斯坦共著的划时代巨著《博弈论与经济行为》将二人博弈推广到多人博弈结构,并将博弈论系统地应用于经济领域,从而奠定了这一学科的基础和理论体系。1950—1951 年,纳什(Nash)利用不动点定理证明了均衡点的存在,为博弈论的一般化奠定了坚实的基础。纳什的开创性论文《N 人博弈的均衡点》(1950)、《非合作博弈》(1951)等,给出了纳什均衡的概念和纳什均衡存在定理。此外,莱因哈德·泽尔腾(Reinhard Selten)、约翰·海萨尼(John Harsanyi)的研究也对博弈论发展起到了推动作用。

二、博弈模型

所有的博弈模型都是由共同的五个参数定义的:参与者、可行的策略组合、后果或结果、收益、博弈的顺序。

(一)参与者

参与者被定义为做决策或进行策略选择的个人或团队,所有参与者的决策决定了最终结果。博弈模型需要描述所有参与者的身份和数量,这两者中的任何一个发生改变都会带来策略的改变。例如,当事人的谈判对象是长期合作伙伴抑或是陌生人时,当事人的行为会有所不同,这就是参与者身份改变,策略也会随之变化的例子。参与者的数量变化也会改变策略。例如,当事人在一对一、一对多、多对多等不同类型谈判中,会采取不同的谈判行为。

(二)可行的策略组合

参与者无法评估自己认为不可能发生的行为。因此,博弈模型只评估发生概率不为零的行为。这些行为被看作其他参与者的潜在行为,并共同组成了可行的策略组合。

(三)后果或结果

前面两个参数的交叉点即是后果或结果。每个参与者都有一个由潜在策略组成的可能策略组合,每个参与者的策略组合都会与其他参与者的策略组合交结进而构成一个结果矩阵,这个结果矩阵包含了所有可能的未来结果,博弈论的目标就是在实际发生前预测哪一种状态最有可能出现。

(四)收益

博弈模型为每个参与者的所有结果都分配了对应收益。收益跟参与者的选择偏好密切相关,选择偏好既是主观的又是理性的。选择偏好的主观性表现在:不被某个参与者重视的收益可能会被其他参与者重视。因此,参与者可能没有完全一样的选择偏好。选择偏好的理性表现在:若有选择并在其他条件相同的情况下,参与者会理性选择一个更高的收益。

(五)博弈的顺序

参与者的策略选择,既可以是同步的也可以是异步的。同步博弈,也称静态博弈,是指所有参与者都在不了解其他参与者策略的情况下做出策略选择。异步博弈,也称动态博弈,是指参与者的策略选择有先后之分,参与者能够在了解其他参与者策略选择之后做出自己的策略选择。

三、均衡

均衡状况以下列方式预测行为:在一个均衡状况中,没有参与者有动力去单方面改变自己的策略。这条基本规则不能表明参与者之间是如何达到均衡状态的,但一旦出现均衡,所有参与者都不会有单方面的行动。在均衡状况中,参与者因为不能增加其收益而不改变自己的行为,假设其他参与者的行为没有改变,参与者会认为当下的策略选择即是最好的。参与者不想单方面改变的根本原因在于,参与者是理性的,不想因改变而导致收益下降。因此,均衡是合理的、优化的和稳定的。

案例 2-1

G 公司是少数几个能够提供清洁能源工程设计、建造、生产及进行清洁能源供应与利用的国有大型企业。2021 年 G 公司与业主签订了国内某重大清洁能源工程的设计—采购总承包合同。G 公司按照总承包合同约定,于 2022 年向国内的 4 家设备制造企业采购一种关键设备用于该工程(在国内,此设备只有上述 4 家企业能够生产),交货期为 2023 年 6 月。但由于技术开发难度大、项目管理不善等原因,4 家企业均不能按期交货,客观估计交货期在 2024 年 3 月至 2024 年 6 月之间。G 公司为推进项目进度,由董事长召集 4 家设备制造企业的项目经理开会,在会上要求 4 家企业必须承诺尽早交货。

案例思考:假设你是其中一家企业的项目经理,请运用博弈论确定你的交货时间。

四、囚徒困境

"囚徒困境"是博弈论中的经典例子。两个同案犯罪嫌疑人(囚徒)被拘留后,为防止他们相互串供而将他们分开囚禁,让他们不能交流,警察对他们分别进行审讯,并告诉他们以下内容:"你有两个选择,坦白或不坦白,如果你坦白,你同伴没有坦白,你就会被释放,而你的同伴将被判 10 年;如果你不坦白,而你的同伴坦白的话,他就会被释放,而你将被判 10 年;如果你坦白而对方也坦白的话,那么两人都被判 8 年;如果两人都不坦白,那么你们都会被判 1 年。"

表 2.1　囚徒困境

情形	甲坦白	甲不坦白
乙坦白	(8,8)	(10,0)
乙不坦白	(0,10)	(1,1)

在这种情况下,对囚徒而言,要么坦白,自己被释放或被判 8 年,要么不坦白,自己被判 1 年或 10 年。当然,最好的选择是两人都不坦白,两人都将实现利益最大化,但由于两人不能串供,无法达成一种合作协议,两个囚徒就陷入了困境。在"囚徒困境"中,不管对方是坦白还是不坦白,自己坦白都是使个人利益最大化的最优选择,此时两个理性的囚徒都会选择坦白。

在商务谈判中同样存在类似"囚徒困境"的情况。在商务谈判活动中,有的谈判当事人之间合作次数极少,甚至几十年里仅有一两次,而有的谈判当事人之间有着长期的合作历史,这两种情况可分别称为一次性博弈和重复博弈。

在一次性博弈中,谈判双方既无合作历史,也基本看不到未来合作的可能,在此情况下,谈判当事人缺乏内在动力去寻找潜在的共同利益,当事人极易采取不合作的态度,最后达成"双输"协议,就像"囚徒困境"中同时选择坦白的两人。

重复博弈与一次性博弈的关键区别在于是否存在对未来的考虑。当谈判当事人需要考虑未来利益时,会产生信任、承诺、互惠等有利于谈判的心理和行为,而且他们也都明白,谎言、欺骗、对抗等虽有可能带来短期利益,但未来损失可能更大。因此,在重复博弈中,更容易产生和保持合作行为。可以做这样的假设,如果"囚徒困境"重复发生,两人的最优策略就变成了不坦白。值得注意的是,重复博弈中的行为是基于对未来的考虑,但这种考虑会随着未来合作发生可能性的减小而弱化。在最后一次博弈中,因为不存在可预期的未来合作,当事人基本不会考虑未来。因此,重复博弈中的最后一次博弈类似于一次性博弈。

实践中,很多商务谈判活动蕴含一次性博弈与重复博弈的基本原理。例如,对于重要标的的采购,通常更倾向于选择有良好合作关系的一方,而不太会选择陌生者。相对地,对于不太重要的标的的采购,接受陌生者的概率会变大。

第三节　社会交换理论

商务谈判是社会交换过程中的一个环节,需求是谈判的动因,交换是谈判的目的,而商务谈判是达到目的的手段。学习社会交换理论,对于认识交换的本质、更好地进行商务谈判工作具有重要意义。

一、社会交换理论的发展

社会交换理论的思想渊源最早可以追溯到亚里士多德的《尼各马可伦理学》,书中对社会交换和经济交换进行了区分。社会交换理论由美国社会学家霍曼斯(Homans)创立,20 世纪 60 年代兴起于美国,进而在世界范围内得到广泛传播。布劳(Blau)、艾默生(Emerson)、蒂博(Thibaut)、凯利(Kelley)等是该理论的代表性学者。

二、社会交换理论的核心思想

社会交换理论的主要思想是当事人会在获得回报的预期下,建立并维持与他人的交换关系。该理论主要适用于具有双边、交互、互惠特征的回报行为、交易过程与交换关系。社会交换理论的基本假设是,利己主义者与对方进行交易或交换是为了实现单靠自己不能实现的结果,一旦双方感知到交易是非互惠的,这些交易将会被停止。

社会交换理论认为各方都会有对方想要的有价值的标的,交换的标的及其数量由各方共同决定,这里的标的既可以是经济资源也可以是社会资源,或两者兼有。经济资源包括货物、货币、资产、信息、服务等,社会资源包括友谊、声望等。社会交换和经济交换是选择行为,尽管很多社会交换和经济交换不涉及正式的谈判或合同书,但缔约方也会自觉对当前或潜在的交换进行成本—收益分析。社会交换理论倾向于将当事人是否满意视作是否维持当前交换关系以及未来交换是否还会发生的主要决定因素。例如,对社会认可、尊重等的交换,其交换结果不能用价格来衡量,只能依靠交换方的主观感受来评价。

社会交换理论将交换划分为社会交换和经济交换,两者既有相似也有不同。相似之处在于它们都包含对当前所作贡献的未来收益预期。不同之处在于:一是在经济交换中,投资收益通常更加清晰和确定,如合同书中的收益条款,而在社会交换中,投资收益是模糊的并有较大的不确定性;二是经济交换的发生往往是基于等价交换,而社会交换则不然;三是经济交换基于短期交易,而社会交换则是基于一种关系,在这关系中,交换双方都相信对方会履行自己的长期义务;四是经济交换常常包括交换双方之间的短期不平等或权利不对称,而社会交换往往体现出长期公平和权利对称。

社会交换关系具有不确定性,主要体现在一方不能保证另一方对其贡献给予回报。因此,信任在社会交换中就显得尤为重要。在社会交换的初始阶段,向对方展示信任是十分困难的。因此,社会交换的演变是缓慢的,最初发生较低价值的交换,当建立起较高水平的互信时,较大价值的交换才会发生。信任的产生主要有两种方式:一是与对方发生定期、互惠的交换行为;二是与对方逐渐扩大和提升交换标的的范围和价值。

三、社会交换理论在商务谈判中的应用

(一)坚持公平原则

商务谈判的核心是利益,谈判过程就是利益的协调过程。当事人都希望获得的回报与投入的经济资源或社会资源相对应。不要只看到己方的利益,看不到对方的利益,只考虑己方的需求,不考虑对方的需求,如果使对方付出的成本与所得回报不相匹配,最终将导致谈判破裂。而社会交换理论强调的公平、互惠和满意等对于谈判当事人双方当前和今后的合作非常重要,这些可以激发谈判当事人的合作动机,从而使谈判向着健康的方向发展,最终取得谈判的成功。

在实践上,要建立一种公平、开放的谈判氛围,促使当事人积极参与到谈判中来,就各自的主张、利益等进行充分的沟通,使谈判当事人在主观上有公平感,以利于当前和今后的谈判和合作。

(二)兼顾外在报酬与内在报酬

谈判过程大多是由行为主体代表关系主体来进行的,关系主体要求的报酬是谈判的外在报酬,包括符合己方利益的谈判结果,取得的经济利益,实现的商品或服务的销售等。行为主体要求的谈判报酬是谈判的内在报酬,包括自信、自尊、尊重、认同感、自我价值的实现,以及友好的谈判氛围与长久、稳定、健康的合作关系。因为行为主体是代表关系主体进行谈判,所以商务谈判目的是行为主体要求的内在报酬与关系主体要求的外在报酬的统一。

行为主体能否获得内在报酬对谈判结果有重要影响。这是因为,商务谈判活动是由行为主体完成的,谈判过程经常受行为主体主观意识和判断的影响,如果行为主体认为自己的内在报酬得到了满足,那么谈判过程就会比较顺畅,气氛也会比较融洽,行为主体主观上愿意配合对方达成协议;反之,行为主体会滋生厌烦感,谈判也容易陷入僵局。

第四节　冲突转化理论[①]

商务谈判中各方难免发生利益冲突,在某种程度上,商务谈判过程就是冲突化解的过程。冲突转化理论自 20 世纪 90 年代以来成为冲突干预领域的主流理论,该理论强调以建设性的方式来转化冲突的情境、结构、行动者、争议事项等,获得和平结局。学习冲突转化理论,对于认识冲突转化的维度、冲突转化的过程具有启示意义。

---

①　常健,张晓燕.冲突转化理论及其对公共领域冲突的适用性[J].上海行政学院学报,2013,14(4):46－56.

一、冲突转化的维度

冲突转化的维度即冲突转化的类型,包括情境转化、结构转化、规则转化、行动者转化、争议事项转化、精英个人转化六个维度。

表 2.2　冲突转化类型与内容

转化类型	转化内容举例
情境转化	国际或区域环境的变化
结构转化	从不平衡关系转变为平衡关系、权力结构的转变
规则转化	决策规范和规则的转变
行动者转化	领导的转变、目标的转变、各方之间关系的转变、各方支持者的转变、转变行动者
争议事项转化	超越竞争事项、建设性妥协、转变争议事项、截断或重新建立争议事项之间的联系
精英个人转化	视角的转变、心情的转变、意愿的转变、和解的姿态

(一)情境转化

通过改变冲突的情境,彻底改变冲突各方对冲突本身的感知和对冲突意义的理解,理解和改变各自对彼此的关键行动者的态度,从而改变他们的动机。

(二)结构转化

结构转化是改变冲突的最重要方式。一种新的权力分配,无论是相互依赖还是孤立程度的提升,都会给冲突各方之间的关系结构方面带来变化。因此,改变引发冲突的关系结构、权力分配结构、社会经济条件,可以改变先前互不相容的行动者、争议事项和目标之间的互动关系结构。例如,不改变不平衡的竞争性关系,就无法转化由此产生的不均衡冲突。

(三)规则转化

规则转化改变的是各方互动的规范。改变所有层次的决策规范和规则,以便确保能够通过制度化的渠道建设性地处理冲突。

(四)行动者转化

行动者转化是指冲突各方部分关系的改变或新行动者的出现,以及行动者的目标和追求这些目标的路径。改变方式包括强化行动者对各自行动的原因和后果的理解,使他们改变他们的目标或改变他们参与冲突的一般路径。行动者转化为冲突转化开辟了若干道路,例如,一方领导层内部的行动者对组织立场的改变,通常会比外部行动者的影响更加重要。

(五)争议事项转化

争议事项的转化是指找到共同的基础,这需要在冲突各方内部发生深刻的政治改变,重新定义冲突所涉及的核心事项,重新确定、表述和解释在这些争议事项上关键行动者所采取的立场,以便达成妥协或解决方案。

(六)精英个人转化

这主要涉及领导者个人或在关键问题上具有决策权力的小团体中的个人在诚意和认知上的改变。一些外部干预者会试图接近这些领导者并直接促使其个人态度和认知产生变化。领导者的和解姿态所表达的个人变化会对和平进程起到重要的作用。

二、冲突转化的过程

冲突转化过程一般会经历四个阶段。

(一)探索阶段

在这一阶段,冲突各方自身内部开始出现某种转变,这种转变为他们之间的相互探索提供了机会。随着冲突的持续,某些事件会使人们对持续冲突是否明智产生疑问。冲突的成本在不断上升,而成本在冲突各方内部各个团体之间的分担比例是不一样的,特别是在超大规模且具有高度差异性的冲突方,成本分担不平衡的情况最有可能发生。因此,在一些大群体和大组织中,一些分支派别经常会表达他们对坚持斗争的异议,会讨论不同行动方案的可能性,包括各种使冲突降级的路径。在此过程中,一些分支派别可能会倡导一种新的行动路线。随着最主要的奋斗目标仍然无法实现,支持者中也会有一些成员从支持冲突升级或继续进行斗争转向支持使冲突降级的策略。

在冲突转化的早期阶段,冲突一方的成员有可能开始探索是否可能接受某种更具包容性的立场。这种初始的倡议经常是间接提出的,言辞模棱两可,一旦被拒绝,提出者很容易改口并做出另一种解释。这种谨慎是可以理解的,做出这种尝试的领导者担心如果被对方拒绝,其支持者就会将其视为幼稚和愚蠢的,对方领导者也会将其视为示弱的信号并因此增加要价。因此,这种使冲突降级的试探经常是由冲突各方中低级别或非官方的代表做出的,如果得到的回应是不可接受的,他们所代表的一方就会断然否认这与他们有关。应一方要求或主动承担中介调解任务的人员所进行的干预,为这种试探提供了另一种渠道。但如果他们不能发现足够的共同基础来开展进一步的探索和谈判,他们的试探就很容易被拒绝。

(二)初期信号和行动阶段

在这一阶段,冲突各方会做出某种姿态和一些举动,显示双方开始相互包容。尝试性的试探有可能被视为阴谋而被拒绝,或被认为没有代表另一方的权威代表的立场而被置之不理。为了使这种探索发生效果,就需要采取更明确的言辞和行动。在这个阶段通常会出现两种策略:一种是缓和紧张局势的渐次往复策略,该策略由一方先宣布做出让步,邀请回复,但即使对方没有立即回复,也会继续采取进一步的合作举措,以此消除双方的紧张关系,使冲突得以降级;另一种是"针锋相对"策略,即如果一方首先提出和解的举措,另一方就提出相应的和解举措,如果一方采取强迫的行动,另一方也会采取相应的强迫行动。除了公开的姿态和行动之外,各方的高级别代表有时会举行秘密会议。这经常是采取更大力度的相互包容策略等重大公开转变的前奏,用来确保这种转变的出现以及后续步骤的跟随。

(三)达成协议或理解阶段

在这一阶段,冲突各方会建立起更多的联系,增进相互理解和信任感。经过一个逐渐转变和转化的过程,冲突各方之间的包容性不断增长,其标志经常是就某个具体争议事项达成协议。明确的协议有助于解决某些争议事项,促进相互理解和信任,减少各方支持者的恐惧和对抗情绪。

(四)实施和制度化阶段

在这一阶段,要建立新的共同体制,强化相互依赖关系和利益整合关系。同时还要使达成的协议得到贯彻而不被违背。通过建立各方同意的监督机制,可以使协议得到遵守,并形成协议应得到遵守的认知。

三、冲突转化理论在商务谈判中的应用

冲突转化理论对于化解商务谈判中的冲突,具有一定的启示意义。在化解谈判僵局缓解冲突时,可以从情境转化、结构转化、规则转化、行动者转化、争议事项转化、精英个人转化六个维度,选择一个或若干个方面作为突破口。例如,实力较弱的投标者在预料到中标概率低的情况下,与行业内的实力较强方合作联合投标,就是结构转化的典型实践。再如,在当事人分歧较大、各不相让的情况下,扭转对方所有人的态度是不现实的,可以从对方谈判团队中寻找若干支持者,对于减少分歧有重要作用,这是行动者转化的典型实践。此外,谈判中可以遵循"探索阶段—初期信号和行动阶段—达成协议或理解阶段—实施和制度化阶段"过程模型,对化解冲突进行有效的过程管理和把控。

课后练习

一、单项选择题

1.较低层次的需求满足得越充分,较高层次的需求就显得越强烈,是指(　　)。

　　A.需求满足　　　　B.需求加强　　　C.需求受挫　　　D.成长需求

2.(　　)是指人们在某一较高层次的需求长时间得不到满足时,就会改变自己的需求对象,转而将注意力放到较低一级的需求上。

　　A.需求满足　　　　B.需求加强　　　　C.需求受挫　　　D.成长需求

3.(　　)改变的是各方互动的规范。

　　A.情境转化　　　　B.结构转化　　　　C.规则转化　　　D.行动者转化

4.改变冲突赖以孕育和产生的关系结构、权力分配结构、社会经济条件,属于(　　)。

　　A.情境转化　　　　　　　　　　B.结构转化

　　C.规则转化　　　　　　　　　　D.行动者转化

5.在(　　),冲突各方自身内部开始出现某种转变,这种转变为他们之间的相互探索提供了机会。

　　A.探索阶段　　　　　　　　　　B.初期信号和行动阶段

　　C.达成协议或理解阶段　　　　　D.实施和制度化阶段

6.在(　　),冲突各方会做出某种姿态和其他举动,显示双方开始相互包容。

　　A.探索阶段　　　　　　　　　　B.初期信号和行动阶段

　　C.达成协议或理解阶段　　　　　D.实施和制度化阶段

二、多项选择题

1.所有博弈模型包括的共同要素是(　　　)。

　　A.参与者　　　　　　　　　　　B.可行的策略组合

　　C.均衡　　　　　　　　　　　　D.收益

　　E.博弈的顺序　　　　　　　　　F.后果或结果

2.行为主体的内在报酬包括(　　　)。

　　A.经济利益　　　　　　　　　　B.自我价值的实现

　　C.自尊　　　　　　　　　　　　D.商品销售

　　E.稳定的合作关系　　　　　　　F.尊重

　　G.认同感　　　　　　　　　　　H.友好的谈判氛围

3.关系主体的外在报酬包括(　　　)。

　　A.经济利益　　　　　　　　　　B.自我价值的实现

　　C.自尊　　　　　　　　　　　　D.商品销售

　　E.稳定的合作关系　　　　　　　F.尊重

　　G.认同感　　　　　　　　　　　H.友好的谈判氛围

4.冲突转化的维度包括(　　　)。

　　A.情境转化　　　　　　　　　　B.结构转化

　　C.规则转化　　　　　　　　　　D.行动者转化

　　E.争议事项转化　　　　　　　　F.精英个人转化

三、思考题

1.请阐释马斯洛需求层次理论的核心思想。

2.请阐释奥尔德弗 ERG 理论的核心思想。

3.重复博弈和一次性博弈有何区别?分别对商务谈判有何影响?

4.请阐释社会交换和经济交换的相似之处与区别。

5.请简述冲突转化的维度。

6.请简述冲突转化的过程。

第三章 商务谈判的流程

⟳ 学习目标

知识目标	技能目标
• 掌握商务谈判的流程 • 了解开局阶段的工作内容 • 掌握磋商阶段和结束阶段的主要工作 • 了解重启谈判的主要原因	• 学会运用不同的开局方式 • 学会运用现场报价、讨价还价和妥协让步的思路和技巧 • 学会签约相关工作

📁 案例导入

　　美国一直是中国浓缩苹果汁最大的海外市场,美国韦格曼斯公司是美国的超市(杂货)连锁店,希望在全球找到稳定且质优价廉的供货商。2018 年 7 月,韦格曼斯公司中国区采购负责人刘总来到汇源集团位于北京的总部。汇源集团公司浓缩果汁事业部的负责人张经理接待了他。张经理安排专人陪同刘总考察苹果种植基地和现代化的浓缩果汁加工厂。刘总对加工设备很满意,并说会向美国总部提交洽谈报告。一周后,美国韦格曼斯公司总裁率代表团到中国汇源集团做进一步交流,最终通过谈判达成如下结果:

　　美国韦格曼斯公司向汇源集团公司采购酸度在 2.8 以上的特级浓缩苹果汁 6 万吨,采购酸度为 1.8—2.8 的一级浓缩苹果汁 10 万吨。在国际市场上,酸度是衡量浓缩苹果汁售价的一个重要标准,酸度越高,代表维生素 C 含量越

高,售价也就越高。韦格曼斯公司的采购价格为特级 1900 美元/吨,一级 1800
美元/吨。包装使用铁箱,以减少在终端地点对外包装进行再处理的费用。付
款及结算方式为信用证,程序烦琐但风险小。

案例思考:如果你是张经理,你将如何安排谈判过程?

资料来源:田晖.商务谈判与礼仪[M].北京:清华大学出版社,2021.

商务谈判的流程包括准备阶段、开局阶段、磋商阶段、结束阶段与重启阶
段。本章主要介绍商务谈判的开局阶段、磋商阶段、结束阶段与重启阶段,商务
谈判准备阶段的相关内容将在第七章中介绍。

第一节　开局阶段

开局阶段是指谈判双方见面后,在进入实质性交易内容磋商之前,进行寒
暄、介绍、致词、确定谈判议程等活动的阶段。谈判开局对整个谈判过程起着重
要的作用,往往折射出谈判双方的积极性和诚意度,关系到谈判的基调,影响谈
判的走向。

一、谈判开局的任务

(一)营造适当的谈判氛围

开局阶段的谈判氛围是指谈判人员通过初步接触形成的彼此间的相互态
度。谈判氛围会影响谈判人员的情绪和行为方式,进而影响谈判的后续发展。
谈判会场的选择与布置、谈判者的着装与言谈举止等因素都可以影响谈判氛
围。选择环境幽静、大小适中、设施齐备的谈判场地,有利于使谈判免受打扰。
谈判会场安排应符合商务交往规范,现场布置应正式、庄重,座位安排应既符合
职务身份又方便团队间和团队内交流,这有利于营造尊重、友好、合作的谈判氛
围。谈判人员着装正式,言谈举止礼貌、郑重、具有亲和力,有利于增进信任。
相互寒暄是营造谈判氛围必不可少的环节,特别是对于初次合作的谈判人员或

久未相见的谈判人员,初步接触时必然伴有紧张、不安、焦虑等负面情绪,谈判人员可谈及一些与谈判本身无关的话题,如最近发生的国内外要闻、天气状况等,或嘘寒问暖,逐渐化解陌生感,并将话题逐步引向正题。

商务谈判中倡导营造的是和谐、友好、合作的谈判氛围,但是在某些特定情况下,谈判人员可根据自身需要,营造对己有利的谈判氛围。

(二)相互介绍与主客致词

正式的商务谈判为了体现礼貌和友好,显示双方对此次谈判的重视以及对谈判对方的尊重,一般都有相互介绍环节。相互介绍一般始于主方终于客方,先由主方首席谈判代表自我介绍(也可不介绍),接下来由主方首席谈判代表介绍己方的专业谈判代表、专业技术人员、其他人员等。主方介绍完毕后,客方依据上述流程介绍己方人员。介绍的内容一般包括职务或职称、姓名、专业领域、主要职责等。需要引起注意的是,一般在政治谈判领域或者非正式商务谈判场合,才会由主持人或下属介绍首席谈判代表及其领导的谈判成员,而在正式的商务谈判中,一般由首席谈判代表介绍自己的成员。

为了营造正式和庄重的谈判氛围,主客致词也是必不可少的环节。主客致词也是始于主方终于客方,先由主方首席谈判代表表达对客方的热烈欢迎之意,接着高屋建瓴地谈及谈判的背景、意义、目标等,最后表达对目标达成和谈判成功的期许及祝愿。主方发言完毕后,客方首先表达对主方安排的感谢,接下来的致词内容与主方基本一致。

(三)确认谈判议程

商务谈判议程涉及此次谈判的议题安排、谈判时间、谈判地点、参与人员等内容。一般情况下,在谈判准备阶段,当事人就应该花费一定精力对谈判议程形成基本共识。在开局阶段,谈判当事人应该对谈判议程进行现场确认,这是进行后续谈判活动的基本依据。一个良好的谈判议程可以阐明或者隐藏谈判者的动机,它既可以使谈判步入正轨、富有效率,也可以使谈判变得冗长,能够有效控制谈判议程的谈判方实际上也就是把握住了谈判的基本走向。

二、谈判开局的方式

(一)协商式开局

协商式开局是指以协商、肯定的语言进行陈述,使对方对己方产生好感,从而使谈判人员在友好愉快的氛围中展开谈判活动。协商式开局适用于谈判当事人实力比较接近、过去业务往来较少或没有的情况。因为是第一次正式接触,所以谈判当事人都希望有一个良好的开端。在协商式开局中,要多使用外交性、礼节性的语言及中性词汇和语句,营造尊重、协商、开放、友好的氛围。

阅读材料 3-1

协商式开局通常会采用一些询问句,这种句子可以自然引导对方走入己方的既定安排。例如:

"我想先和您商量一下这次谈判的日程安排,您觉得怎样?"

"我们先介绍下彼此的情况,您看好吗?"

"您觉得是我方先开始,还是贵方先开始?"

"您看我们把价格和付款方式问题放到后面讨论怎么样?"

资料来源:蒋小华.商务谈判[M].3 版.重庆:重庆大学出版社,2019.

(二)坦诚式开局

坦诚式开局是指以开诚布公的方式向对方陈述己方的观点或想法,从而为谈判打开局面。坦诚式开局适用于有长期合作基础的谈判当事人,而且过往合作令人满意。由于当事人对彼此都比较了解,可以省去一些客套话,减少外交辞令的使用频次,直接坦率地提出己方的观点和期望。此外,当谈判当事人之间实力相差较大时,实力较弱的一方使用坦诚式开局,可以降低对方对己方的疑虑,有利于增强信任感。

阅读材料 3-2

某地党委书记在与外商谈判时,发现对方对自己的党员干部身份持有强烈的戒备和不信任。于是,这位党委书记当机立断,向对方说道:"我是党委书记,但也懂经济、搞经济,并且拥有决策权。我们摊子小,实力不强,但人实在,愿真诚地与贵方合作。咱们谈得成也好、谈不成也罢,至少您这位'洋'先生可以交一个我这样的中国'土'朋友。"寥寥几句肺腑之言,有效打消了对方的疑虑。

资料来源:李晶.商务谈判[M].苏州:苏州大学出版社,2019.

(三)慎重式开局

慎重式开局又称保留式开局,是指对对方提出的关键性问题不做彻底、确定的答复,而是以一种严谨、慎重的态度和语言进行陈述,有所保留,从而给对方造成神秘感和潜在压力。慎重式开局的目的是使对方放弃不适当或者过分的意图,以达到将对方逐渐纳入己方谈判节奏的目的。

慎重式开局适用于谈判双方过去有过商务交往,但对方的表现不太令己方满意,己方要通过严谨、慎重的态度,与对方保持一定的距离,使关系既不热络也不冷淡,从而引起对方的高度重视。慎重式开局也适用于对谈判对方存在疑虑,需要经过接触摸底的情况。

阅读材料 3-3

两家公司进入第二轮谈判,在开局阶段,其中一家的首席谈判代表说道:"经过第一轮谈判,相信我们双方都对彼此有了一定了解,第一轮谈判形成的合作协议,我们公司原则上是同意的,不过在一些细节上,公司领导和相关部门要求我们与贵方进一步协商,请贵方就以下几个小问题做出说明,以便我们尽快完成公司交办的工作。"该代表简单几句开局,对第一轮达成的协议既未完全否定也未完全肯定,而且将话题引到自己关心的"小问题"上。

资料来源:作者编写。

(四)进攻式开局

进攻式开局是指通过语言或行为表达己方的强硬态度,从而获得对方必要的尊重,并借以制造谈判优势,使谈判朝对己方有利的方向发展。采用进攻式开局一定要慎重,在开局阶段就设法显示自己的谈判实力,使谈判处于剑拔弩张的气氛中,容易造成谈判僵局甚至谈判破裂。进攻式开局只适用于以势压人、发现对方欺骗或不尊重自己等少数情况。

阅读材料 3-4

某公司谈判团队赴供应商处谈判,在短暂的寒暄后,该公司首席谈判代表说道:"中美贸易摩擦尚未过去,据我方了解,对贵方影响不小。我司当前在行业中已处于领先地位,正紧锣密鼓地进军国际市场。我受公司总经理委托,此次专门外出了解各地供应商的产品情况。近两个月来,我们团队先后考察了广东、上海、北京等地的供应商,你们是我们考察的第五站,希望此次考察过后,我们能携手开拓国际市场。"该首席谈判代表在表面的客套下,寥寥数语将己方的实力和强硬姿态表露无遗。

资料来源:作者编写。

三、影响开局的因素

开局的气氛受到主观与客观、宏观与微观等众多因素的直接或间接的影响。下面简要介绍影响开局的直接因素。其中,谈判人员的语言将在第六章中详细介绍,此节仅作简要介绍。

(一)谈判会场的选择

谈判会场应选在环境幽静、不易被干扰的地方,会场大小要与谈判规模相适应,桌椅摆放紧凑但不拥挤,投影设备、网络设施、电源、音响等设备设施齐全,环境布置正式、庄重而又不失温馨。谈判会场可根据谈判实际情况进行调整。例如,规模较大的谈判既可以安排在组织内的大型会议室,也可以安排在组织外的酒店、会议中心等场地进行,既能彰显主方的高度重视,又为主客双方提供平等、专业的谈判环境。中小规模和常规性的谈判一般安排在组织内的专用谈判室或会议室即可。

(二)谈判会场的布置

一是谈判桌的选用与布置。双方谈判主要采用长方形谈判桌,多方谈判多采用椭圆形或圆形谈判桌,谈判桌上可摆放桌签、水、纸、笔、旗帜、鲜花、水果、茶点等物品。二是谈判座位的安排。对于长方形谈判桌,主客双方应分坐于桌子两侧。若桌子横放,则面对正门的一方为上,应属于客方,背对正门的一方为下,应属于主方。若桌子竖放,则以进门方向的右侧为上,属于客方,左侧为下,属于主方。双方的首席谈判代表应在自己一方居中而坐,其余人员则应遵循"右高左低"的原则,依照职位的高低自近而远地分别在首席谈判代表的两侧就座。假如需要翻译,则应安排其就座于首席谈判代表右侧。椭圆形或圆形谈判桌本身就体现了平等。即便如此,在细节方面也要注意,例如,座位数量尽量做到平均分配,座位方位尽量不要有优劣之分。三是谈判气氛的烘托。谈判会场一般都会有电子屏幕或投影设备,在谈判人员入场前可以使用上述设备打出欢迎标语或者谈判主题,这对于烘托谈判气氛有一定作用。

(三)谈判人员的仪容仪表

男士应当理发、剃须,不能蓬头乱发,尽量不蓄胡子或留大鬓角。男士在商务谈判场合应穿着传统、简约、规范的礼仪服装。可能的话,男士应穿深色三件套西装和白衬衫,打素色或条纹领带,配深色袜子和黑色系带皮鞋。女士应选择端庄、素雅的发型,并且化淡妆,但是不宜做过于前卫的发型,不要化艳妆或使用香气过于浓烈的化妆品。女士穿深色西装套裙和白衬衫,配肉色长筒袜或连裤式丝袜和黑色高跟或半高跟皮鞋。

(四)谈判人员的语言

商务谈判的开局阶段常被称为"破冰期"。在此阶段,谈判人员的语言要遵循一定的基本要求。一是态度谦虚、诚恳。多使用"您、请您"等礼貌词汇,若自己出现失言,要保持诚恳的态度,立即向对方道歉,而不要狡辩。二是语言准确、规范。特别是对对方的称呼以及专业术语、数据等,表述要准确、规范、清晰、严谨,一言不慎激化矛盾甚至使谈判陷入僵局的事例不在少数。三是语调沉稳、自信。语调要沉稳、有力、充满自信,要呈现出专业、值得信任的形象。

第二节　磋商阶段

磋商阶段是指谈判当事人在先前接触、交流、报价的基础上进行面对面(含线上)讨价还价的过程。这一阶段是商务谈判的核心环节,包括确认交易条件、现场报价、讨价还价、妥协让步等一系列谈判活动。

一、现场确认交易条件

(一)确认交易条件的必要性

确认交易条件包括初次确认交易条件和现场确认交易条件。初次确认交易条件一般发生在商务谈判准备阶段,是进入面对面谈判(含线上谈判)的前提条件。现场确认交易条件是磋商阶段的第一项活动,是后续谈判活动的基础。一般来讲,当事人不会在没有谈判准备的情况下直接进入面对面(含线上)的谈判,也不会在成交概率很低的情况下进入面对面(含线上)的谈判,而其中一个关键准备活动就是确认交易条件。在商务谈判的准备阶段,当事人会通过电话、传真、电子邮件等形式进行初次接触,以初步了解对方的交易条件和期望。只有在当事人判断达成协议概率较高的情况下,谈判人员才愿意投入时间成本和资金成本进行面对面(含线上)谈判。

商务谈判准备阶段了解到的交易条件只是粗略的、不精确的,当事人需要在磋商阶段首先确认交易条件,为后续谈判奠定基础。确认交易条件是双向的,包括买方向卖方确认,如卖方提供的标的能否达到买方的要求和期望,也包括卖方向买方确认,如买方的信誉、资金、购买数量等能否达到卖方的基本要求。只有在交易条件没有根本分歧的情况下,谈判才能继续。

(二)确认交易条件的基本逻辑

交易条件可分为技术条件和商务条件两类。技术条件一般包括性能指标、运行状况及条件、设备寿命、材料、制造工艺、质量标准、过程质量控制、检验与试验、安装与调试等。商务条件一般包括数量、价格、支付、履行期限、履行地点和方式、违约与索赔、不可抗力相关条件等。

确认交易条件的基本逻辑是先确认技术条件后确认商务条件。为什么先确认技术条件？因为如果当事人在技术条件上难以达成一致，就没必要确认商务条件了。例如，假如买方经过确认，认为卖方提供的标的的性能指标达不到买方的要求，换言之，即卖方提供的标的并不是买方所需要的，那么就没必要谈论数量、价格等商务条件了。只有技术条件达成一致，谈判当事人才有必要进一步确认商务条件。

(三)评估交易条件

评估交易条件主要包括评估交易条件的可行性、真实性以及让步的可能性。交易条件的可行性是指一方提出的交易条件，其他方是否能够满足，只有任意一方提出的交易条件基本落在其他方的可接受区间内时，才算交易条件具有可行性。交易条件的真实性是指一方提出的交易条件是否代表其真实意图。交易条件有可能只是该方的一种谈判策略。最常见的例子是，很多买家承诺今后还会有后续采购计划，此时卖家应该评估该承诺条件究竟是真实的，还是买家用来要求卖家降价的一种谈判策略。评估让步的可能性是指对于一方提出的交易条件，要评估哪些是该方不能让步的，哪些是该方可以让步的，让步的幅度有多大。

评估交易条件是参与谈判者都需进行的活动，对谈判人员的专业能力、洞察力、随机应变能力有着极高的要求。主观评估结果与客观实际情况越吻合，后续的谈判活动及谈判策略的应用才会越有针对性，才会取得实效。

二、现场报价

现场报价要在清单报价与总价报价、高价报价与低价报价、书面报价与口头报价、先报价与后报价中做好选择和权衡。

(一)清单报价与总价报价

以设备买卖合同为例，报价一般包括标的价格、相关服务价格和税费三部分。标的价格是指标的本体的价格，通常包括标的的单价、计量单位、单位价格、计价币种等。相关服务价格是指卖方因向买方提供运输服务、安装服务、技术咨询、培训等服务项目而向买方收取的费用。税费一般是指卖方按照法律规定收取的增值税、关税等。清单报价是指卖方将上文涉及的报价明细全部罗列出来,汇总求和并进行报价。与此相反,总价报价只给出一个合同总价,买卖双方会约定该合同总价所包含的收费项目,但不会体现每个收费项目的具体价格。

清单报价是实践中主流的报价方式。该报价方式的优点是清晰明了,便于讨价还价,也为后续买卖价款结算、未来合作、解决可能存在的争议等提供了可以遵循的依据。该报价方式对谈判人员的专业性要求较高,谈判人员要对达到买卖目的所需要的报价明细有清晰的了解,一旦某个项目被遗漏了,买方就要额外付费,从而增加超支风险。

总价报价的优点是简单,而且易于操作。但总价报价的缺点十分明显,由于总价没有被分解为标的价格、相关服务价格和税费等报价明细,谈判人员很难评估价格构成的合理性,给讨价还价带来困难。此外,这个特点也会给价款结算、争议的解决等带来困难。总价报价是在某些特殊情形下采用的报价方式,例如,买方对达到目的所需要的报价明细不是非常清楚,担心实际结算价格高于预算,此时采取总价报价可以有效降低超支风险。再如,总价报价有时会给人一种价格优惠的错觉。因此,有时专业卖方会对非专业买方采取总价报价方式。

(二)高价报价与低价报价

高价报价是指卖方首先提出较高的报价。该报价之所以较高,是因为报价中涵盖了标的价格、服务价格和税费等。在后续的讨价还价中,卖方根据买方的实际需求、市场竞争情况等,通过降低甚至是删除原报价中的部分条件,逐步接近买方要求。例如,卖方首先报价 100 万元,该 100 万元除了标的价格外,还包含向买方提供人员培训、技术咨询、安装等相关服务的费用及税费。当买方不需要上述服务中的全部项目或要求降低上述服务水平时,卖方就可以适当降低 100 万元的报价。高价报价的难点在于,首先要能稳住对方,使买方在卖方提出的价格框架内就各项条件与卖方进行磋商。高价报价在欧美被广泛使用。因此,这种高开低走的报价方式又被称作西欧式报价。

低价报价是指卖方首先报出较低的价格。该报价之所以较低,是因为报价的覆盖范围小,除了标的价格外,可能仅包含少量的服务费、税费等,甚至某些情况下,除了标的价格外,其他都不包括。在后续的讨价还价中,如果买方要求卖方增加服务或提高条件,卖方就相应地提高报价。低价报价的优点在于能够引起买方的兴趣,挤走潜在的竞争者。这种低开高走的报价方式在日本、韩国等亚洲国家中被广泛使用,因此也被称作日本式报价。

(三)书面报价与口头报价

书面报价是指卖方通过提供较为详尽的数据、图表、文字材料等,将卖方愿意承担的条件以书面形式表述清楚。书面报价清晰明了,不易产生误解,能够确保谈判过程更为严谨、紧凑。但书面报价在客观上容易成为卖方承担责任的法律证据,一旦处理不善,在合同执行阶段容易引发争议,而且与口头报价比,书面报价显得不够灵活、缺少弹性。

口头报价是指不需要书面材料,仅以口头的方式提出交易条件的报价方式。口头报价最大的优点是灵活,谈判人员可以根据谈判策略、谈判议程等的需要,充分发挥自己的谈判特长,随时调整报价条件,引导谈判朝对自身有利的方向发展。但口头报价也存在容易偏离主题、阐述不清甚至出现错误的情况。

鉴于书面报价与口头报价各有优缺点,实践中往往以书面报价为主,根据竞争状况、双方需求等情况,以口头报价进行调整和补充。

(四)先报价与后报价

谈判中是"先发制人"还是"后发制人",要根据实际情况灵活调整。按照惯例,招标者与投标者之间应由投标者先报价。买卖谈判中,多数情况是卖方先报价,买方后还价。先报价的好处是能先行影响对方,将谈判限定在一定框架或范围内,直接影响对方的期望值。但先报价也有不利之处,当报价方对市场情况、对手意图等没有充分了解时,贸然先报价,会过早地暴露自己的"底牌",使自己处于明处,难以在后续谈判中迅速调整己方策略。鉴于此,可以采用一些谈判技巧弥补先报价的不足,例如,报价方可事先主动"隐藏"一些备用交易条件,根据对方反应,通过增加或减少备用交易条件来调整原先的报价。

后报价在一些特殊情况下使用。例如,当报价方不够专业,或对交易行情不大熟悉时,争取让对方先报价,可以从对方报价中洞察对方期望,获取对方信息,进而及时调整、修正己方的报价。

三、讨价还价

谈判一方(通常为卖方)报价后,另一方(通常为买方)一般不会全盘接受,双方还需要经过一番讨价还价才能达成一致意见,实现各自谈判目标。讨价还价是商务谈判过程中最艰苦、最激烈的阶段,最能体现谈判人员的谈判能力和水平。讨价与还价往往交替进行,买家和卖家一般同时扮演讨价者和还价者的角色。鉴于此,下面将讨价与还价放在一起讨论,统称为"讨价还价"。

(一)讨价还价的主要方式

讨价还价的方式主要分为逐项讨价还价、分类讨价还价、总价讨价还价。

1.逐项讨价还价

逐项讨价还价的前提是报价方采用的是清单报价。谈判双方围绕清单报价中的明细,对其中的标的价格、相关服务费、税费等项目,逐项讨论报价的合理性、价格变动(以降价为主)的可能性和幅度、条件变动(提高或降低)的可能性和幅度。例如,卖方的总体报价是 100 万元,其中包含一项 30 万元的安装服务费,采用逐项讨价还价方式时,当讨论到安装服务费时,买方会与卖方讨论 30 万元安装服务费的合理性。如果讨论的结果是卖方 30 万元的报价高了,那么卖方就要调低安装服务费,理所当然地,包含安装服务费的 100 万元总价,也会随之降低。如果经过讨论,认为 30 万元是合理的,那么买方可以要求卖方提高安装服务的水平,如派遣更多的安装工人、缩短安装时间、赠送安装材料等,这属于关于条件变动(上述情形表现为提高条件)的讨价还价。逐项讨价还价是一种稳妥但较为耗时的谈判方式,经验少的谈判者经常使用该方式。

2.分类讨价还价

分类讨价还价的前提也是报价方采用清单报价。与逐项讨价还价不同的是,谈判人员(以买方为主)按照价格中所含水分(或称为虚头)的大小,将价格明细分为水分大、水分中等、水分小三类,依次重点讨论水分大、水分中等的报价项目。不难看出,分类讨价还价需要谈判人员具有一定的经验,在评估交易条件阶段,就要对价格明细所含水分或者价格变动的可能性做出准确评估,以便分类讨论,突出重点。

3.总价讨价还价

总价讨价还价既适用于清单报价,也适用于总价报价。总价讨价还价不着眼于报价明细,而聚焦于总价,要求报价者改变总价。谈判经验少或谈判经验丰富的谈判人员都倾向于使用该种方式。经验少的谈判者,对价格明细经常感到无从下手,因此,选择总价讨价还价简单、粗略,但是因为缺乏逐项讨价还价的谈判基础以及谈判经验基础,买方的还价常表现为过低或过高。还价过低,容易使谈判陷入僵局;还价过高,则买方吃亏。经验丰富的谈判者因为对报价了如指掌,已经不需要逐项讨价还价,他们只要控制住报价总价即可,这类谈判者的还价通常是比较精准的。

(二)讨价还价的基本顺序

1.先分后总

先分后总是最基本的讨价还价顺序,是指先逐项或分类讨价还价,后就总价进行讨价还价。例如,卖方总报价为 100 万元,其中包含标的价格、相关服务价格、税费三项。按照先分后总的讨价还价顺序,假如买方迫使卖方在标的价格上降低 10 万元,在相关服务费用上降低 5 元万,在税费上降低 3 元万,那么新的总价就变为 82 万元(100-10-5-3=82)。在此基础上,买方可以换用总价讨价还价方式,要求卖方在 82 万元基础上继续让步。

2.先总后分

先总后分是指先总价讨价还价后逐项或分类讨价还价。如谈判者先采用总价讨价还价方式,一般情况下,卖方不会做很大的让步。在此情况下,买方可以转向逐项或分类讨价还价,具体又可分为两条思路:价格变动(以降价为主)、条件变动(提高或降低均可)。价格变动是指当总价报价中的某些项目降价后,总价自然就应声而落了。条件变动通常是在卖方拒绝做过大的价格变动后,买方转而要求卖方提高或降低交易条件。例如,在 100 万元的总价中,包含卖方为买方提供 5 个人的培训服务,当卖方不愿意降低培训费或培训费降价幅度达不到买方预期时,买方可以要求卖方增加培训人数,虽然表面上报价依然没有做大的调整,但买方获得的实际利益却增大了。

以上只是讨价还价的基本顺序。实践中,讨价还价通常表现为循环往复的过程。

四、妥协让步

在商务谈判中,做出让步的既可能是买方也可能是卖方,一般更多地表现为卖方让步。因此,下面主要介绍卖方的妥协让步,有价格中心和利润中心两种让步思路。

(一)价格中心

价格中心的思路是指卖方将妥协让步的关注点放在价格上,主张价格尽量不变或者仅做小幅调整,其核心逻辑是己方价格降低,己方利润会随之减少。这种让步思路是一种传统的思路,买卖双方在价格上的拉锯战容易激发矛盾,使谈判演变为单一型谈判和硬式谈判。

(二)利润中心

利润中心的思路是指卖方将妥协让步的关注点放在己方利润上,主张价格既可以不调整也可以调整,但利润尽量不变或仅做小幅调整。其核心逻辑是利润是由价格和成本共同决定的,己方价格降低,如果成本也随之降低,那么利润可能就不会发生大的变化。

下面介绍利润中心让步思路下的两种具体让步方式。

1.价格不让步,条件让步,利润基本保持不变

假设卖方的报价是 100 万元,期望利润是 10 万元,那么卖方可以根据上述两个约束目标制定包含不同交易条件的多种报价方案。当买方要求卖方让步时,卖方在价格上可以不让步或只做小幅让步,将谈判的重点放在更换报价方案满足买方期望上。这种让步方式从买方角度看,卖方在条件上做了让步;而从卖方角度看,期望利润没变,只是进行了方案之间的更换而已。

2.价格让步,条件让步,利润基本保持不变

假设卖方的报价是 100 万元,期望利润是 10 万元。当买方要求卖方让步时,卖方可以在价格上做出让步,但与 100 万元相对应的原交易条件必须做出

调整,以降低成本,否则,卖家利润就会降低。常见的例子是,汽车厂家会将同一型号的家庭轿车分为高中低不同配置,对应不同售价。购车人可以要求降价,但配置、参数等也会随之降低,汽车厂家看似在价格上让步了,实际上期望利润没有改变。

利润中心的让步思路对谈判人员的业务素质提出了更高的要求。谈判人员只有对产品的技术性能、成本构成等了然于胸,才能随机应变,达到期望的利润目标。

第三节　结束阶段

合同是民事主体之间设立、变更、终止民事法律关系的协议。依法成立的合同,受法律保护,对合同当事人具有法律约束力。合同签订与合同生效是谈判结束阶段的中心工作,起着承上启下的作用,既是前期谈判成果的具体体现,又是后期合同履行的依据。

一、谈判总结

谈判总结主要是完成合同签订的准备工作,具体包括以下两个方面。

(一)做好谈判成果的记录与整理

在整个谈判过程中,谈判当事人应指派专业记录人员对谈判阶段性成果进行实时客观记录。一般情况下,主方派己方人员担任专业记录人员,主客双方也可各自派人进行记录。记录人员的主要任务是客观、准确地记录阶段性成果;除此之外,也要记录已经完成谈判的议题、尚未进行谈判的议题、双方存在的分歧等情况,供未来的谈判参考使用。

谈判成果的记录与整理要注意以下事项。一是阶段性整理与结束阶段整理。阶段性整理通常以半天、天等为单位,及时准确记录已经达成的意向或条件,为制定下一阶段的议程提供依据。在结束阶段,要对所有的阶段性记录做最终的汇总整理,为起草合同文本奠定基础。二是谈判记录的确认。无论是阶段性记录还是结束阶段记录,都要在谈判结束后、下一阶段开始前经过谈判当事人的共同确认,最好要求当事人在谈判记录上签字确认,确保当事人对谈判内容无任何异议。三是做好谈判记录的保存工作。谈判记录是起草合同文本最重要的依据,也是合同履行阶段解决争议的原始凭据。因此,做好谈判记录的保存和保管工作非常重要。

(二)做好交易条件的分类与分析

在做好谈判成果记录的基础上,下一步要做好记录的分类与分析工作,核心是对交易条件的分类与分析。可以从谈判议程的完成情况、交易条件合意情况等维度,将记录内容进行分类,并指导今后谈判工作的进行。例如,对于已经达成合意的交易条件,可以准备放进合同文本中;对于已经谈判但存在一定分歧或尚未谈判的交易条件,可以考虑放在下一阶段或未来的谈判中。

在进行上述分类的基础上,谈判双方可以调整或重新协商谈判议程。例如,对于已经谈判但存在重大分歧或者尚未谈判但预期存在重大分歧的交易条件,可以协商是提前谈判还是延后谈判,这对于谈判双方的利益影响可能是不同的,主导谈判议程的一方可通过分析,确定对己方有利的谈判议程。

二、合同的签订

签约是成交的标志。因此,在谈判当事人最终决定合作后,一般要签订书面形式的合同以明确各自的权责。前期形成的谈判记录是签订合同的基础,该阶段的主要工作是将谈判记录中已经达成共识的交易条件进一步落实到合同中。在合同签订阶段要注意以下问题。

(一)合同文本的选择或起草

签约所用的合同一般直接采用某一方的成熟合同文本,或对某一方的合同文本进行修改完善,形成适用于本次谈判的书面形式的合同。合同的提供方通常会精心设计合同文本内容,以便最大化自身利益、最小化潜在风险。因此,谈判当事人应尽量争取采用己方合同文本,或至少争取共同修改完善合同文本。

当合同提供方提供的是格式合同时,《中华人民共和国民法典》合同编规定,对格式合同(条款)有两种解释的,应当做出不利于提供格式合同一方的解释。因此,其他谈判当事人应尽量将合同提供方的名称、标志等信息留在格式合同上,以证明该格式合同由其提供。

(二)签约活动的合法性审查

签约活动的合法性审查包括签约人的合法性审查、交易目的与交易内容的合法性审查。签约人的合法性审查是指对签约人的身份合法性进行审查,确保签约人是代表组织的法定代表人、组织负责人或两者的授权代理人,自然人或代表自然人的授权代理人。当签约人是授权代理人时,应检验授权文件的有效性和合法性,以及确认合同内容未超过授权代理人的授权范围。交易目的与交易内容的合法性审查是指审查交易目的和交易内容未违反法律和公序良俗,未超越关系主体的经营范围。

(三)合同文本与交易条件审核

合同条款应该全面、肯定、准确、严密,条款之间不能相互矛盾,条款约定得越清晰,越利于合同履行和防止争议。因此,当事人应仔细阅读合同文本,确保合同文字能够准确反映当事人的真实意思,避免出现歧义。交易条件审核是指当事人核对合同文本中的交易条件是否与事先达成合意的交易条件保持一致,避免出现差错、遗漏、单方追加等问题。

三、合同的生效与履行

(一)合同的生效

《中华人民共和国民法典》合同编规定,依法成立的合同,自成立时生效,但是法律另有规定或者当事人另有约定的除外。根据该款规定,当事人可以采取约定的方式来对合同生效的条件和时间加以约定,具有此类约定的合同被称为附条件的合同和附期限的合同。

多数情况下,谈判当事人在谈判结束阶段会签订书面形式的合同,并且合同成立和生效时间是一致的。下面主要介绍该种情况下合同成立或合同生效的条件。合同成立或生效包括五个要件:合同当事人具有相应的缔约能力;意思表示真实;不违反法律和公序良俗;符合特定形式的要求;当事人均签名、盖章或者按指印。

案例 3-1

　　卖方与买方签订合同,合同约定,卖方向买方出售 32 台神马矿机用于挖掘比特币,合同还就价款、交货时间、交货地点等做了约定,双方在合同尾部签名并盖章。合同履行过程中,卖方在收到买方的首付款后,向买方交付了标的,但交付后,买方迟迟不向卖方支付余下款项。卖方正在考虑通过诉讼的方式,要求买方支付余下款项并赔偿。

　　案例思考: 买卖双方签订的合同是否有效? 通过诉讼,卖方能否达到自己的目的?

　　资料来源:作者编写。

　　下面主要介绍当事人签名、盖章或按指印的基本要求。

　　当事人采用书面形式订立合同的,当事人均签名、盖章或者按指印时,合同成立。在签名、盖章或者按指印之前,当事人一方已经履行主要义务,对方接受时,该合同成立。

　　签名、盖章、按指印具有同等效力,在没有约定的情况下,签名、盖章或按指印三者有其一即可。但当当事人在合同中约定"签名且盖章"或"签名并盖章后合同成立",则签名和盖章均需具备,否则合同不生效。此外,合同中需盖的章,指的是经备案登记的公章。

　　自然人作为签约人,使用私章也就是个人名章代替签名签订合同的,其效力与签名相同。但因为私章并无登记备案,在私章所代表的一方否认该私章为其所有、盖章行为是其所为时,章真伪的验证变得十分困难。

　　签约人一般在合同正文结束后的合同尾部,也就是合同的最后一页签名、盖章、按指印。有些多页合同还会加盖骑缝章、签骑缝签名或按骑缝指印,其主要功能在于保证合同的完整性,防范合同页被替换、增加的风险。骑缝位置没有盖章、签名或按指印,不影响合同成立。

(二)合同的履行

合同的履行包括全面履行原则、诚信原则和绿色原则。

1.全面履行原则

全面履行原则是合同履行中的首要原则。全面履行原则主要是指合同当事人应当根据合同的约定履行义务。合同有约定的首先应当根据合同约定确定当事人的义务。换言之,首先应根据合同约定的义务确定当事人的履行义务。如果合同没有约定或者约定不明确,则按照法定的填补漏洞的方法明确的义务也属于应全面履行的范围。任何部分履行合同的行为都会构成对合同义务的违反,都要承担违约责任。

全面履行是指全部义务,包括先合同义务、主给付义务、从给付义务、附随义务、不真正义务等,都要按法律规定或约定履行。主给付义务是合同义务中最核心的内容,从给付义务可以理解为主给付义务外层的一种义务。附随义务是从给付义务之外更外围的一层义务。上述各种义务,合同当事人均应全部履行。不履行主给付义务,构成根本违约,可发生合同的法定解除;不履行从给付义务,不构成根本违约,不发生合同的法定解除,仅发生违约责任。

2. 诚信原则

诚信是市场经济活动中形成的道德规则。从商务谈判准备阶段开始到合同订立、履行、终止之后,当事人都应当严格依据诚信原则行使权利、履行义务。按照诚信原则,当事人不仅应当严格履行主给付义务和从给付义务,而且也应该履行先合同义务和附随义务。附随义务并非源于合同当事人的约定,而是诚信原则在合同缔结、履行、终止后全过程中的具体体现,包括当事人为缔结合同在磋商过程中的说明、告知义务,在合同履行过程中的保护、协助义务,以及合同终止后的通知、保密义务等。

3. 绿色原则

我国自然资源种类众多、储量丰富,但人口基数大,人均储量并无优势。习近平总书记提出了"绿水青山就是金山银山"的重要思想。践行该思想,是适应新时代我国社会主要矛盾变化的客观需要。人民群众需要更干净的水、更清新的空气、更安全的食品和更优美的环境,需要经济高质量发展、可持续发展,人类与自然应当和谐相处。合同履行应贯彻落实党中央提出的关于绿色生产和绿色消费的法律制度和政策导向,在履行合同的整个过程中,当事人应当考量自己的行为,避免浪费资源、污染环境和破坏环境。

第四节　重启阶段

当合同生效后，当事人往往期望合同能够顺利履行，然而意想不到的事情总会发生，迫使合同当事人进入新一轮的谈判。有许多原因会使合同当事人在重启阶段继续谈判。下面介绍触发重启谈判的主要原因。

一、约定不全面或约定不明确

合同生效后，合同当事人在质量、价格、交货时间与地点等方面缺少约定或者约定不明确的，可以重启谈判以协议补充。该情形下，重启谈判具体是指合同生效后发现上述漏洞，当事人重新进行协商，对没有约定的内容重新进行约定，对于约定不明确的继续协商予以明确，使合同能够尽快得到履行。

在有些情况下，谈判当事人对质量、价格或履行地点等条款没有约定或约定不明确，事后因争议太大，又无法达成补充协议或补充合同。在此情况下，可以按以下两种方式处理。一是按相关条款确定。体现合同内容的合同条款，是一个有机整体，相互关联，从合同上下文中往往可以对合同的其他内容做出推定。二是按交易习惯确定。在合同文字或条款具有歧义时，可按交易习惯和惯例予以明确；在合同存在漏洞，致使合同一方的权利义务不明确时，可参照习惯和惯例加以补充。

如果按照前述规则仍然不能解决，《中华人民共和国民法典》合同编第五百一十一条做了关于履约规则的规定，可加以使用。

二、情势变更

合同生效后，合同的基础条件发生了当事人在订立合同时无法预见的、不属于商业风险的重大变化，继续履行合同对于当事人一方明显不公平的，受不利影响的当事人可以跟对方重新协商；在合理期限内协商不成的，当事人可以请求人民法院或仲裁机构变更或解除合同。常见的情势变更行为包括但不限于：疫情及其防控措施；价格异常涨落；政策变化或法律规范变化；政府行为；等等。

值得注意的是,情势变更与不可抗力是既有联系又有区别的两个概念。情势变更需具备"二不"要件,即不可预见、不能承受(对一方而言,如果继续履行将明显不公平)。不可抗力需具备"三不"要件,即不能预见、不能避免且不能克服,一般为自然灾害、政府行为、社会事件等。适用情势变更的客观事由,可能是不可抗力,也可能非不可抗力,情势变更的事由范围广于不可抗力。因此,不能将情势变更作为不可抗力的一部分。

三、违约归责与责任承担

违约是指一方不合理拒绝或者不履行合法和强制性的合同义务,通常表现为拒绝履行、不能履行、延迟履行、不完全履行等违约形式。一方不履行合同义务或者履行合同义务不符合约定的,应当承担继续履行、采取补救措施或者赔偿损失等违约责任。

在违约情况下,重启谈判主要围绕以下问题展开。一是对违约主体及行为的认定。需要认定是具体哪一方违约还是双方(或多方)违约、违约具体行为是什么、违背哪条约定。二是责任承担。需要讨论到底采用哪一种违约责任的承担方式(如继续履行、采取补救措施、赔偿损失)、具体如何执行等。

违约归责与责任承担涉及合同当事人的实质利益,因此,该情形下的谈判,如果处理不当,容易发展成硬式谈判甚至引发法律纠纷。

四、协商解决争议

在合同执行阶段,合同当事人之间可能会对合同条款的理解和执行产生争议。争议解决一般包括和解(或称为协商解决)、调解、仲裁和诉讼四种方式,其中,和解是指当事人就争议自行和解,达成协议,协议经当事人签字或(并)盖章后作为合同补充文件,当事人均应遵照执行。调解是指合同当事人就争议请求第三方进行调解,调解达成协议的,协议经双方签字或(并)盖章后作为合同补充文件,当事人均应遵照执行。

争议发生后,多数情况下,当事人会通过重启谈判协商解决。谈判的结果既可能是选择和解或调解的方式达成合意解决纠纷,也可能是申请仲裁或进行诉讼。

五、机会主义行为

所谓机会主义行为，是指"用虚假的或空洞的，也就是非真实的威胁或承诺"来牟取个人利益的行为。机会主义行为一般可以由以下几个因素引发：经济人的有限理性；信息的不对称性；外部性。

经济人具有有限理性时，在处理、加工和贮藏信息方面的能力不足，难以准确估计出对方的交易动机，从而会产生通过不诚实或欺骗的手段来达到更有利于自己的目的的行为，如虚假广告、专利剽窃、违约现象等。当信息不对称时，买卖双方的信息条件是不同的，这时就可能会出现因为卖方确切地知道自己销售商品的质量而买方不知，卖方为了自身利益而故意隐瞒信息的情况。当出现外部性时，私人的边际成本与社会边际成本不一致，会使得个人在利己心的支配下进行选择，而这并不能带来资源的最优配置。机会主义行为的后果就在于行为人在追求私利的同时，会对他人利益造成损害。

机会主义行为在商务谈判中有众多的表现形式，如低价签约后，因无利可图或回报低于预期而对对方进行"敲竹杠"。再如，一方为了获得更多收益，要求对合同进行变更。在此情形下，实施机会主义行为的一方往往会想方设法重启谈判或以显性或隐性的机会主义行为迫使对方重启谈判，以达到利己的目的。

课后练习

一、单项选择题

1. 正式的商务领域，一般由（ ）介绍谈判成员。

  A. 主持人   B. 首席谈判代表

  C. 专业谈判代表   D. 秘书或记录人员

2. （ ）适用于谈判当事人实力比较接近，过去业务较少或没有往来的情况。

  A. 协商式开局   B. 坦诚式开局   C. 慎重式开局   D. 进攻式开局

3. 当谈判各方之间实力相差较大时，实力较弱的谈判方一般使用（ ）。

  A. 协商式开局   B. 坦诚式开局   C. 慎重式开局   D. 进攻式开局

4.（　　）是指对对方提出的关键性问题不做彻底、确定的答复,有所保留,从而给对方造成神秘感和潜在压力的开局方式。

A.协商式开局　　　　　　　　　B.坦诚式开局

C.慎重式开局　　　　　　　　　D.进攻式开局

5.（　　）只适用于以势压人、发现对方欺骗或不尊重自己等少数情况。

A.协商式开局　　　　　　　　　B.坦诚式开局

C.慎重式开局　　　　　　　　　D.进攻式开局

6.（　　）是商务谈判的核心阶段。

A.准备阶段　　　B.开局阶段　　　C.磋商阶段　　　D.结束阶段

7.确认交易条件的基本逻辑是（　　）。

A.技术条件与商务条件可任选其一

B.先商务条件后技术条件

C.先技术条件后商务条件

D.技术条件与商务条件可交替进行

8.（　　）的优点是清晰明了,便于讨价还价,也为后续价款结算、未来合作、解决可能存在的争议等提供了可以遵循的依据。

A.书面报价　　　B.口头报价　　　C.总价报价　　　D.清单报价

9.（　　）有时会给人一种价格优惠的错觉。

A.书面报价　　　B.口头报价　　　C.总价报价　　　D.清单报价

10.（　　）最大的优点是灵活,谈判人员可以根据谈判策略、谈判议程等的需要,充分发挥自己的谈判特长,随时调整报价条件。

A.书面报价　　　B.口头报价　　　C.总价报价　　　D.清单报价

11.当报价方不够专业,或对交易行情不大熟悉时,争取采用（　　）。

A.先报价　　　B.后报价　　　C.总价报价　　　D.清单报价

12.（　　）是合同义务中最核心的内容。

A.先合同义务　　　B.主给付义务　　　C.从给付义务　　　D.附随义务

13.不履行（　　）,不构成根本违约,不发生合同的法定解除,但会发生违约责任。

A.先合同义务　　　B.主给付义务　　　C.从给付义务　　　D.附随义务

二、多项选择题

1. 商务谈判的流程包括（　　　）。

　　A. 准备阶段　　　　　　　　　B. 开局阶段

　　C. 磋商阶段　　　　　　　　　D. 结束阶段

　　E. 重启阶段

2. 开局阶段的主要工作包括（　　　）。

　　A. 寒暄　　　　　　　　　　　B. 相互介绍

　　C. 主客致词　　　　　　　　　D. 确定谈判议程

　　E. 报价　　　　　　　　　　　F. 还价

3. 评估交易条件主要包括评估交易条件的（　　　）。

　　A. 可行性　　　　　　　　　　B. 盈利性

　　C. 真实性　　　　　　　　　　D. 让步的可能性

4. （　　　）的前提是报价方采用的是清单报价。

　　A. 逐项讨价还价　　　　　　　B. 分组讨价还价

　　C. 总价讨价还价

5. 签约活动的合法性审查包括（　　　）审查。

　　A. 签约人身份　　　　　　　　B. 交易条件

　　C. 交易内容　　　　　　　　　D. 交易目的

6. 合同生效需要（　　　）。

　　A. 合同当事人具有相应的缔约能力　B. 意思表示真实

　　C. 不违反法律和公序良俗　　　D. 符合特定形式的要求

　　E. 当事人均签名、盖章或者按指印　F. 约定合同生效时间

7. 全面履行是指全部义务的履行,包括履行（　　　）。

　　A. 先合同义务　　　　　　　　B. 主给付义务

　　C. 从给付义务　　　　　　　　D. 附随义务

　　E. 不真正义务

8. 常见的情势变更行为包括（　　　）。

　　A. 商业风险　　　　　　　　　B. 价格异常涨落

　　C. 市场供需变化　　　　　　　D. 政策变化

E.法律规范变化 F.疫情及其防控措施

9.违约通常表现为( )。

A.拒绝履行 B.不能履行

C.延迟履行 D.不完全履行

10.争议的解决方式一般包括( )。

A.和解 B.调解 C.仲裁 D.诉讼

三、思考题

1.开局阶段的任务有哪些?

2.请阐释现场确认交易条件的基本逻辑。

3.清单报价与总价报价有何区别?

4.高价报价与低价报价有何区别?

5.书面报价与口头报价有何区别?

6.先报价与后报价有何区别?

7.请阐释讨价还价的主要方式。

8.请阐释讨价还价的基本顺序。

9.请阐释让步的两种思路。

10.请阐释当事人签名、盖章或按指印的基本要求。

11.请阐释合同履行的主要原则。

12.情势变更与不可抗力有何区别?

13.请阐释重启谈判的主要原因及其处理方式。

第四章　商务谈判的策略

◐ 学习目标

知识目标	技能目标
·了解策略制定的基本步骤 ·掌握价格策略和让步策略 ·了解商务谈判的常见策略	·熟练运用价格策略 ·学会运用让步策略 ·灵活运用其他谈判策略

📁 案例导入

　　王旭是一家施工企业的投标员,该施工企业长期承包学校建设工程项目,积累了丰富的建设经验。该施工企业从某学校官网招标公告中获知,该学校正在建设新校区,便购买了一套招标书。王旭的领导把招标书交给了王旭,并让其做好投标准备。王旭发现,该学校新校区的设计单位过去主要从事商业楼宇设计,而此次新校区设计是该设计单位进军学校建筑设计领域的首个项目,该设计单位把自己擅长的商业楼宇设计的手法用在了新校区的教学楼设计上。例如,教学楼的外墙窗户普遍偏大。再如,大中型教室较多,而适合小班教学的教室及师生讨论室、教师休息室等相对较少。

　　案例思考:王旭如何做才能既尽可能争取中标又尽可能地盈利?

　　资料来源:作者编写。

谈判是智慧与实力的较量,是谋略与技巧的角逐。在商务谈判过程中,为了使谈判顺利进行并达成谈判目标,谈判人员应审时度势地制定并恰当运用谈判策略。

第一节　谈判策略概述

谈判策略是谈判人员在商务谈判过程中为了实现特定的谈判目标而采取的各种方式、措施、技巧、战术、手段及其组合的总称。

一、谈判策略的作用

(一)帮助己方发挥优势,有效规避劣势

商务谈判的当事人都渴望通过谈判实现己方的谈判目标,这就需要认真分析和研究当事人各自的优缺点。在掌握基本情况之后,己方就要精心设计和合理使用谈判策略,最大限度地突出己方优势,策略性地回避自身不足。例如,加法报价策略的应用可以凸显己方的价格优势,有效回避额外收费的现实,在一定时空范围内,给对方以价廉物美的印象。

(二)维护己方合理权益,应对对方攻势

谈判当事人之间虽非敌对关系,但也存在明显的利益冲突,因此,任何一方都面临如何维护自身利益的问题,而恰当地运用谈判策略可以有效解决这一问题。例如,红白脸策略、限制策略、分化对手策略等都可以有效应对对方的攻势,维护己方合理权益。面对对方的攻势时,如果不使用谈判策略或者策略使用不当,可能会轻易暴露己方真实意图和弱点,将己方置于不利境地。

(三)促使尽早达成合意,实现己方目标

在谈判中合理运用谈判策略,能促使双方尽早达成协议,同时达成己方的谈判目标。例如,不平衡报价策略的应用,可以降低己方的总报价,增加己方对招标方的价格吸引力,有利于当事人尽早达成协议。同时己方也可以通过不平衡报价法,在结算时实现更理想的经济效益。当然,如果不平衡报价策略被识

破,该策略将起到反作用。

二、制定谈判策略的基本步骤

(一)谈判因素分解

制定谈判策略的前提是要深刻洞察影响谈判的各种因素,这些因素包括但不限于谈判中遇到的问题,可能出现的分歧、数据、事件、态度等,它们共同构成一套谈判因素组合。谈判人员应将这个组合按照一定方式分解成不同部分,并理解每个部分的含义、现状、发展趋势等。

(二)抓住关键因素

影响谈判的因素多样且复杂,但只有少数因素对谈判结果起着关键作用,可谓牵一发而动全身,这些因素即关键因素。因此,在制定谈判策略前需要识别出关键因素,对关键因素做出陈述和界定,厘清关键因素之间的内在关系,以及关键因素对谈判进程的潜在影响。

(三)确定具体目标

在抓住关键因素后,谈判人员还需要明确谈判目标,谈判目标是指谈判当事人通过商务谈判所要达到的具体目标,包括最优目标、可接受目标和底线目标。在商务谈判中,谈判人员应根据关键因素(如谈判主体、谈判议题和谈判环境)的动态变化,寻找各种可能的谈判目标。

(四)提出假设及应对策略

根据谈判环境因素及其变化趋势、谈判主体的不同特点等,谈判团队在谈判前需要集思广益,假设性地提出对方在谈判过程中可能提出的各种问题、表现出的谈判偏好等。在此基础上,谈判团队要尽力探索出能够解决对方问题、满足对方偏好,并能够实现己方目标的谈判策略。

(五)对谈判策略进行对比分析

在提出假设及谈判策略后,要对这些谈判策略的可行性和优劣程度进行对比分析。即在可行和有效这两个原则性要求下,运用定性和定量分析,对不同谈判策略进行利弊权衡和优劣排序,从中选出若干比较满意的谈判策略。

(六)拟定行动方案

有了谈判策略后,还要将策略落到实处,这就需要拟定行动方案。行动方案需要解决一系列问题,例如,何时提出己方的策略?以何种方式由谁提出?如果策略未达到目的或者被对方识破,如何转变策略?

第二节　价格策略

价格是商务谈判的核心议题。灵活运用价格策略,是谈判人员的基本和核心技能,对于实现谈判目标具有重要作用。

一、不平衡报价策略

(一)不平衡报价策略概述

不平衡报价策略,也称为不平衡报价法,是建设工程项目中广为使用的报价方法,当前在其他领域中也越来越多地被使用。

使用不平衡报价法的前提是建设工程项目采用单价合同形式报价。单价合同是指当事人约定以工程量清单及其综合单价进行合同价格计算、调整和确认的建设工程施工合同。其中,多数情况下工程量清单(工程量为估算量,仅用于招标)由设计单位提供,施工企业取得工程量清单后,填报综合单价(含价格明细),工程量与综合单价的乘积即是投标总报价。

不平衡报价是相对平衡报价(正常报价)而言的,可以在建设工程项目的投标总报价确定后,在不提高投标总报价的前提下,对部分综合单价进行调整,使得施工企业在结算时实现更理想的经济效益。

(二)不平衡报价策略的类型

1.工程量不平衡报价

先通过分析施工图纸、地质资料、计量法则或进行现场考察等,判断实际工程量与工程量清单中的工程量相比是否会有变化。如有,则可根据实际工程量可能增加或减少的实际情况来适当调高或调低其对应的综合单价,并合理调整其他综合单价而保持总报价不变,从而获得更理想的经济效益。

2.进度不平衡报价

进度不平衡报价主要指利用建设工程项目的早施工、早计量、早支付的进度支付规则,结合施工进度计划,通过适当提高先期施工分项工程的综合单价、降低后期施工分项工程的综合单价来获取资金时间价值的方法。采用该方法,在履行合同时,将获得较多的前期支付,可尽早回收资金,减少流动资金贷款及利息支出,甚至可获得投资回报(如存款利益)。

3.风险不平衡报价

风险不平衡报价通过调高(低)工程中使用较多(少)的资源的调价系数和权重、调高(低)物价上涨较大(稳定或下降)的资源的调价系数和权重等进行不平衡报价,使合同履行过程能规避风险,甚至获取利益。

(三)不平衡报价策略的优缺点

成功的不平衡报价策略可提高建设工程项目的经济效益,甚至为投标人带来超额收益。但是不平衡报价策略的缺点也十分明显,应慎重采用。一是增加投标风险。如果施工企业控制不好调整幅度,可能会被建设单位发现,导致投标无效。二是增加项目成本。一旦预期的情况并未出现,例如,对于调低综合单价的分项工程,实际的工程量多于投标预期的工程量,将造成投标单位的经济损失。三是增加法律风险。如果不平衡报价策略造成建设单位成本远高于预算成本,在合同履行阶段,双方会产生争议进而可能引发法律纠纷。

案例 4-1

某公园的主体工程已经基本完成,公园绿化被提上议事日程,该公园管理者决定公开招标,招标内容主要是由投标单位负责购买所需树木、花草及提供所需的合格工人,按照设计要求绿化整个公园。陈浩是一家小型城市园林绿化企业的老板,他打算投标,但是,陈浩知道工程尾款回款较难。

案例思考:陈浩如何做才可能既争取中标又尽早回款?

资料来源:作者编写。

二、清单缺陷报价策略

清单缺陷报价策略是指施工单位利用工程量清单和图纸中存在的缺陷制定相应报价的策略。

清单缺陷报价策略主要适用于以下两种情形。一是工程量清单中存在漏项、错项等问题。工程量清单主要由设计单位编制，由于实力有限、时间仓促、工作人员不认真等多种原因，工程量清单中难免会出现漏项、错项等问题，施工单位应准确把握这些疏漏问题，例如，对于漏项，可适当提高相近的或有参考价值的分项工程对应的综合单价，结算时可获得额外经济收入。二是图纸存在质量问题。用于招标的图纸往往并不完善，有时甚至不具有可行性，如结构与设施设备不符、质量与材料不匹配、尺寸标注错误等，施工企业应仔细分析招标图纸，提出应对方法，提高企业收入。

清单缺陷报价策略的优点是可以提高经济效益且风险较小；不足之处在于对施工单位的技术水平要求较高，工作量较大。

三、加法报价策略

加法报价策略是指卖方并不将自己的总报价一次性报出，而是分成几次报价，以避免因总报价过高而吓退买方，导致谈判破裂。由于总报价是被分解成若干次提出的，容易被买方接受。加法报价策略既可以在商务谈判过程中应用，也可在商务谈判过程之外应用。

加法报价策略在谈判过程中的应用，是指在商务谈判的五个阶段内应用该策略，这是该策略应用的最主要情形。例如，在商务谈判的准备阶段，谈判当事人会通过电话、传真、电子邮件等形式进行初次接触，以初步了解对方的交易条件和期望。该阶段卖方会做初次报价，如果初次报价过高，可能会吓退买方。因此，卖方通常在准备阶段报低价，从而使双方进入磋商阶段。在磋商阶段，卖方会将其他报价报出。当然，将加法报价策略集中应用于磋商阶段也非常多见。

加法报价策略可以超出谈判过程，这是近些年逐渐兴起的一种应用情形。有些合作在合同结束后，可能还会涉及后续配套产品或配套服务。此种情况下,卖方将价格以合同结束为分界点(当然,也可以其他为分界点),至少可以分成两次报价。这是加法报价的一种变相应用,相比于在谈判过程中的应用,报价间隔时间更长,也更具隐蔽性。

案例 4-2

马超所在的公司正在某城市核心商圈建设办公大楼,根据工程进度,需要启动 8 台电梯的采购工作。

马超接到公司采购 8 台电梯的指令后,开始认真编写招标书并找到代理机构进行招标公示,经过资格审查,有 4 家电梯制造企业进行了投标,在约定的开标日,马超组织公司评标委员会进行了评标。经过评比,X 公司因其报价比其他 3 家低很多,而且电梯档次以及各项性能指标也与其他 3 家相近,被评标委员会推荐中标。

事情进展得很顺利,马超最终代表公司与 X 公司签订了 8 台电梯的采购合同。然而有一事马超没想明白,按照马超对制造业的了解,X 公司的报价十分接近成本价,那么,X 公司是如何实现盈利的呢?难道 X 公司要偷工减料、以次充好?如果发生这样的事情,马超的职业生涯将受到很大影响。在惴惴不安中,合同约定的交货期终于到了,为了不出事,马超进行了严格检查,对整个安装过程也严密监督,然而马超并没有发现什么问题。这使马超更加疑惑了,X 公司是如何实现盈利的呢?

案例思考:X 公司是如何实现盈利的呢?

资料来源:作者编写。

四、除法报价策略

除法报价策略是一种价格分解术,以标的的数量、重量、使用时间或频次等概念为除数,得出一种数字很小的价格(某一种单位价格,如每件、每克、每小时、每次等),使买方对本来价格不菲的标的产生一种便宜、低廉的感觉。在买方对标的价格比较敏感,并且该标的又能分成若干单位时,使用除法报价策略能收到较好的效果。例如,在消费者市场上,如果一斤茶叶报价 2000 元,大多数消费者就望而却步了。为了提高销量,很多商家将茶叶做成 50 克一份的销售包装,并标价 200 元/件,消费者在心理上就容易接受了。

五、比较报价策略

在报价中使用比较报价策略,往往可以增强报价的可信度和说服力,一般具有很好的效果。报价可以从很多方面进行比较,例如,将本标的价格与另一个可比标的进行对比,以突出相同使用价值的不同价格、不同使用价值的不同价格以及相同价格的不同使用价值等;针对同一种标的,档次不同、规格不同、材质不同,报价也不同,给买方更多选择的机会。实践证明,卖方一味说明某一标的物美价廉,买方并不十分相信,如果卖方给买方多种选择,让买方通过自己的比较得出结论,买方就会比较放心。制定和运用比较报价策略需要注意以下两点:一是不同报价并不是完全的客观反映,而是精心设计的结果,要依据谈判目标设计不同报价方案;二是比较报价策略的成功运用十分富有技巧性和隐蔽性,对谈判人员的素质和技能提出了较高要求。

案例 4-3

周静大学毕业后,在中介公司当了一名售房员。周静坚信付出总有回报,所以周静全身心地投入工作当中。她每天一大早就到达公司,因为有的客户只有上班前才有时间看房;晚上 10 点钟后才下班,因为有的客户只有晚上才能抽空看房。周静每次都主动了解客户需求,然后把适合的 1—2 套房源推荐给客户,如果客户不满意,周静还会继续找能满足客户需求的房子,力争使客户满意。周静的热情、努力和真诚打动了经理,也获得了客户的一致好评,但是,周静每月的成交量是同事中最少的。

案例思考:周静推荐房源的策略是什么?有何不妥之处?

资料来源:作者编写。

第三节　让步策略

商务谈判的过程就是不断妥协让步的过程,但是让步也是有技巧和策略的。让步策略是指在商务谈判中当事人就某一交易条件争执不下时,一方以放弃部分利益为代价促成谈判的策略。

一、让步原则

(一)维护整体利益

让步是在维持整体利益基本不变的前提下做出的局部调整,让步不能牺牲整体利益,只能让出局部利益。因此,谈判人员在让步前要弄清楚可让步和不可让步的条款和条件、让步的最大幅度、让步对全局的影响等。简而言之,谈判人员要以尽量小的让步换取谈判的成功,以用局部利益换取整体利益作为让步的出发点。

(二)选择恰当时机

谈判人员在使用让步策略时千万不能随意,要把握好时机。具体而言,谈判人员让步之前必须经过充分的磋商,当时机成熟时做出适当让步,使让步成为"点睛之笔"。一般来说,当对方没有表示出任何退让的可能时,让步不会给己方带来相应的利益,也不会增强己方讨价还价的力量。而当己方占据优势地位时,己方是不需要主动让步的。

(三)以让步换让步

让步是必须有前提条件的,即一方的让步要以对方的让步为条件。谈判人员要明确知道,哪些是重要条款和条件,哪些是次要条款和条件,哪些是可以让步的,哪些是不可以让步的。谈判人员要以己方较小的让步换取对方较大的让步,己方让步的代价要小于让步所获得的收益,最终达到"得大于失"的效果。

(四)让步幅度要适当

谈判人员每次让步都要注意让步的幅度。让步幅度过大,会使对方的期望值迅速提高,导致其提出更大的让步要求,使己方逐渐陷入被动。让步幅度过小,对方会认为己方没有诚意。类似地,让步次数太多和太少都是不利的。总之,谈判人员一定要步步为营,严格控制让步的幅度和次数,要让对方明白,每一点、每一次的让步都来之不易。

(五)及时评估让步效果

在谈判过程中,谈判人员每做出一次让步都要观察对方的反应。具体而言,谈判人员要及时观察、评估对方表现出的态度和行动是否与己方让步有直接关系,己方的让步对对方产生了多大的影响,对方是否也做出了相应的让步等,己方要根据评估结果及时调整下一步的让步策略。

二、让步方式

根据让步的次数和幅度,常见的让步方式可以分为六种。下面以卖方的让步为例,介绍不同让步方式的特点。假设卖方总体让步数额为 60 元,分 4 次让出,常见的让步方式如表 4-1 所示。

表 4-1　常见的让步方式

让步方式	让步数额/元			
	第一次让步	第二次让步	第三次让步	第四次让步
冒险式	0	0	0	60
首步式	60	0	0	0
等额式	15	15	15	15
递增式	5	11	18	26
递减式	26	18	11	5
U 型式	26	18	2	14
	26	18	0	16

(一)冒险式让步

冒险式让步(0,0,0,60)是指在前期阶段,无论买方如何表示,卖方始终坚持初始报价,不愿做出丝毫退让,到了后期阶段,却做出大步退让。冒险式让步的优点是态度比较果断,信念比较坚定,因为前期阶段拒绝让步,买方如果缺乏毅力和耐心,可能就放弃了;而后期阶段一次性让出全部可让利益,会给买方留下既强硬又出手大方的强烈印象。冒险式让步的缺点是由于前期阶段寸步不让,有可能会使谈判陷入僵局,买方也可能退出谈判,风险较大。如果遇上一个经验丰富又意志坚定的谈判对手,在得到让步后可能会提出新的让步要求,而此时卖方已经无利可让,容易出现僵局。

冒险式让步主要适用于以下情形:卖方对谈判依赖性小;卖方为谈判付出的谈判成本较小;卖方在谈判中处于优势地位;卖方首席谈判代表决策权大。

(二)首步式让步

首步式让步(60,0,0,0)是一种诚恳的让步方式,即在讨价还价的一开始卖方就让出全部可让利益,然后无论买方如何要求,都不再退让。首步式让步的优点是一开始就亮出全部底牌,会让对方产生信任感,卖方坦诚的态度容易打动买方,进而换取买方的回报行为。从当下看,首步式让步可以促使双方立即进入实质性磋商阶段而不必相互试探和兜圈子,可提高谈判效率;从长远看,则能够给买方留下深刻而良好的印象,有利于长期合作。首步式让步的缺点是卖方可能失去本来可以争取的利益,并诱使买方认为还有利益可以争取,穷追不舍;后期不做任何让步,容易使买方由大喜过望过渡到大失所望,导致谈判陷入僵局。

首步式让步主要适用于以下情形:卖方处于被动地位或劣势地位,谈判一开始就以亮出全部底牌方式表示诚意;谈判当事人之间有着长久的合作历史,或者关系比较友好时,因为彼此比较了解,不必故弄玄虚,一次性让利到位可以提高谈判效率。

(三)等额式让步

等额式让步(15,15,15,15)是一种以相等或相近的幅度逐次让步的方式。该方式体现为在磋商过程中,双方不断地讨价还价,就像挤牙膏一样,挤一步让一步,让步的数量和速度基本是均等的、稳定的。等额式让步的优点是让步平稳、持久,卖方本着步步为营的心态,不会让买方轻易占到便宜;等额式让步有利于双方充分讨价还价,有利于达成利益均沾的协议;遇到性急或时间受限的买方时,能够削弱对方的谈判能力。等额式让步的缺点是让步速度和幅度平均,容易让买方产生疲劳、厌恶之感;浪费时间和精力,谈判效率低、成本高;让步就像挤牙膏,容易诱发买方期待更大利益,进而穷追不舍。

等额式让步主要适用于以下情形:谈判者缺乏谈判知识或经验;陌生的谈判环境。

(四)递增式让步

递增式让步(5,11,18,26)以较小幅度让步为起点,随着谈判的推进,让步幅度逐渐增加,直到让出全部利益。递增式让步的优点是一轮比一轮更大的让步,能够表现出卖方的诚意,吸引买方,有利于谈判的继续推进。但是,递增式让步会逐渐拉高买方的期望,每次让步之后,买方不但不会满足现状,还会产生要求更大让步的欲望,迫使卖方继续让步。

递增式让步仅适用于特殊情形。比如,双方实力悬殊,卖方希望通过此种方式,不惜一切代价达成协议的情形。大多数情况下,应尽量避免采用此方式。

(五)递减式让步

递减式让步(26,18,11,5)是一种以较大让步为起点,接着让步幅度逐次下降,直到可让的利益全部让完为止。递减式让步可以体现卖方的诚意,显示出卖方的立场越来越坚定,有利于坚守底线。递减式让步符合讨价还价的一般规律,其优点是顺其自然、顺理成章、易于接受;让步幅度越来越小,会减少让步失误概率;可以向买方传达卖方的"底价",降低买方要求让步的欲望。递减式让步的缺点是易给买方形成越争取利益越小的感觉,致使谈判越来越乏味,买方后期容易情绪不高,甚至是提前结束谈判。

递减式让步是一种比较稳妥的让步方式,适用于大多数谈判情形。

(六)U型式让步

U型式让步是一种以较大让步为起点,接着逐次降低让步幅度,最后再提高让步幅度的一种波澜起伏的让步方式。U型式让步的优点是开始阶段让步较大,表现出足够的诚意和积极的谈判态度;中间阶段逐渐减少让步幅度,向对方传递越来越接近"底价"的信号;最后阶段做出较大让步,向对方传递"破釜沉舟"的成交决心,有助于促成合作。U型式让步的缺点是,如果操作不当或谈判者处事不够灵活,会给对方造成不够诚实的印象,不利于长期合作;最后阶段提高让步幅度,可能会诱使对方穷追不舍。

U型式让步主要适用于以下情形:谈判人员有丰富的谈判经验,能够把握恰当的谈判节奏;谈判人员职级高,权力大;买方谈判人员耐性好,双方谈判处于拉锯局面。

案例 4-4

某位刚参加工作的业务员很长时间都没有一点业绩,他为此十分焦虑。终于有一天,有个客户打电话给他,希望能够购买他的产品,并询问了产品价格等。他的产品的报价是 10 万元/台,这是公司规定的。业务员如实向他的第一个客户进行了说明。客户考虑了一下,还价 8.5 万元/台。当时业务员正沉浸在终于有业绩的喜悦中,因为考虑到公司给他的底价是每台 8 万元,所以 8.5 万元成交也是可行的,于是就毫不犹豫地同意了。可是,当他同意对方的价格之后,客户并没有表现出成交的意愿,而是说要再跟单位商量一下。之后,该客户便再无音信了。

案例思考:业务员的报价有何不妥之处?

资料来源:莫群俐.商务谈判[M].北京:人民邮电出版社,2023.

第四节　常用的其他策略

除了价格策略和让步策略外,其他谈判策略对于商务谈判的作用一样不容忽视。鉴于商务谈判策略不胜枚举,下面就几种常见的谈判策略做简单介绍。

一、引入竞争策略

引入竞争策略是指在谈判过程中,故意引入部分甚至全部竞争者,使对方感受到竞争的压力,打乱对方既定的部署,迫使对方做出让步的策略。该策略所指向的竞争,既可是真实存在的,也可是虚假的,实践中,更多地表现为半真半假。有意识地创造竞争条件是迫使对方让步的有效方式,可采用以下方式营造竞争氛围:一是邀请对方和其他竞争者一起参加拜访、聚餐、宣讲等非正式谈判活动;二是有意识地让对方和其他竞争者先后或同时达到谈判场地;三是在谈判过程中,不经意地让对方知道其他竞争者开出的条件;四是针对同一标的,同时或轮流与对方和其他竞争者谈判。

为了发挥该策略的有效性,以下几点需要引起注意:一是谈判人员需要准确了解对方的竞争者,并与之保持一定程度的接触,当需要向对方透露竞争者信息时,一定要给出准确的信息,这样才能对对方形成冲击力;二是在达成协议之前,不要过早地与其他竞争者结束谈判,尽量使不同谈判方的谈判结束时间相近;三是想方设法减少对方与其他竞争者之间的沟通与联系,如果他们之间联系密切,那么他们可能会当场洞悉谈判人员的真实意图,使该策略的有效性大打折扣。

案例 4-5

我国某玻璃厂要引进一条浮法玻璃流水线。该厂人员到日本考察后认为,日本的生产线质量、技术都是世界上最先进的,只是要价偏高。因此,他们决定与日方谈判,以求在价格上得到优惠。

第一轮谈判于 4 月下旬进行。日方一亮相就口气强硬,报价高出中方所掌握的外汇底盘 200 多万美元。为了证明报价的合理性,对方一再声称他们的浮法生产线是世界之冠。中方与之恳谈了三次,但日方总是盛气凌人、寸步不让。中方首席谈判代表深知日方的这个报价比中方在日本考察时了解到的价格还要高出约 100 万美元。经过三次谈判,中方首席谈判代表已把握了谈判中最关键的问题,即必须首先粉碎日方非我莫属的信念,否则日方是不会让步的。

谈判结束后,中方首席谈判代表将日方搁置一边,率团赴英国考察浮法玻璃生产线。考察后发现,英国产品不如日本,且价格也不低。尽管如此,中方还是向英国公司发出了谈判邀请。中方的随行人员向首席谈判代表提出了异议,认为不应向英国公司发出谈判邀请。但首席谈判代表力排众议,自有打算。

6 月,英国浮法玻璃生产线的谈判代表来到中国。中方热情地到机场迎接,故意将住宿安排在日方公司驻华事务所办公室所在的饭店。日方很快得到了这一消息,其谈判代表立即向日本公司汇报了中方正在选择新的贸易伙伴的情况。日方公司当机立断,再次派谈判代表来华要求恢复谈判。这样,中方的谈判地位由被动转为主动,而日方却陷入求中方选择其产品的不利局面。日方在谈判桌上放弃了之前那种盛气凌人的姿态,大讲中日友好,并声称愿意给予优惠。

这时,中方首席谈判代表说:"我为专务先生(日方首席谈判代表)的友好讲话感到高兴。我们已经注意到贵公司在生产线价格问题上的松动和转变,专务先生说我们是真诚合作的朋友,因此才考虑给予优惠价格,这种说法不错。但我更赞成朋友之间的那种平等互利的贸易原则,不能一方占大便宜,而让另一方吃大亏,这不是朋友所为。我想专务先生不会对我的话有异议吧?"

中方首席谈判代表接着说:"关于浮法生产线,我们又专程考察了英国的同类产品。他们的产品质量、性能都很好,但报价却比贵公司低得多,这很吸引人呐!我们准备与他们的谈判代表接触,当然是非正式的。不过,如果贵公司的价格合适,我们也会首先考虑的。"

与日方的此轮会谈一结束,中方首席谈判代表就坐到与英国代表的谈判桌前说:"诸位先生想必已经听说了,在你们来中国后,又从日本来了一个推销该产品的代表团。他们的浮法玻璃生产线不仅质量、技术高于贵公司,且报价低于贵公司30%,我想贵公司应考虑这个现实情况。"英方一听说日本已经来人,马上意识到了己方的处境。他们满怀信心地远道而来,怎么能轻易让日本人抢走生意呢?于是立即答复:"愿考虑一个适中的价格。"

事隔一天,日方又主动找上门来要求继续洽谈。在这次会谈中,日方一开始就表示愿以诚相见,再降价100万美元。于是,中方首席谈判代表答复:"我们丝毫不否认贵公司的诚意。但是,跟你们竞争的英方似乎更有诚意,他们的报价比你们现在的报价还要少140万美元。如果贵方想争取到我们的订单的话,我看至少还要降价100万美元。"经过几次讨价还价之后,中日双方终于成交了。

案例思考:中方首席谈判代表如何运用引入竞争策略?

资料来源:毛晶莹.商务谈判[M].北京:北京大学出版社,2010.

二、红白脸策略

红白脸策略是诱导对方妥协的一种策略。在谈判磋商阶段,采用该种策略时,通常是先由扮演白脸的人出场,其傲慢无礼、苛刻无比、态度强硬、立场坚定、毫不妥协,让对方十分反感。当谈判进入僵持状态时,扮演红脸的人适时出场,其表示体谅对方的难处,以诚恳的态度表达对对方要求的理解,要求己方白脸放弃一些苛刻条件和要求,做出一定的让步。红白脸策略往往在对方谈判人员缺乏经验,并且很希望达成协议的情况下使用。

红白脸策略是磋商阶段被广为采用的策略。因为如果己方都扮演白脸,一致强硬,对方会认为己方缺乏诚意,这样的谈判不值得浪费太多时间和精力。因此,对方可能会一触即退,谈判成功的概率自然就降低了。如果己方都扮演红脸,对方就会误认为己方志在成交,于是就会变得越来越强硬,得寸进尺,迫使己方不断让步。

在实施该策略时,有以下三点应引起注意。一是扮演红脸和白脸的可以是不同的人,也可以是同一个人。红白脸由谈判团队中的不同人员扮演,这是常见情形。同一个人也可同时扮演红白脸,此时,可以虚构一个人物或对象扮演白脸,这个虚构的人物或对象可以是"不通情理的上级领导""僵化的组织规章制度"等。二是通常由上级扮演红脸,由下级扮演白脸。三是默契是红白脸策略成功的关键。红白脸策略十分简单,但要想取得实效,实施者一定要配合默契,否则,一旦被对方看破,效果会适得其反。

三、限 制 策 略

所谓限制策略,是指在谈判中,假借某种客观因素或条件的制约而不满足对方的要求,坚定己方主张。商务谈判中,常见的限制策略主要有以下几种。

(一)权力限制策略

上司的授权、公司的规章制度、国家和地区的法律法规等限制了谈判人员所拥有的权力,谈判人员的权力受到限制后,可以很坦然和自然地拒绝对方的要求。通常可以这样说:"听起来,贵方提出的要求和理由很令人信服,但这超出了我的谈判权限,我需要请示我的上级领导,由他们商议和最终决策,最终结果出来前,我是无权代为答应的。"因为未获充分授权,对方就无法强迫己方超越权限做出决策,而只能根据己方现有权限来考虑这笔交易。如果对方不依不饶,要求暂停谈判等待答复,或者寻找有更大权限的己方上级领导直接谈判等,此时,也不要慌乱,有多种方式可以搪塞对方。例如,以领导出差、领导很忙为由,提出一个对方根本不可能接受的答复时间。权力限制策略是一种非常有效的防御策略,精于谈判之道的人都信奉这样一句名言:"在谈判中,受到了限制的权力才是真正的权力。"

(二)资料限制策略

在商务谈判中,当对方要求就某一问题、事实、数据等做进一步解释,或要求己方让步时,己方可以用抱歉的口气告诉对方:"实在抱歉,有关这方面的详细资料我方暂时还没有(或者没备齐;或这属于本组织的商业秘密或专利资料,不便透露),因此暂时还不能答复。"这就是利用资料限制阻止对方进攻的有效策略。对方听过这番话后,一般会放下该问题,转向下一个关心的问题。

(三)其他方面的限制

其他方面的限制包括时间、生产技术、人力资源、自然条件等因素的限制,它们都可以用来阻止对方的进攻。例如,对方要求己方提供详细的报价资料,己方可以用时间有限、准备时间不充分等为由拒绝对方的要求。当然,借用其他方面的限制除了作为防御策略外,有时也可成为进攻策略。例如,同样是时间限制,己方可以声称谈判时间有限,进而迫使对方及时做出让步。

值得注意的是,限制策略的使用次数与效果是成反比的。该策略运用次数过多,会使对方怀疑己方的谈判诚意,或者请己方具备一定条件后再进行谈判,这会造成己方被动的局面。

四、分化对手策略

分化对手策略是指促使对方成员中的某些成员在谈判中保持中立,吸引某些成员转而支持己方,以及拉拢对方成员中的某些成员加入己方阵营。这里的对方既可以是关系主体(如由几个关系主体构成的谈判联盟),也可以是行为主体。下面以行为主体为例,简要介绍分化对手策略的具体实施方法。

在磋商阶段,通过不断沟通和交换意见,当事人都逐渐了解对方的交易条件和基本立场。仔细分析后会发现,多数情况下,同一个团队中的不同谈判人员所持有的观点会存在一定差异,这就构成了实施分化对手策略的基本前提。分化对手策略的基本做法是,将对方谈判团队中持有利于己方意见的人员作为突破口,以各种方式给予各种支持和鼓励,与之结成一种暂时的无形同盟。例如,对其的态度特别友善,对其表达的观点多持肯定态度,赞扬其提出的交易条件客观、公正、合理等;有些意见如己方不能接受,则以很温和、委婉的方式予以说明和拒绝。相反地,对待持不利于己方意见的对方谈判人员,则多采取强硬和否定的态度。分化对手策略如果运用得当,能使相应人员甚至其团队毫无察觉。只要对方谈判团队中的某一成员松了口,以其为突破口,争取对方团队做出让步就有希望了。此外,这种做法也容易导致对方内部成员之间产生分歧甚至是相互猜疑,从而瓦解其团结性。

案例 4-6

来自法国里昂的 M 公司是一家高科技企业,拥有独特的全球液体透镜产品生产技术。为了降低生产成本、提高产品的市场竞争力,M 公司将其液体透镜的生产全部放在中国进行,由承包商按照约定的合作模式代工生产。

其在中国市场采购的原材料中,窗口滤光片是金额最高、要求最高、技术最复杂的一项。该项原材料除了要满足在中国的大批量商品化生产的需求外,还要满足在里昂的总部的新产品研发需求。因此,除了几个规格的滤光片属于大批量采购外,还有许多规格的滤光片只能做少量的零星采购。M 公司的目标是将大批量采购的滤光片单价压到 10 美分以内,并且让零星采购的滤光片享有同样的单价。

滤光片生产技术已非常成熟,中国的制造商供应了全球 90% 以上的滤光片,生产者之间的竞争非常激烈。按照 M 公司要求的规格,其滤光片单价可以在 5 美分以下,但是因为 M 公司对滤光片的性能,尤其是镀膜性能及产品品质提出了很高的要求,一般的小制造商由于技术、设备力量及质量管理能力不足,无法满足这些要求。国内少数几家大型滤光片制造商对高性能光学镀膜生产技术的掌控，使得他们对采用这种镀膜的滤光片的要价也提高了不少，而且他们似乎形成了一定的价格同盟，共同抵制客户的降价要求。M 公司先后联系了具有相应生产能力的上海 J 公司、苏州 A 公司、杭州 K 公司、福州 T 公司，结果发现他们对大批量采购的报价均高于 30 美分，对小批量采购的报价都超过了 1 美元，与 M 公司的期望值相去甚远。

经过审慎的分析，M 公司认为，当前的高报价是由少数供应商对生产技术的垄断所造成的。而这种垄断的形成是以不同的供应商之间的价格同盟为基础的，一旦这种价格同盟被打破，报价必定会大幅跳水。M 公司进一步分析发现，这几家供应商彼此之间完全独立。因此，他们的价格同盟非常不稳固，完全可以通过某些策略来打破。

综合各种条件和信息后，M 公司决定维持既定的价格目标，采取逐个击破的方法，瓦解中国供应商的价格同盟，为本公司获取最大利益。

确定好战略目标和战术方针后，M 公司首先邀约这几家供应商一起参加 9 月在上海举办的中国光博会精密光学展。在该展会上，M 公司与几家重量级的液体透镜产品的应用客户一起向所有的参展商展现了其在液体透镜及其应用产品方面无可比拟的优越技术和极其广阔的市场前景。这些应用客户都是诸如霍尼韦尔、三星电子这样的国际知名大企业，他们的现身说法极具说服力，立刻使得这些滤光片制造商相信为 M 公司的液体透镜提供窗口滤光片将会是一个可以长期获得巨额利润的商业机会。但是，尽管如此，为了获得更多的利润，一开始在展会上，他们并没有急于向 M 公司表达降价供货的意愿。

M 公司又宣布，为了确保向客户提供品质卓越的液体透镜产品，M 公司将执行与供应商分享利益的策略。具体为针对每个类别的原材料，只保留一家合格供应商，只要供应商的产品及服务品质不出现合同中约定的不可接受的情形，M 公司将不发展第二家供应商。另外，为了应对即将到来的产品销售的爆发式增长，合格供应商将在次年 3 月之前全部确定下来。

这下几家滤光片供应商坐不住了，他们纷纷寻找机会向 M 公司总裁表达希望进一步商洽的意思，而此时总裁却表示展会期间事务繁忙，无法接待，请他们在会后安排时间单独来谈。展会一结束，总裁就飞回了里昂，与滤光片供应商们的谈判被顺理成章地延迟到 11 月。进入 11 月后,供应商们发现,12 月法国公司将忙于年终总结和准备新年假期,1 月中国公司也会忙同样的事情,1 月和 2 月又是 M 公司对供应商资格进行评审及对合同条款做分析和确认的时间。因此,每家供应商实际上只有一次谈判的机会。

高端滤光片的镀膜生产工艺复杂,设备投资巨大,运行和维护成本高昂。虽然这种滤光片的利润可观,但是它们的主要用户都在国外,欧洲、美国、日本的市场需求支撑着高端滤光片企业的生存和发展,尤以日本市场为甚,其需求占比超过 50%。美国的金融危机基本上把北美市场给摧毁了,目前虽已进入恢复期,但是步履缓慢而艰难。欧债危机使得欧洲市场的需求一落千丈,并且还在持续下滑。眼下,中国这 4 家企业全部因市场需求不足而陷入经营困境。M 公司的需求对他们来说无异于沙漠中的一壶水,独饮则独生,无法分享。

接下来的谈判过程既简单又顺利,4 家公司之间的价格同盟在谈判开始之前就已经土崩瓦解,大家都争相让步以求成交。有国企背景的上海 J 公司被安排第一个洽谈,J 公司给出的底价是 15 美分,无法再让。接下来有外资背景的福州 T 公司愿意做单价 12 美分的大批量订单,但是拒绝做小批量零星订单。民企苏州 A 公司直接答应了 M 公司的单价 10 美分的要求,但是同时要求大批量生产的最小订单量不低于 500 万片,零星采购量不低于 1 万片。同为民企的杭州 K 公司是 M 公司最心仪的对象,作为最后出场的谈判者,K 公司把单价进一步压缩到 9.8 美分,大批量订单量只要求 50 万片,零星采购量只要 1000 片。毫无疑问,M 公司选择了对自己最有利的 K 公司。

资料来源:汪华林.现代商务谈判[M].北京:企业管理出版社,2018.

五、吹毛求疵策略

这是在商务谈判中针对对方的标的、提出的交易条件、列举的事实与数据等故意挑毛病使对方信心降低,从而做出让步的策略。吹毛求疵策略与分化对手策略有异曲同工之处,只是分化对手策略针对的是"组织"或"人",而吹毛求疵策略针对的是"物"或事。吹毛求疵策略适用的情境是,对方在提出的交易条件、谈判表现等各方面具有优势,己方不大可能从"面"上"打赢"对方,此种情境下,己方只能从"点"上寻求突破口。吹毛求疵策略能使己方充分地争取到讨价还价的余地,如果能善于运用,无疑会使己方大受其益。

恰到好处地提出挑剔性问题,是运用吹毛求疵策略的关键所在。例如,卖方的标的可能质量很好,买方可能会挑"价格太贵"这个"疵点";卖方在谈判过程中通常会列举标的的性能参数、市场占有率、成本等数据,买方可以从大量的数据中挑一个小毛病作为突破口,以此衍生出对对方所有数据的质疑。不难看出,只有掌握了与标的有关的商务和技术知识,才能将毛病挑到点子上,使对方泄气。如果己方在吹毛求疵时,面面俱到,抓不住重点,击不中要害,不但不足以说明问题,还会引起对方的怀疑,以为己方在故意刁难。此外,对一些优质产品、名牌产品,不能一味地贬低,要褒贬皆有,否则,可能会激怒对方。

六、声东击西策略

声东击西策略是指转移对方的注意力,以求实现自己谈判目标的策略。谈判中己方出于某种需要,可以有意识地将谈判的议题引导到对己方而言并不重要的议题上,借以分散对方对己方真正关心的问题的注意力,进而达到己方的目标。在很多情况下,只有很好地隐藏己方的真实意图和目标,才能更好地实现谈判目标,尤其是在己方不能完全信任对方的情况下。例如,对于市场上常见的产品,有经验的买方通常不会直接表达自己真实的购买意图。买方一般会询问卖方,不同型号的产品单价如何、标准不同的产品单价如何、采购不同数量的产品单价如何等一系列问题。卖方由于不知道买方的真实意图,只能如实地提供相关信息,否则,卖方就会针对买方的目标产品,提供策略性的回答。

某个问题可能对己方来说是次要问题,但采用该策略可以表明,己方对这一问题很重视,进而提高该问题在对方心中的重要性和价值,如果己方在该问题上做出让步,那么,对方在己方真正关心的问题上做出适当让步就显得理所当然。例如,己方关心运输方式问题,希望对方由陆运改为空运。采用声东击西策略,就要力求将对方的注意力吸引到支付方式、订货数量、包装等其他方面,让对方误以为己方对这些问题非常看重,不会轻易让步。经过反复讨价还价,己方在上述问题上做出让步,此时再要求对方在运输方式上做出适当让步,对方答应的可能性就会显著提高;否则,己方就可指责对方缺乏诚意。

七、激将法

激将法是指谈判人员以话语刺激对方的首席谈判代表或其他重要谈判人员,使其感到仍坚持自己的立场和观点将会损坏自己的地位、形象、自尊心、荣誉等,从而迫使对方让步的一种策略。

激将法利用的是对方的自尊心和逆反心理积极的一面,以刺激的方式激起对方不服输的情绪,从而达到己方的目的。使用激将法需要注意:一是激将法的实施对象主要是年轻人、职场新人、职级低的谈判人员,这些人具有强烈的自尊心和表现欲,希望得到别人的认同和尊重,是激将法的主要适用人群。二是激将法应用的前提条件是对谈判对方有一定的了解,知道对方的性格特点和敏感点,要选择合适的时机刺激对方才会取得效果。三是谈判人员在运用激将法时要把握好分寸,不能过急,也不能过缓。过急,容易激怒对方;过缓,很难激起对方的好胜心,也就达不到目的。四是使用激将法时,应尽量采用得体的语言,达到绵里藏针的效果,要避免使用生硬的、激烈的语言,以免伤害对方的自尊心。

八、场外交易策略

场外交易,也可称为私下交易。在谈判过程中,谈判人员有机会进行休整,包括中间休息、就餐、娱乐等。谈判人员特别是首席谈判代表,如果能够充分重视和利用休整时间,有意识、有目的地与对方私下接触,不仅可以增进友谊、融洽关系,而且还会得到谈判桌上很难获得的结果。一般情况下,当谈判进入磋商阶段后,个别议题很难在谈判桌上达成一致时,可以考虑采用场外交易策略来解决。

场外交易之所以能解决问题,是因为对于分歧大的议题,再摆到谈判桌上来,有时会徒劳无功,甚至会激化矛盾,使谈判陷入僵局。而放到茶歇、游玩、酒桌等场合解决,有时就变得轻松和容易多了。在谈判桌上,紧张、激烈、对立的谈判氛围影响着谈判人员的情绪和认知,促使谈判人员自觉地为己方利益而据理力争。如果某位谈判人员做出了妥协和让步,则会被同伴视作异类和失败者。此时,即使一方的首席谈判代表冷静、理性,认为做出适当让步以求尽快达成协议是符合己方利益的,也会因团队成员的坚决态度、激昂情绪而止步。这种情况下,如果提议到场外去,紧张、激烈、对立的气氛就会在一定程度上被冲淡,取而代之的是轻松愉快的气氛。在这种轻松随意的非正式场合中,由于谈判人员受到的约束变小了,一些在谈判桌上不适宜表达的观点也可表达出来,这为寻找打破僵局的突破点创造了难得的机会。

场外交易的地点可以灵活多样,景点、餐厅、运动场等都是可以选择的地点,甚至茶歇、等车或乘车途中等都是可以利用的场合。谈判当事人合作历史越久、合作关系越紧密、首席谈判代表职位越高,运用场外交易策略效果越好,甚至某些谈判中,场外交易替代了谈判桌上的谈判。

课后练习

一、单项选择题

1.(　　)是指施工单位利用工程量清单和图纸中存在的缺陷制定相应报价的策略。

　　A.清单缺陷报价策略　　　　　　　B.加法报价策略

　　C.除法报价策略　　　　　　　　　D.比较报价策略

2.(　　)是指卖方并不将自己的总报价一次性报出,而是分成几次报价,以避免因总报价过高而吓退买方,导致谈判破裂。

　　A.清单缺陷报价策略　　　　　　　B.加法报价策略

　　C.除法报价策略　　　　　　　　　D.比较报价策略

3.(　　)是一种价格分解术,即以标的的数量、重量、使用时间或频次等概念为除数,得出数字很小的价格。

　　A.清单缺陷报价策略　　　　　　　B.加法报价策略

　　C.除法报价策略　　　　　　　　　D.比较报价策略

4.(　　)适用于以下情形:谈判者缺乏谈判知识或经验;陌生的谈判环境。

　　A.冒险式让步　　　　　　　　　　B.首步式让步

　　C.等额式让步　　　　　　　　　　D.递减式让步

5.(　　)是一种比较稳妥的让步方式,适用于大多数谈判情形。

　　A.冒险式让步　　　　　　　　　　B.首步式让步

C. 等额式让步   D. 递减式让步

6.(   )适用于以下情形:谈判当事人有着长久的合作历史,或者关系比较友好,因为彼此比较了解,不必故弄玄虚。

A. 冒险式让步   B. 首步式让步

C. 等额式让步   D. 递减式让步

二、多项选择题

不平衡报价策略包括(   )。

A. 工程量不平衡报价   B. 进度不平衡报价

C. 综合单价不平衡报价   D. 风险不平衡报价

三、思考题

1. 请介绍制定谈判策略的基本步骤。

2. 请列举并简述不平衡报价策略的类型。

3. 请阐释清单缺陷报价策略。

4. 请阐释加法报价策略。

5. 请阐释让步的原则。

6. 请介绍让步的方式。

7. 请介绍引入竞争策略。

8. 请介绍"红白脸"策略。

第五章　起草合同文本

第五章　起草合同文本

学习目标

知识目标	技能目标
· 了解合同的概念 · 了解合同类型和基本内容 · 掌握买卖合同的条款 · 理解建设工程合同条款	· 学会设计合同结构 · 学会拟定商务条款 · 学会运用规范的合同语言

案例导入

　　G公司与贸易公司签订合同,G公司负责制造产品并卖给贸易公司,贸易公司负责将产品销售到国际市场。前两次两家公司合作得很顺利,每次贸易公司都能帮助G公司销售价值约2亿元的产品。第三次合作时,G公司将产品交付给了贸易公司,但贸易公司并未按约支付剩余货款。

　　案例思考:对于贸易公司的违约行为,G公司如何保护自己的合法权益?

　　资料来源:作者编写。

　　合同是谈判双方当事人意思表示一致的产物,其内容为当事人所创设,依法成立的合同受法律保护。因此,撰写符合法律规定的、满足合同类型和标的性质的、意思表示真实的合同,是商务谈判人员的必备技能。

第一节　合同概述

本节主要介绍合同及其法律特征、合同的基本类型、合同的主要内容,它们是起草合同文本的基础。

一、合同的概念及其法律特征

合同是民事主体之间设立、变更、终止民事法律关系的协议。合同在学理上有广义和狭义之分。广义的合同是指意在产生私法效果的合同,狭义的合同仅指以发生债权债务为内容的合同。商务谈判中的合同是狭义上的合同。

(一)订立合同是一种法律行为

所谓法律行为,是指民事主体通过意思表示设立、变更、终止民事法律关系的行为。法律行为以意思表示为要素,这是法律行为区别于事实行为的主要特征。合同是民事主体之间设立、变更、终止民事法律关系的协议,其成立离不开当事人的意思表示,订立合同是一种典型的民事法律行为。通过订立合同,当事人能够按照自己的意愿设立、变更、终止当事人之间的民事法律关系,在法律框架内践行意思自治。

(二)合同是旨在设立、变更、终止民事法律关系的协议

意思自治的核心在于民事主体能够依照自己的意思引起私法上的权利义务变动。民法尊重意思自治,故创设法律行为这一法律工具来帮助民事主体更好地践行意思自治。作为一种典型的法律行为,订立合同能够实现当事人设立、变更、终止民事法律关系的目的。

(三)合同是当事人之间意思表示一致的产物

合同是当事人之间设立、变更、终止民事法律关系的协议,在本质上是合意达成的结果,是当事人意思表示一致的产物。合同的成立必须包含以下三个要素:存在两个或两个以上当事人的意思表示;意思表示是从相反方向相互做出的;当事人之间进行的意思表示达成了合意。

二、合同类型

(一)典型合同与非典型合同

以法律规范是否赋予特定名称并给予特别规定为标准,合同可以分为典型合同和非典型合同。

典型合同是指法律上已经确定了一定名称和规则的合同。典型合同主要包括:买卖合同、赠与合同、借款合同、保证合同、租赁合同、融资租赁合同、保理合同、承揽合同、建设工程合同、运输合同、技术合同、保管合同、仓储合同、委托合同、物业服务合同、行纪合同、中介合同、合伙合同,以及供电、水、气、热力合同。

非典型合同是指法律上尚未特别规定,亦未赋予一定名称的合同。非典型合同又可以分为纯粹的非典型合同、混合合同、准混合合同三种。纯粹的非典型合同是指法律完全未规定事项及内容的合同,该种合同既无特定的名称,其内容也不属于任何典型合同事项。混合合同是指由数个典型(或非典型)合同的部分内容构成的合同。准混合合同是指在典型合同中规定非典型合同事项的合同。

(二)标准合同与非标准合同

实践中,当事人往往采用标准合同进行交易,这已成为商业活动的常态。同类的交易使用相同的条款,避免了每一次具体交易都要设计合同内容。标准合同可以提高效率,降低缔约成本和经营成本,并有利于企业的规范化管理。

标准合同也可称为格式合同。该种合同一般可以分为正面和背面两部分,正面列出标的的名称、数量、规格、价格等条款,同时留出空格,使当事人可填入达成合意的具体条件;背面则往往以小字的形式印刷共同条款(含具体条件),包括对履约方式的描述、自身产品责任的限制、瑕疵履行的救济方式及司法管辖的适用等条款。标准合同的正面是当事人洽谈的结果,一般不会发生分歧,但是背面的条款一般是某一方当事人事先拟定的,一般都尽量维护标准合同提供方的利益。因此,标准合同容易引起合同当事人的争议和纠纷。

实践中,当事人洽谈达成而非事先拟定的,符合合同生效要件的合同为非标准合同。

三、合同内容

合同的条款是合同当事人协商一致,规定彼此权利义务的具体条文。合同条款是当事人合意的产物,是合同内容的表现和固定化。合同的权利义务,除少数由法律直接规定之外,大多数由当事人约定。

合同的主要条款,有的由法律规定,有的由合同类型和标的性质决定,有的依当事人约定产生。不同的合同往往有不同的主要内容。如,价格约定是买卖合同的主要条款,却不是赠与合同的主要条款。

《中华人民共和国民法典》合同编规定,合同内容应包括以下八个条款:当事人的姓名或者名称和住所;标的;数量;质量;价款或报酬;履行期限、地点和方式;违约责任;解决争议的方法。其中,当事人的姓名或者名称和住所、标的和数量是合同必备条款;其他五个条款是合同核心条款。

第二节　买卖合同

买卖合同是商务谈判中使用最广,也是最为典型的合同类型。理解买卖合同的概念,掌握买卖合同内容及其主要条款构成,是商务谈判人员须具备的基本素质。

一、买卖合同概述

买卖合同是实践中最重要的典型合同类型,是指出卖人转移标的物所有权给买受人,买受人支付价款的合同。买卖合同具有如下五个特征。

(一)买卖合同是典型合同(有名合同)

典型合同是指我国法律上已经确立了名称和规则的合同,又称有名合同。《中华人民共和国民法典》合同编以买卖合同、赠与合同、借款合同、保证合同等19 种合同为典型合同,其中,买卖合同是最为重要的典型合同。

（二）买卖合同是约定出卖人转移财产所有权，买受人支付价款的合同

买卖合同是约定出卖人转移财产所有权的合同，出卖人不仅要将标的交付给买受人，而且要将标的的所有权转移给买受人。转移所有权这一义务将买卖合同与一方要交付标的的其他合同，如租赁合同、借用合同、保管合同等区分开来。买卖合同约定了买受人应支付的价款，并且价款是取得标的所有权的对价。这又使买卖合同与其他转移财产所有权的合同，如互易合同、赠与合同区别开来。

（三）买卖合同是双务合同

出卖人与买受人有互为给付关系，双方都享有一定的权利，又都负有相应的义务。出卖人负有交付标的并转移其所有权给买受人的义务，买受人也负有向出卖人支付价款的义务。一方的义务正是对方的权利。因此，买卖合同是一种典型的双务合同。

（四）买卖合同多是诺成合同

多数情况下，一般当事人达成合意，买卖合同即成立，而不以标的或价款的现实支付为成立的要件。少数情况下，买卖当事人也可以在合同中做出标的或价款交付时买卖合同成立的规定。此时的买卖合同即为实践合同，或者称为要务合同。

（五）买卖合同可为要式合同或者不要式合同

从法律对买卖合同形式的要求看，其既可以是要式合同，又可以是不要式合同。例如，房屋买卖合同需采用书面形式，是要式合同；即时清结买卖合同，法律对合同的形式一般不作要求，为不要式合同。

《中华人民共和国民法典》合同编规定，买卖合同的条款一般包括标的物名称、数量、质量、价款、履行期限、履行地点和方式、包装方式、检验标准和方法、结算方式、合同使用的文字及其效力等条款。

商业实践中所使用的买卖合同的条款，比《中华人民共和国民法典》中给出的要更详尽细致。出于实践需要，人们对买卖合同的条款进行了分类。例如，将合同条款划分为商务条款和技术条款；将合同条款划分为通用合同条款、专

用合同条款等。

二、商务条款

设备买卖合同是买卖合同中的典型合同。本节将以买卖合同为基础,以设备买卖合同为补充,介绍合同商务条款的构成及具体内容。

(一)标的名称

在合同签订之前的商务谈判过程及合同签订之后的履约过程中,很少能见到最终的标的,一般只能凭借标的名称来指代标的。因此,合同当事人准确确定标的名称就显得十分重要。确定标的名称一定要注意以下五点:一是要使用国际、国内或行业普遍认可的标准学名,避免同名异物或同物异名;二是应当使用规范全称而不是习惯名称和简称,更不应该自己命名;三是选择有利于合理规避关税和方便通关的名称;四是建议在标的名称中增加品牌、型号、规格、等级、材质、生产厂家、(原)产地等重要信息;五是合同中的标的名称要完全一致。

....

案例 5-1

坐在回国的飞机上,张建华拿着与日本三菱公司签订的合同,既有疲倦也有掩饰不住的兴奋。回想三个月前,张建华作为项目经理,按照项目进度要求,正式启动了汽水分离再热器管束的采购工作。当时,张建华天真地认为,国内可以找到好多供应商,最多一个月就可以签订合同。但是,当采购部门向张建华反馈,国内管束达不到技术要求时,张建华有些慌了,因为时间已经过去一个月了。

为了能够尽快采购到管束,张建华召集项目成员,加班加点地寻找潜在供应商。半个月后,张建华把目标锁定在日本三菱公司身上,因为三菱公司曾为我国企业生产过类似的产品。经过与三菱公司驻中国办事处的几次技术交流,双方已就技术条款基本达成一致。为了尽快签订合同,张建华带领主要项目成员飞往日本,经过一个星期不分昼夜的忙碌,商务合同谈判组和技术合同谈判组终于完成各自的谈判内容,最终签订了采购合同。

虽然比原计划晚了两个月,但是合同毕竟已经签了,飞机上,张建华随意翻看着这本中英文合同,对合同内容基本满意。突然,张建华发现了一个问题,英文的标的物名称是"Stainless Steel U-type Tube",而中文名称却出现了两个,商务合同中写的是"不锈钢 U 型管",而技术合同中却写的是"鳍片管"。张建华问身边的技术人员,为何要写"鳍片管"而不写"不锈钢 U 型管",技术人员笑道:"几十年来,我们搞技术的一直都这么叫,所以就直接写上了。"张建华想了想也没当回事,因为不管中文名称怎么写,对应的英文名称都是"Stainless Steel U-type Tube"。

十个月后,三菱公司通知张建华货物已经到达我国某港口,可以办理清关手续了。张建华准备好清关所需材料后赶往该港口,令张建华始料未及的是,海关工作人员拒绝了张建华的清关请求,原因是,标的的中文名称不一致,有走私的嫌疑!

焦急的张建华灵机一动,向海关工作人员提出,虽然中文名称不一致,但英文名称是一致的,完全可以按英文名称清关。海关工作人员同意了张建华的提议,并告诉张建华,待海关检查完合同,如果没问题,两天后就可以清关。

张建华两天后再次来到海关,海关工作人员告诉张建华,合同中的英文名称都是一样的,按理说可以清关。但是,合同中有一条规定:"本合同采用中文、英文两种文字书写,如两种文字在字意上发生矛盾,以中文为准。"因此,必须按照中文名称进行清关,海关工作人员提出了清关的两个附加条件:一是证明企业没有走私的嫌疑;二是证明"不锈钢 U 型管"和"鳍片管"指同一标的。

无奈的张建华只好向公司领导反映情况,在公司领导的反复斡旋下,公司所在地政府、业主单位、行业内三名知名专家以及公司出具了证明书和保证书后,海关才最终放行。此时,货物已经在港口滞留了一月有余,不仅严重拖延了项目周期,而且公司还要交一笔不菲的港口堆存费。

案例思考:张建华遇到的问题是否可以提前避免? 如何避免?

资料来源:作者编写。

(二)数量与计量

数量是对标的多少的描述,通常以数字和计量单位表示。少数情况下,由于标的的特性、卖方的疏忽、卖方希望买方多买等原因,卖方交付的标的数量会存在误差。为了便于履行合同和避免引起争议,应当规定误差范围。例如,国际惯例在数量方面允许的误差范围是5%或10%。又如,《商品房买卖合同司法解释》第14条规定:"出卖人交付使用的房屋套内建筑面积或者建筑面积与商品房买卖合同约定面积不符,合同有约定的,按照约定处理;合同没有约定或者约定不明确的,按照以下原则处理:面积误差比绝对值3%以内(含3%),按照合同约定的价格据实结算,买受人请求解除合同的,不予支持……面积误差比超出3%部分的房价款由出卖人承担,所有权归买受人。"

计量条款涉及标的的物理、化学、材料、质量等指标或参数,如硬度、韧度、疲劳强度、表面粗糙度、元素含量、pH值、密度等,一般情况下,是以数值、误差范围、计量单位表示。当事人应明确约定数值、误差范围和计量单位。一般情况下,国内合同涉及的计量单位采用中华人民共和国法定计量单位,涉外合同涉及较多的是美制计量单位和英制计量单位,具体由当事人协商约定。如无特殊情况,合同应当采用同一套计量单位。

案例 5-2

　　E公司与麦奈特公司签订国际货物买卖合同,约定E公司向麦奈特公司购买漂白纱布,出口至E公司在阿尔及利亚的客户。货物到达阿尔及利亚后,E公司申请第三方机构进行检验,发现货物存在质量问题,主要是经纬线密度为15支线/平方厘米,略小于合同约定的17支线/平方厘米。E公司的终端客户向其提出了质量异议,并要求赔偿损失。E公司起诉麦奈特公司,主张麦奈特公司构成根本违约,请求解除相关国际货物买卖合同,麦奈特公司返还货款并赔偿预期利润损失。

　　案例思考:E公司的主张是否合理? 麦奈特公司应如何保护自己的合法权益?

　　资料来源:江苏法院涉外、涉港澳台商事典型案例(2018年—2021年)。①

----

　　①　来源:http://jsfy.gov.cn/article/93393.html。

（三）合同生效要件与份数

合同生效要件包括五个：合同当事人具有相应的缔约能力；意思表示真实；不违反法律和公序良俗；符合特定形式的要求；当事人均签名、盖章或者按指印。合同生效条款主要是对合同生效方式的具体约定。

签名、盖章、按指印具有同等的效力，在没有约定时，签名、盖章或按指印三者有其一即可。但当当事人在合同中约定"签名且盖章"或"签名并盖章"后合同成立，则签名和盖章均需具备，否则合同不生效。此外，合同中需盖的章指的是经备案登记的公章。

自然人作为签约人，使用私章也就是个人名章代替签名签订合同的，其效力与签名相同。但由于私章并无登记备案，在私章所代表的一方否认该私章为其所有、盖章行为是其所为时，其真伪的验证变得十分困难。

签约人一般在合同正文结束后的合同的尾部，也就是合同的最后一页签名、盖章、按指印。有些多页合同还会加盖骑缝章、签骑缝签名或按骑缝指印，其主要功能在于保证合同的完整性，防范合同页被替换、被增页（或减页）的风险。骑缝位置没有盖章、签名或按指印，不影响合同生效。

合同份数是对当事人各自所持有的合同份数的约定。从实践上看，法人或非法人组织索要的合同份数较多，自然人较少。

（四）质量标准

质量要求是指客体的一组固有特性满足要求的程度。合同当事人应当明确约定标的的质量要求或质量标准，卖方应当按照约定的质量要求或标准交付标的。买方应当按照如下规则确定卖方交付的标的质量是否合格：合同有关于标的质量标准条款的，从其标准；如无标准，若卖方提供了标的的样品或有关标的的质量说明，以样品或说明的质量为依据；如上述两种情况不存在，但有当事人事后协商标准的，以协商标准为依据；如无协商标准的，按合同的有关条款或交易的习惯所确定的标准执行；如标准仍不能确定，按照国家标准（包括强制性标准和推荐性标准）、行业标准履行；没有国家标准、行业标准的，按照通常标准或符合合同目的的特定标准履行。

(五)合同价款

合同价款通常由合同总价和分项价格两部分构成,分项价格之和即为合同总价。

分项价格一般包括标的价格、相关服务费和税费三部分。标的价格一般会列明名称、型号、计量单位、单位价格、数量等信息。相关服务费是指卖方根据买方需要或者标的自身特性,向买方提供服务(如培训服务、技术指导、安装服务等)而收取的价款。税费是指买卖双方约定的一般由买方承担的税费。

实践中,有些合同只约定了合同总价,并注明合同总价所包含的分项,但未单独列示分项价格。

(六)交付时间、地点和方式

交付时间是指合同当事人依据法律规定和合同约定履行合同的时间。交付时间可以通过具体的时间点来表示(如某年某月某日),也可以通过时间段来表示(如某年某月某日至某年某月某日或某年某月某日前)。

交付地点是指卖方按照约定将标的运送至的指定地点。交付地点通常可分为三种类型:买方所在地;卖方所在地;第三地。买卖双方应当明确约定交付地点,这是判断标的所有权是否转移、标的风险是否转移等的重要依据。

买卖合同中最常见的交付方式就是以运输方式交付标的,但实践中的交付方式是多种多样的,如交付提取标的单证、交付不动产、以在线传输方式交付、交付工作成果等。

(七)违约责任

违约是指一方当事人不合理拒绝或者不履行合法和强制性的合同义务,即不履行合同规定其应负有的义务,通常表现为拒绝履行、不能履行、延迟履行或不完全履行等违约形态。

合同当事人既可以通过明示方式,也可以通过默示方式拒绝履行合同。拒绝履行有四个构件:一是存在有效的合同;二是有拒绝履行的意思表示;三是有履行合同的能力;四是违反了合同约定的义务。不能履行是指当事人在客观上已经没有履行能力,包括事实上的不能履行与法律上的不能履行、自始不能履行与事后不能履行、完全不能履行与部分不能履行、永久不能履行与一时不能履行。迟延履行是指当事人能够履行合同,但在履行期限届满前未及时履行。不完全履行又称不适当履行,通常表现为以下五种情形:履行数量不完全;标的的品种、规格、型号等不符合合同规定;加害给付;履行的方法不完全;违反附随义务。

违约责任的承担方式包括以下三种:继续履行、采取补救措施、赔偿损失。继续履行又称为强制履行,指违约方不履行合同时,由国家强制违约方继续履行合同义务,使守约方尽可能地取得约定的标的。采取补救措施是指守约方要求违约方承担修理、重做、更换、退货、减少价款等违约责任。赔偿损失是指合同当事人根据事先约定损失赔偿金额或损失赔偿计算方法进行赔偿。当然,除了赔偿损失外,当事人也可约定违约金。

(八)争议解决

争议解决条款是指合同当事人事先做出的关于合同争议解决的方式、程序和法律适用等事项的约定。争议解决包括和解、调解、仲裁、诉讼四种方式。

合同当事人可以就争议自行和解,自行和解达成协议的,协议经合同当事人签字、盖章后作为合同补充文件,当事人均应遵照执行。

合同当事人可以就争议请求第三方进行调解,调解达成协议的,协议经合同当事人签字、盖章后作为合同补充文件,当事人均应遵照执行。合同应对调解人的资格进行约定,如对调解人与各方当事人的利益关联性、亲缘性,以及调解人的专业性、权威性进行约定等。

仲裁是当事人事先约定将将来的纠纷提交给仲裁机构解决的方式。仲裁条款的内容包括以仲裁的方式解决纠纷的选择和对仲裁委员会的选择。根据《中华人民共和国仲裁法》第五条规定,仲裁条款一经成立生效,便产生了排除法院管辖的效力,即一方当事人向法院起诉,法院不予受理。

合同当事人可以通过约定受诉法院和适用法律解决争议,受诉法院可以选择被告住所地、原告住所地、合同履行地、合同签订地、标的所在地等与争议有实际联系地点的人民法院,但不得违反对级别管辖和专属管辖的规定。

阅读材料 5-1

　　某科技公司是一家高新技术小微企业,产品具有技术参数先进、生产成本低等优势,具备较强竞争力,是阜宁县重点企业。2020 年 3 月起,阜宁县人民法院(以下简称阜宁法院)陆续受理上海、深圳等地的企业作为原告、某科技公司作为被告的买卖合同纠纷案件 30 余件。企业短期内大量涉诉,引起了阜宁法院的高度重视。经过多次实地走访,阜宁法院了解到该公司涉诉系受国内外疫情影响,加工好的成品不能出口,生产订单大幅度减少,导致企业资金链断裂。为高效化解当事人矛盾纠纷,切实保障中小微企业发展,阜宁法院在征得当事人同意后,邀请阜宁县开发区商会进行调解。法院和商会通过电话、微信等方式,多次组织案件当事人开展线上调解,大部分案件均以分期还款或撤诉等方式结案。另外,为最大限度减少诉讼保全措施对企业采购材料、发放工人工资等的不利影响,商会调解人员多次与当事人沟通,最终各企业均自愿撤回对某科技公司基本账户的保全申请,保障了某科技公司基本账户的正常使用。

　　资料来源:江苏法院助力中小微企业发展优化营商环境第一批典型案例。①

案例 5-3

　　中国 Y 公司与卢森堡 W 公司分别签署了两份技术转让合同,合同中的争议解决条款约定:"The arbitration shall take place at China International Economic Trade Arbitration Centre (CIETAC), Beijing, P. R. China and shall be settled according to the UNCITRAL Arbitration Rules as at present in force."合同签订的半年后,因合同履行过程中的纠纷,卢森堡 W 公司向中国国际经济贸易仲裁委员会(CIETAC)提出仲裁申请。但是,出乎意料的是,中国国际经济贸易仲裁委员会应中国 Y 公司的请求拒绝受理该仲裁申请。

　　案例思考:卢森堡 W 公司的仲裁申请为什么会被拒绝?

　　资料来源:作者编写。

---

　　①　来源:http://www.jsfy.gov.cn/article/93592.html。

(九)税款与费用

买卖合同中,涉及较多的税种是关税和增值税。关税是指一国海关根据该国法律规定,对通过其关境的进出口货物征收的一种税收。从理论上讲,在不得偷逃关税的情况下,税收可由买卖当事人协商分摊。然而从操作便捷性上看,买方所在地关税一般由买方承担,卖方所在地关税一般由卖方承担。增值税是对商品生产、流通、劳务服务中多个环节的新增价值或商品的附加值征收的一种流转税,为价外税,本质上应由买方负担。

费用主要是指合同履行阶段发生的相关费用,如快递费、保管费、维修费、鉴定费等,费用分摊方式由当事人协商约定。

(十)付款方式、时间和条件

买方应当按照约定的数额和支付方式支付价款。

付款方式一般可分为一次性付款和分期付款。一次性付款是指买方在约定的时间,一次性履行付款义务。此种方式简单、明确,手续相对单一,但风险大。

分期付款是在生产周期长、原材料昂贵或专门为买方加工生产的设备的买卖中经常使用的一种支付方式。分期付款是指根据标的的性质、制造进度和交付时间,当事人约定多个付款时间点(至少是 3 个)、与每个付款时间点相对应的付款金额(或付款比例)以及付款条件,由买方按付款时间点履行付款义务。

付款时间点的设置可以是有规律的,如每月、每季度、每年等,这在建设工程中较为常见。

付款时间点的设置也可以按实际进度来,这在制造行业比较常见。付款时间点通常选在合同生效时、技术准备结束时、主要原材料采购结束时、制造开始时、制造结束时、验收结束时、交付时、试生产结束时、质量保证期届满时等,最后一期价款一般是在质量保证期届满时付清。付款金额(或付款比例)由当事人协商决定。

人民银行规定,付款及资金清算方式包括现金、票据、信用卡和汇兑、托收承付、委托收款、信用证等。在企业之间的交易中,使用现金进行支付是比较少见的,国内企业之间的交易一般使用票据、汇兑、委托收款和国内信用证进行支付。国际贸易一般使用汇兑、委托收款、国际信用证等进行支付。

(十一)保证金

保证金是指合同当事人一方或双方为保证合同的履行而留存于对方处或存于第三方处的金钱。常见的保证金类型包括投标保证金、履约保证金和质量保证金。提交履约保证金的形式包括现金和非现金(支票、汇票、本票或者金融机构及担保机构出具的保函)两种形式。保证金条款主要包括保证金类型、提交方式、具体金额或比例,以及保证金的使用、返还等具体内容。

案例 5-4

中国 T 公司与美国 K 公司签订了一份发电机组建设工程合同,合同约定:"如修改合同必须采用合同修正案形式,会议纪要、传真等不能产生合同变更的效力;如果中国 T 公司违约,美国 K 公司可以索付见索即付保函。"在合同履行过程中,中国 T 公司以会议纪要的形式对原合同的某个条款进行了修改,美国 K 公司当时无异议。发电机组建设工程完工后,美国 K 公司以中国 T 公司违约为理由,要求保函出具方中国银行股份有限公司 W 分行兑付保函。中国 T 公司提起诉讼,辩称双方已经通过会议纪要修改了合同,根本不存在违约情况,因此,美国 K 公司索付保函行为不符合合同约定,构成欺诈,请求止付保函。

案例思考:美国 K 公司是否构成欺诈?

资料来源:作者编写。

(十二)质量保证期

质量保证期也可称为质量保修期,是对标的在使用过程中出现质量瑕疵承诺予以处理的期限。其中,对于一些特殊标的,国家有强制性质量保证期要求。例如,对于建设工程的质量保证期,根据国务院《建设工程质量管理条例》第 40 条的规定,在正常使用条件下,建筑工程的最低保修期限为:基础设施工程、房屋建筑的地基基础工程和主体架构工程,为设计文件规定的该工程的合理使用年限;屋面防水工程、有防水要求的卫生间、房间和外墙面的防渗防漏,为 5 年;供热与供冷系统,为 2 个采暖期、供冷期;电气管线、给排水管道、设备安装和装修工程,为2年;其他项目的保修期由建设单位和施工单位在合同中约定。上述建设项目的保修期,自竣工验收合格之日起计算。

对于国家规定强制性质量保证期限的,合同约定的质量保证期限短于强制性标准的,应当以强制性标准为准。对于合同约定的质量保证期限长于强制性标准的,法律通常承认其效力,特殊情况除外。对于国家没有规定强制性质保期限的,由当事人协商决定,综合法律对质量检验的相关规定来看,质量保证期以2年左右为宜。

除了质量保证期外,当事人应当对责任认定和费用分担做出约定。

(十三)知识产权

如果一份买卖合同的标的本身含一定的知识产权(如计算机软件),除非当事人明确表明或者法律有相关规定(如《著作权法》规定美术作品的展览权随作品原件转移),原则上,买卖不转移标的所含有的知识产权。当然,由于买卖标的不转移知识产权,买方也不承担因该知识产权所引发的侵权指控、赔偿等责任。

(十四)保密

保密条款是指合同当事人之间约定不得向任何第三方披露保密信息的协议。负有保密义务的当事人违反保密条款,将保密信息披露给第三方,将要承担民事责任甚至刑事责任。保密条款一般包括责任主体、保密对象、保密期限、保密义务及违约责任等具体内容。

(十五)不可抗力

不可抗力是指不能预见、不能避免且不能克服的客观情况。当事人因不可抗力不能履行合同的,根据不可抗力的影响,部分或者全部免除责任,但是法律另有规定的除外。因不可抗力不能履行合同的,应当及时通知对方,以减轻可能给对方造成的损失,并应当在合理期限内提供证明。

(十六)合同解释

合同是当事人意思表示一致的产物,其内容为当事人所创设。当事人欲使自己的内心意思表露于外,为他人所知,就必须借助语言或文字等载体。但是,若合同当事人表达能力以及文字载体对内心意思反映的完整程度不足,合同就可能出现漏洞与歧义。

为了避免漏洞与歧义,就需要对合同进行解释。广义的合同解释包括文义解释、整体解释、目的解释、习惯解释、诚信解释五种。本教材所讲的合同解释指的是文义解释,是指通过对合同所使用的文字及词句含义的解释,探求合同所表达的当事人的真实意思。

如果合同进行了文义解释,但依然出现了歧义,那么可按以下规则处理:手写条款的效力高于非手写条款;特别条款的效力高于一般条款;当条款内容有冲突时,非格式条款效力高于格式条款;对格式条款有两种以上解释的,应当做出不利于提供格式条款一方的解释。

(十七)合同文字和适用法律

合同文字条款是指对合同书写所使用语言的约定。当合同文本采用两种以上文字订立时,应当约定以哪种语言为准。合同采用两种以上文字订立并约定具有同等效力的,对各文本使用的词句推定具有相同含义。各文本使用的词句不一致的,应当根据合同的相关条款、性质、目的以及诚信原则等予以解释。

如无特殊情况,国内合同适用于中华人民共和国法律、行政法规。根据《中华人民共和国涉外民事关系法律适用法》第三条的规定,涉外合同当事人可以以明示的方式选择涉外民事关系适用的法律。

三、技术条款

设备买卖合同是买卖合同中的典型合同。本节将以买卖合同为基础,以设备买卖合同为补充,介绍技术条款的构成及具体内容。

(一)供货范围

对于设备买卖合同,供货范围是指卖方向买方提供的设备、零部件、备品备件、专用工具等的清单。卖方应当按照供货范围向买方提供标的,对于供货范围以外的物品,买方需额外追加价款方可获得。如果在供货范围外加上采购数量,那么该清单又可称为供货清单或采购清单。

(二)运行工况条件

运行工况条件是指标的(主要是设备)运行时的外部环境条件(如温度、湿度等)、运行参数要求(如输入参数、输出参数等)等。

(三)性能指标

性能指标是指标的具有的契合买方要求的物理、化学、技术等特性和功能，如强度、化学成分、纯度、功率、转速等。买方应根据标的性质、自身要求等提出明确且详细的性能指标要求。

(四)材料

材料是指用于生产或制造标的的物质，包括原材料、零部件等。材料条款主要包括材料种类、性能、品牌、制造工艺要求等。

(五)制造工艺

制造工艺是指利用加工设备、工具等对原材料、半成品进行加工或处理，使之成为成品的程序和方法。制造工艺主要包括工艺路线和工艺方法两部分。工艺路线解决原材料及半成品按照什么路线、经过哪些工序转变为成品的问题。工艺方法解决用什么设备及参数、工具、操作方法等实现各工序的问题。

(六)安装与调试

安装条款主要包括以下内容：技术资料准备、安装方案准备、专业技术人员要求、专用设备/工装/工具提供、安装要求与检查、安装费用等；安装方进场、准备、作业、离场要求等；工作条件、作业现场装备、买方配合方式等。

调试可分为出厂前调试、安装后调试、试运行(试生产)等。买方根据标的性质和自身需要选择调试的时间节点，调试条款的其他内容与安装条款相近。

(七)验收

卖方交付的标的需要买方对标的进行验收，查明标的是否与合同约定相符。检验是指采用事先约定的检测手段，在合同当事人认可的检测环境下，共同或委托第三方对标的的特性实施核查的过程。验收条款一般包括验收标准、验收时间和地点、验收费用等。在大多数情况下，验收标准由买方确定，少数情况下由当事人共同确定，验收标准一般包括检测标准、检测设备、检测环境、检测流程、检测样本、检测人员资质等。验收方式一般包括：出厂前验收、装箱前验收、开箱后验收、空车验收、负荷验收等。验收费用一般包括验收人员的差旅费、住宿费、办公费以及原材料费、动力费、人工费等。

为了尽快确定标的的质量状况、明确责任、及时解决纠纷,《中华人民共和国民法典》合同编对买方做出了具体要求。买方应当在约定的验收期限内检验标的,并将情形通知卖方,买方怠于通知的,视为质量符合约定。买方发现不符合情形但在合理期限内未通知或收到标的之日起 2 年内未通知卖方的,视为质量符合约定。

案例 5-5

某材料公司与某工程公司于 2017 年、2018 年先后签订 4 份购买高速公路护栏材料的合同,均约定如有数量、质量异议应保持产品原状,并在一周内以书面形式向材料公司提出,逾期则视为数量准确、质量合格。后双方发生纠纷,工程公司辩称合同标的存在隐蔽瑕疵,合同约定的质量异议期过短,无法满足隐蔽瑕疵检验需要。为证明合同标的存在质量问题,工程公司提交了两份证据,一份为建设单位以手持检测仪对合同标的进行检测后制作的问题产品清单,另一份为建设单位委托第三方检测得到的检测报告,该报告从委托检测到出具用时一周。

案例思考:工程公司的理由和举证是否合理?

资料来源:2015—2019 年度江苏法院买卖合同商事纠纷十大典型案例。①

(八)运输包装和运输

对标的进行运输包装主要是保护标的的品质以及便于在运输、装卸、存储过程中清点。包装方法和包装材料应该具备与标的运输方式和运输环境相适应的良好性能,如防震、防撞、防漏、防锈、防盗等。包装标识是包装条款中的一项重要内容,一般包括品种、数量、毛重、净重、体积、产地等,对于爆炸品、易燃物品、腐蚀物品、放射性物质等,应该打上危险品标志和操作注意事项。上述包装要求须按照国家标准或专业标准执行,没有相应标准的,当事人可以用文字、数字、图纸、实物样品、纸样等在合同中进行协商约定。

---

① 来源:http://jsfy.gov.cn/article/91584.html。

标的需要运输的,卖方应当将标的运输至约定地点,或交付给承运人以运交给买方。运输条款一般包括运输方式(公路运输、铁路运输、航空运输、内河运输、海洋运输等)、运输工具(平板车、集装箱运输车、散货船、火车、货运飞机、客运飞机等)、装运港、目的港、运输路线、到达时间以及交接手续等内容。

标的由卖方运到约定地点的整个运输、装卸和储存过程,可能会因难以预料的风险而蒙受损失。为了在标的受损时能得到一定的经济补偿,买方或卖方需要办理运输保险。运输保险是指投保人在货物装运前,向保险公司投保,承保人根据货物类型、始发地、目的地、运输方式等向投保人收取保险费。如果被保险标的在运输过程中遭受损失,则承保人负责对保险险种责任范围内的损失按照投保金额及损失程度赔偿。

案例 5-6

1月4日,中国 C 公司从印度尼西亚购买了 5 万吨散装红土镍矿(注:红土镍矿是易流态化散装固态货物,一旦其实际水分含量超标,则很可能出现液态化,使船舶失去稳定导致船舶倾覆)。1 月 28 日,售方委托"漓江"号轮船从印度尼西亚 B 港装载货物,运往目的地中国 L 港。"漓江"号轮船船长因怀疑货物水分过高而决定该轮自 2 月 12 日起停在 B 港锚地开舱晒货并进行检测。之后,该轮于 3 月 27 日出发,航行两天后,于 3 月 29 日抵达菲律宾 D 港,继续开舱晒货并进行检测,5 月 16 日驶离菲律宾 D 港,于 5 月 23 日抵达中国 L 港。

当红土镍矿终于抵达中国时,市场价格已经暴跌,C 公司蒙受了巨额损失。C 公司以"漓江"号轮船违反了不得绕航和速遣义务为由,将"漓江"号轮船所有者告上法庭,请求判令"漓江"号轮船所有者赔偿其因货物市价下跌而损失的人民币 2000 万元。出人意料的是,C 公司最终败诉了。

案例思考:中国 C 公司为什么会败诉?应如何避免这种情况?

资料来源:作者编写。

(九)采购管理

采购是指为了实现合同目的,卖方从市场获得原材料、零部件、组件等产品或外协加工、委托检验等服务的活动。采购条款主要包括采购范围、质量标准、适用质量体系、采购过程管理、出厂与入厂验收、采购物资保管与使用、不合格品处理以及采购文件的生成、审核、传递等内容。

(十)过程质量控制

对标的质量要求较高的买方,会对生产过程质量进行控制并提出具体要求。该条款主要包括具体过程环节(如技术文件准备、原材料入厂复验、重要加工工序、出厂前验收等)、质量控制方法(外观检查、使用特定设备检查)、质量控制标准、报告制度、文件管理等。

(十一)不符合项处理

不符合项是指在标的生产、交付、验收等过程中发现的不符合合同(主要是技术条款)规定的产出(包含产品、在制品、服务、技术文件等)。该条款主要包括不符合项的发现、认定、报告、处理措施(如纠正;隔离、限制、退货或暂停提供;告知买方;让步接收)、文件管理等内容。

(十二)技术文件管理

标的在设计、制造、交付、验收等生命周期内会产生大量技术文件,如总图、设计图、工艺文件、检查/检验文件、运输方案、验收方案等。该条款主要是买方对上述技术文件提出的具体要求,包括纳入管理的文件类型,文件重要程度分类,不同类型文件的生产、审核、使用、保管等内容。一般地讲,定制化程度越高的产品,买方对技术文件管理的要求越高;对于标准化产品,买方要求会降低甚至没有。

(十三)出厂文件目录与文件提供

买方除了要求卖方提供标的外,也会让卖方一并交付出厂文件。买方出于检查、维修、责任分担、存档等多重目的,一般会在合同中列明文件目录,要求卖方按照目录提供文件。此外,针对每个具体文件,也会提出文件的格式、内容、签名/盖章要求、提供载体(如纸质、光盘等)、份数等要求。

(十四)备品备件

备品备件是指为防止标的在使用过程中出现因零部件(特别是易损件)损

坏、失效等原因无法(正常)使用或运转的情况,而提前准备好的备用物品和备用零件。备品备件条款主要包括备品备件种类或范围、数量、交付时间、额外采购价格等内容。

(十五)专用工具

专用工具是指标的交付给买方后,标的在进行安装、调试、检验、维修、维护等活动时所使用的特定工具。专用工具一般由卖方自行设计与制造,具有定制化、专用性高、成本高等特点。专用工具条款主要包括专用工具种类或范围、数量、图纸提供情况等内容。

(十六)技术服务

技术服务是指卖方提供的与标的的功能实现有关的服务,主要包括产品的安装、调试、维修,以及技术咨询、技术指导等。上述服务专业性较强,一般需要由卖方技术人员提供。技术服务条款主要包括技术服务的具体项目、提供时间、提供地点、提供形式、服务人员素质、服务质量、服务费用等内容,以及对买方提供的工作条件、配合事项等的约定。

第三节　建设工程合同

建设工程合同适用于房屋建筑工程、土木工程、线路管道和设备安装工程、装修工程等建设工程的施工承发包活动。该类型合同在典型合同中具有一定的独特性、规范性和代表性。

一、建设工程合同概述

建设工程合同是指由承包人进行工程建设,发包人支付价款的合同,包括工程勘察、设计、施工三类合同。《中华人民共和国民法典》合同编规定,建设工程合同应当订立书面形式的合同。其中,勘察、设计合同一般包括提交有关基础资料和概预算等文件的期限、质量要求、费用以及其他协作条件等条款。施工合同一般包括工程范围、建设工期、中间交工工程的开工和竣工时间、工程质量、工程造价、技术资料交付时间、材料和设备供应责任、拨款和结算、竣工验收、质量保修范围和质量保证期、协作等条款。

我国建设工程的政府主管部门依据法律法规调整情况以及市场发展形势需要,不定期发布建设工程示范合同。示范合同由合同协议书、通用合同条款、专用合同条款三部分构成,合同当事人可结合建设工程具体情况,参照使用。

鉴于建设工程示范合同已成为建设工程市场广为采用的基础性合同范本,本节以下内容将参照最新的建设工程示范合同,对建设工程合同条款构成做简要介绍。

二、合同协议书

合同协议书主要包括工程概况、合同工期、质量标准、签约合同价与合同价格形式、项目经理、合同文件构成、承诺以及合同生效条件等内容,集中约定了合同当事人基本的权利及义务。

(一)工程概况

工程概况主要包括工程名称、工程地点、工程立项批准文号、资金来源、工程内容、工程承包范围等内容。

(二)合同工期

合同工期主要包括计划开工日期、计划竣工日期、工期总日历天数。工期总日历天数与通过开竣工日期计算的工期天数不一致的,以工期总日历天数为准。

(三)质量标准

质量标准既包括工程项目必须符合的现行工程施工质量验收标准、规范,也包括特殊质量标准和要求(该标准和要求在专用合同条款中列明)。

(四)签约合同价与合同价格形式

签约合同价包括合同总价与价格明细。一般地,价格明细包括人工费、材料费、设备购置费、建筑安装工程费等。

合同价格形式包括单价、总价、其他价格形式三种。单价合同是指当事人约定以工程量清单及其综合单价进行合同价格计算、调整和确认的建设工程施工合同,在约定的范围内合同单价不作调整。总价合同是指当事人约定以施工图、已标价工程量清单或预算书及有关条件进行合同价格计算、调整和确认的建设工程施工合同,在约定的范围内合同总价不作调整。合同当事人可在专用合同条款中约定其他合同价格形式。

(五)项目经理

项目经理指承包方项目经理的姓名,其他具体信息将在通用条款中列示。

(六)合同文件构成

合同文件构成是指在合同订立、履行过程中形成的与合同有关的文件组成。上述各项合同文件包括合同当事人就该项合同文件所做出的补充和修改。属于同一类内容的文件,应以最新签署的为准。

建设工程合同中常见的合同文件包括:中标通知书;投标函及其附录;通用合同条款;专用合同条款及其附件;技术标准和要求;图纸;已标价的工程量清单或预算书;其他合同文件。

三、通用合同条款

通用合同条款是合同当事人就工程建设的实施及相关事项,对合同当事人的权利义务做出的原则性约定。通用合同条款主要包括:一般约定;发包人;承包人;监理人;工程质量;安全文明施工与环境保护;工期和进度;材料与设备;试验与检验;变更;价格调整;合同价格、计量与支付;验收和工程试车;竣工结算;缺陷责任与保修;违约;不可抗力;保险;索赔和争议解决等内容。

(一)一般约定

一般约定包括词语定义与解释、语言文字、法律、标准和规范、合同文件的优先顺序、图纸和承包人文件(图纸的提供和交底、图纸的错误处理、图纸的修改和补充、承包人文件、图纸和承包人文件的保管)、联络、严禁贿赂、化石/文物的处理、交通运输(出入现场的权利、场外交通、场内交通、超大件和超重件的运输、道路和桥梁的损坏责任、使用水路和航空运输)、知识产权、保密、工程量清单错误的修正等具体内容。

(二)发包人

发包人条款包括许可或批准、发包人代表、发包人员、施工现场/施工条件和基础资料的提供(需提供的施工现场、施工条件、基础资料及逾期的责任)、资金来源证明及支付担保、支付合同价款、组织竣工验收、现场统一管理协议等内容。

(三)承包人

承包人条款包括承包人的一般义务、项目经理、承包人员、承包人现场查勘、分包(分包的一般约定、分包的确定、分包管理、分包合同价款、分包合同权益的转让)、工程照管与成品/半成品保护、履约担保、联合体等内容。

(四)监理人

监理人条款包括对监理人的一般规定、监理人员、监理人的指示等内容。

(五)工程质量

工程质量条款包括质量要求、质量保证措施(发包人的质量管理、承包人的质量管理、监理人的质量检查和检验)、隐蔽工程检查(承包人自检、检查程序、重新检查程序、承包人私自覆盖情况的处理)、不合格工程的处理、质量争议检测等内容。

(六)安全文明施工与环境保护

安全文明施工与环境保护条款包括安全文明施工(安全生产要求、安全生产保证措施、特别安全生产事项、治安保卫要求、文明施工要求、安全文明施工费、紧急情况处理、事故处理、安全生产责任)、员工职业健康(劳动保护、生活条件)、环境保护等内容。

(七)工期和进度

工期和进度条款包括施工组织设计(施工组织设计的内容、施工组织设计的提交和修改)、施工进度计划(施工进度计划的编制、施工进度计划的修订)、开工(开工准备、开工通知)、测量放线、工期延误(因发包人或承包人原因导致的工期延误的处理方式)、面对不利物质条件的处理方式、面对异常恶劣的气候条件的处理方式、暂停施工(发包人原因引起的暂停施工、承包人原因引起的暂停施工、指示暂停施工、紧急情况下的暂停施工、暂停施工后的复工、暂停施工期间的工程照管、暂停施工的措施)、提前竣工等内容。

(八)材料与设备

材料与设备条款包括发包人供应材料与工程设备、承包人采购材料与工程设备、材料与工程设备的接收与拒收、材料与工程设备的保管与使用(发包人供应材料与工程设备的保管与使用、承包人采购材料与工程设备的保管与使用)、禁止使用不合格的材料和工程设备、样品(样品的报送与封存、样品的保管)、材料与工程设备的替代、施工设备和临时设施(承包人提供的施工设备和临时设施、发包人提供的施工设备和临时设施、要求承包人增加或更换施工设备)的处理、材料与设备专用要求等内容。

(九)试验与检验

试验与检验条款包括试验设备与试验人员、取样、材料/工程设备/工程的试验和检验、现场工艺试验等内容。

(十)变更

变更条款包括变更的范围、变更权、变更程序(发包人提出变更、监理人提出变更、变更执行)、变更估价(变更估价原则、变更估价程序)、承包人的合理化建议、变更引起的工期调整、暂估价、暂列金额、计日工工价等内容。

(十一)价格调整

价格调整条款包括市场价格波动引起的调整(价格调整公式、暂时确定调整差额、权重的调整、因承包人原因延误工期引起的价格调整)、法律变化引起的调整等内容。

(十二)合同价格、计量与支付

合同价格、计量与支付条款包括合同价格形式(单价、总价、其他价格形式)、预付款(预付款的支付、预付款担保)、计量(计量原则、计量周期、单价合同的计量、总价合同的计量、其他价格形式合同的计量)、工程进度款支付(付款周期、进度付款申请单的编制、进度付款申请单的提交、进度款审核和支付、付款进度的修正、支付分解表)、支付账户等内容。

(十三)验收和工程试车

验收和工程试车条款包括分部分项工程验收、竣工验收(竣工验收条件、竣工验收程序、竣工日期、拒绝接收全部或部分工程的条件、移交/接收全部或部分工程)、工程试车(试车程序、试车中的责任等)、提前交付工程的验收、施工期运行、竣工退场(竣工退场、地表还原)等内容。

(十四)竣工结算

竣工结算条款包括竣工结算申请、竣工结算审核、甩项竣工协议、最终结清流程(最终结清申请单、最终结清证书和支付)等内容。

(十五)缺陷责任与保修

缺陷责任与保修条款包括工程保修的原则、缺陷责任期、质量保证金(承包人提供质量保证金的方式、质量保证金的扣留、质量保证金的退还)、保修(保修责任、修复费用、修复通知、未能修复、承包人出入权)等内容。

(十六)违约

违约条款包括发包人违约(发包人违约的情形、发包人违约的责任、因发包人违约解除合同的流程、解除合同后的付款)、承包人违约(承包人违约的情形、承包人违约的责任、因承包人违约解除合同的流程、解除合同后的处理、采购合同权益转让)、第三人造成的违约等内容。

(十七)不可抗力

不可抗力条款包括不可抗力的确认、不可抗力的通知、不可抗力后果的承担、因不可抗力解除合同等内容。

(十八)保险

保险条款包括工程保险、工伤保险、其他保险、持续保险、保险凭证、未按约定投保的补救、通知义务等内容。

(十九)索赔

索赔条款包括承包人的索赔、对承包人索赔的处理、发包人的索赔、对发包人索赔的处理、提出索赔的期限等内容。

(二十)争议解决

争议解决条款包括和解、调解、争议评审(争议评审小组的确定、争议评审小组决定的效力)、仲裁或诉讼、争议解决条款效力等内容。

四、专用合同条款

专用合同条款是对通用合同条款原则性约定进行细化、完善、补充、修改或另行约定的条款。合同当事人可以根据不同建设工程的特点及具体情况,通过谈判、协商对相应的专用合同条款进行修改补充。

课后练习

一、单项选择题

1.( )是实践中最重要的典型合同类型。

　　A.建设工程合同　　　　　　　　B.租赁合同

　　C.买卖合同　　　　　　　　　　D.中介合同

2.买卖合同中( )是最常见的交付方式。

　　A.交付提取标的物单证　　　　　B.交付工作成果

　　C.在线传输　　　　　　　　　　D.运输

3.买方发现不符合情形但在合理期限内未通知或收到标的之日起( )内未通知卖方的,视为质量符合约定。

　　A.1年　　　　　B.2年　　　　　C.3年　　　　　D.4年

4.不可抗力的构成要素不包括( )。

　　A.不能预见　　　B.不能避免　　　C.不能克服　　　D.不能接受

5.签约人一般在合同的( )签名、盖章、按指印。

　　A.头部　　　　　B.中部　　　　　C.尾部　　　　　D.都可

二、多项选择题

1.合同必备条款包括( )。

　　A.当事人的姓名或者名称和住所　　B.标的

　　C.数量　　　　　　　　　　　　　D.质量

E. 价款或者报酬   F. 履行期限、地点和方式

G. 违约责任   H. 解决争议的方法

2. 保证金条款主要包括(   )等内容。

A. 保证金类型   B. 费用分摊方式

C. 金额或比例   D. 保证金的使用

E. 保证金的返还   F. 提交方式

3. 对于国家有强制性质保期限的,合同约定的质保期限应(   )强制性标准。

A. 短于   B. 等于   C. 长于   D. A、B、C 都可以

4. 违约是指一方当事人不合理拒绝或者不履行合法和强制性的合同义务,通常
   表现为(   )等违约形态。

A. 拒绝履行   B. 不能履行   C. 延迟履行   D. 不完全履行

5. 违约责任的承担方式包括(   )等方式。

A. 继续履行   B. 重做

C. 采取补救措施   D. 更换

E. 退货   F. 赔偿损失

6. 争议解决包括(   )等方式。

A. 和解   B. 调解   C. 仲裁   D. 诉讼

7. 不符合项处理措施包括(   )。

A. 纠正   B. 隔离

C. 告知买方   D. 让步接收

E. 限制   F. 退货或暂停提供

8. 建设工程合同是指由承包人进行工程建设,发包人支付价款的合同,包括
   (   )合同。

A. 工程勘察   B. 设计   C. 监理   D. 施工

9. 建设工程合同中常见的合同文件包括(   )。

A. 中标通知书   B. 投标函及其附录

C. 通用合同条款   D. 专用合同条款及其附件

E. 技术标准和要求   F. 图纸

G. 工期和进度   H. 已标价的工程量清单或预算书

10. 工程质量条款包括(　　　)等内容。

　　A. 质量要求　　　　　　　B. 过程质量控制

　　C. 质量保证措施　　　　　D. 隐蔽工程检查

　　E. 不合格工程的处理　　　F. 质量争议检测

11. 建设工程合同中的工期条款主要包括(　　　)。

　　A. 计划开工日期　　　　　B. 施工进度

　　C. 计划竣工日期　　　　　D. 工期总日历天数

三、思考题

1. 典型合同与非典型合同有何区别?

2. 请阐释标准合同的优缺点。

3. 请阐释买卖合同的特征。

4. 请介绍买卖合同的合同价款构成。

5. 请介绍建设工程合同的合同价格形式。

6. 请阐释合同生效条款中关于签名、盖章或者按指印的相关要求。

7. 请阐释买卖合同的商务条款所包括的具体内容。

8. 请阐释买卖合同的技术条款所包括的具体内容。

9. 请阐释建设工程合同的合同协议书所包括的具体内容。

10. 请阐释建设工程合同的通用合同条款所包括的具体内容。

第六章 认识谈判主体

◯ 学习目标

知识目标	技能目标
• 了解不同关系主体的异同 • 掌握行为主体的组成原则与基本行为规范 • 掌握常见的口头语言交流方式 • 理解行为语言的含义	• 学会辨识组织类型 • 学会组建谈判团队 • 学会提问、回答与倾听的技巧 • 学会观察行为语言

📁 案例导入

Y 公司以总承包商的身份承建了某一工程,并以公开招标的形式将一部分工程分包给了 T 公司。合同履行过程中,Y 公司未按约履行付款义务,T 公司为此对 Y 公司提起违约诉讼,要求 Y 公司继续履行付款义务。在法庭上,Y 公司辩称,其是国有企业,在招标之前,与 T 公司就合同主要条款进行了磋商并签订了合作意向书,这违反了《中华人民共和国招标投标法》第十八条的规定:"招标人不得以不合理的条件限制或者排斥潜在投标人,不得对潜在投标人实行歧视待遇。"Y 公司请求法庭确认,其与 T 公司签订的合同属无效合同。最终经过调查,法院认定,Y 公司虽有国资参股但不属于国有企业,其不受《中华人民共和国招标投标法》的强制约束。因此,合同有效,Y 公司须履行付款义务。

案例思考:国有企业采购的主要适用法律、法规和标准有哪些?

资料来源:作者编写。

商务谈判的主体包括关系主体和行为主体。认识谈判主体,并依据谈判主体的不同,设定不同的谈判目标、制定不同的谈判方案与策略、量身定制合同文本,是谈判工作的基本要求,也是谈判工作的核心。

第一节 关系主体概述

关系主体是指有资格参与商务谈判并能独立承担法律后果的组织和自然人。本节将介绍以组织形式存在的关系主体,包括政府(含国家机关、事业单位、团体组织)、国有企业、私营企业、港澳台商投资企业与外商投资企业,对不同关系主体的概念、其在国民经济中的地位、适用法律法规、采购方式与采购程序等进行概述。

一、政府

(一)政府采购的概况

1.政府采购的概念

政府采购是指各级国家机关、事业单位和团体组织,使用财政性资金采购依法制定的集中采购目录以内的或者采购限额标准以上的货物、工程和服务的行为。这里的国家机关是指从事国家管理和行使国家权力的机关,包括行政机关、审判机关、公安机关、检察机关和军事机关等。这里的事业单位是指以社会公益目的,由国家机关举办或者其他组织利用国有资产举办的从事教育、科技、文化、卫生等活动的社会服务组织。这里的团体组织是指中国公民自愿组成,为实现会员共同意愿,按照其章程开展活动的非营利性社会组织。

2.政府采购在国民经济中的地位与作用[1]

政府采购在国民经济中占据日益重要的地位。以 2021 年为例,全国政府采购规模为 3.6 万亿元,占全国财政支出和 GDP 的比重分别为 10.1% 和 3.2%。从结构来看,货物、工程、服务政府采购规模分别为 0.94 万亿元、1.7 万

---

[1] 资料来源:《2021 年全国政府采购简要情况》(来自中华人民共和国财政部官网)。

亿元和 1 万亿元。从组织形式来看,政府集中采购、部门集中采购、分散采购规模分别为 0.97 万亿元、0.35 万亿元和 2.3 万亿元。从采购方式来看,公开招标、邀请招标、竞争性谈判、竞争性磋商、询价和单一来源采购规模分别占全国政府采购规模的 77.6%,1.0%,2.8%,9.7%,1.0% 和 3.8%。

政府采购具有明显的政策导向。以 2021 年为例,在支持绿色发展方面,全国强制采购、优先采购节能节水产品 612.1 亿元,占同类产品采购规模的 86.9%;优先采购环保产品 899.8 亿元,占同类产品采购规模的 85.2%。在支持中小微企业发展方面,全国政府采购授予中小企业合同金额为 2.6 万亿元,授予小微企业合同金额 1.4 万亿元。在支持乡村产业振兴方面,各级预算单位预留食堂食材采购份额,累计通过脱贫地区农副产品网络销售平台采购脱贫地区农副产品 95 亿元。

3.政府采购的主要适用法律与法规

政府采购对社会经济有着非常大的影响,采购规模的扩大或缩小、采购结构的变化对社会经济发展状况、产业结构及公众生活环境都有着十分明显的影响。正是由于政府采购对社会经济有着其他主体不可替代的影响,国家针对政府采购专门出台了法律、法规进行管理。当前,规范政府采购的法律和法规主要有以下 4 部:《中华人民共和国政府采购法》《中华人民共和国政府采购法实施条例》《中华人民共和国招标投标法》《中华人民共和国招标投标法实施条例》。

(二)政府采购的政策导向[①]

1.支持本国产业

除在中国境内无法获取或者无法以合理的商业条件获取所需的情况外,政府采购应当选择本国货物、工程和服务。中国境内生产产品达到规定的附加值比例等条件的,应当在政府采购活动中享受评审优惠。

2.维护国家安全

政府采购应当落实国家安全要求,执行法律法规中有关国家安全的产品标准及供应商资格条件、知识产权、信息发布和数据管理等规定。对涉及国家秘

---

① 资料来源:《关于〈中华人民共和国政府采购法(修订草案征求意见稿)〉再次向社会公开征求意见的通知》。

密的采购项目,应当采用公开竞争以外的方式和程序。国家建立了政府采购安全审查制度,对可能影响国家安全的政府采购活动开展安全审查。

3.支持科技创新

政府采购应当支持应用科技创新,发挥政府采购的市场导向作用,促进产学研用深度融合,推动创新产品研发和应用。

4.促进中小企业发展

政府采购应当促进中小企业发展,提高中小企业在政府采购中的份额。残疾人福利性单位、退役军人企业等按规定需要扶持的供应商,可以视同小微企业享受政府采购支持政策。

5.支持绿色发展

政府采购应当促进绿色低碳循环发展,执行国家相关绿色标准,推动环保、节能、节水、循环、低碳、再生、有机等绿色产品和相关绿色服务、绿色基础设施应用发展。

(三)政府采购方式与采购程序

政府采购包括以下六种方式:公开招标;邀请招标;竞争性谈判;单一来源采购;询价;国务院政府采购监督管理部门认定的其他采购方式。其中,公开招标是政府采购的主要方式。

1.公开招标及其采购程序

(1)公开招标的适用条件

公开招标是指招标人以招标公告的方式邀请不特定的法人或者其他组织投标。采购人采购货物或者服务应当采用公开招标方式的,如其属于中央预算的政府采购项目,具体数额标准由国务院规定;如属于地方预算的政府采购项目,由省、自治区、直辖市人民政府规定;因特殊情况需要采用公开招标以外的采购方式的,应当在采购活动开始前获得设区的市、自治州以上人民政府采购监督管理部门批准。

(2)公开招标的采购程序

公开招标的采购程序详见《中华人民共和国招标投标法》《中华人民共和国

招标投标法实施条例》,以及各省、自治区、直辖市人民政府采购监督管理部门的相关规定。

2.邀请招标及其采购程序

(1)邀请招标的适用条件

邀请招标是指招标人以投标邀请书的方式邀请特定的法人或者其他组织投标。符合下列情形之一的,依照《中华人民共和国政府采购法》采用邀请招标方式采购:具有特殊性,只能从有限范围的供应商处采购的;采用公开招标方式的费用占政府采购项目总价值的比例过大的。

(2)邀请招标的采购程序

邀请招标的采购程序详见《中华人民共和国招标投标法》《中华人民共和国招标投标法实施条例》,以及各省、自治区、直辖市人民政府采购监督管理部门的相关规定。

3.竞争性谈判及其采购程序

(1)竞争性谈判的适用条件

符合下列情形之一的,依照《中华人民共和国政府采购法》采用竞争性谈判方式采购:招标后没有供应商投标或者没有合格标的或者重新招标未能成立的;技术复杂或者性质特殊,不能确定详细规格或者具体要求的;采用招标所需时间不能满足用户紧急需要的;不能事先计算出价格总额的。

(2)竞争性谈判的采购程序

成立谈判小组。谈判小组由采购人的代表和有关专家组成,共 3 人以上,人数需为单数,其中专家的人数不得少于成员总数的 2/3。

制定谈判文件。谈判文件应当明确谈判程序、谈判内容、合同草案的条款以及评定成交的标准等事项。

确定邀请参加谈判的供应商名单。谈判小组从符合相应资格条件的供应商名单中确定不少于 3 家的供应商参加谈判,并向其提供谈判文件。

谈判。谈判小组所有成员集中与单一供应商分别进行谈判。在谈判中,谈判的任何一方不得透露与谈判有关的其他供应商的技术资料、价格和其他信息。谈判文件有实质性变动的,谈判小组应当以书面形式通知所有参加谈判的供应商。

确定成交供应商。谈判结束后,谈判小组应当要求所有参加谈判的供应商在规定时间内进行最后报价,采购人从谈判小组提出的成交候选人中根据符合采购需求、质量和服务相等、报价最低的原则确定成交供应商,并将结果通知所有参加谈判的未成交的供应商。

4.单一来源采购及其采购程序

(1)单一来源采购的适用条件

符合下列情形之一的,依照《中华人民共和国政府采购法》采用单一来源方式采购:只能从唯一供应商处采购的;发生了不可预见的紧急情况不能从其他供应商处采购的;必须保证原有采购项目一致性或者服务配套的要求,需要继续从原供应商处添购,且添购资金总额不超过原合同采购金额百分之十的。

(2)单一来源采购的采购程序

采取单一来源方式采购的,采购人与供应商应当遵循《中华人民共和国政府采购法》规定的原则,在保证采购项目质量和双方商定合理价格的基础上进行采购。

5.询价方式及其采购程序

(1)询价方式的适用条件

采购的货物规格、标准统一,现货货源充足且价格变化幅度小的政府采购项目,依照《中华人民共和国政府采购法》采用询价方式采购。

(2)询价方式的采购程序

成立询价小组。询价小组由采购人的代表和有关专家组成,共 3 人以上,人数需为单数,其中专家的人数不得少于成员总数的 2/3。询价小组应当对采购项目的价格构成和评定成交的标准等事项做出规定。

确定被询价的供应商名单。询价小组根据采购需求,从符合相应条件的供应商名单中确定不少于 3 家的供应商,并向其发出询价通知书让其报价。

询价。询价小组要求被询价的供应商一次报出不得更改的价格。

确定成交供应商。采购人根据符合采购需求、质量和服务相等、报价最低的原则确定成交供应商,并将结果通知所有被询价的未成交的供应商。

二、国有企业

(一)国有企业的概况

1.国有企业的概念

国有企业是指国务院和地方人民政府分别代表国家履行出资人职责的国有独资企业、国有独资公司以及国有资本控股公司,包括中央和地方国有资产监督管理机构和其他部门所监管的企业本级及其逐级投资形成的企业。[①]

2.国有企业的分类[②]

根据国有资本的战略定位和发展目标,结合不同国有企业在经济社会发展中的作用、现状和发展需要,国有企业分为商业类和公益类。

(1)商业类国有企业

商业类国有企业按照市场化要求实行商业化运作,以增强国有经济活力、放大国有资本功能、实现国有资产保值增值为主要目标,依法独立自主开展生产经营活动,实现优胜劣汰、有序进退。主业处于充分竞争行业和领域的商业类国有企业,原则上都要实行公司制股份制改革,积极引入其他国有资本或各类非国有资本实现股权多元化,国有资本可以绝对控股、相对控股,也可以参股,并着力推进整体上市。商业类国有企业重点考核经营业绩指标、国有资产保值增值能力和市场竞争能力。

主业处于关系国家安全、国民经济命脉的重要行业和关键领域或主要承担重大专项任务的商业类国有企业,要保持国有资本控股地位,支持非国有资本参股。对自然垄断行业,实行以政企分开、政资分开、特许经营、政府监管为主要内容的改革,根据不同行业特点实行网运分开,放开竞争性业务,促进公共资源配置市场化;对需要实行国有全资的企业,也要积极引入其他国有资本实行股权多元化;对特殊业务和竞争性业务,实行业务板块有效分离,独立运作、独立核算。对这些国有企业,在考核经营业绩指标和国有资产保值增值情况的同

---

① 资料来源:《什么样的企业是国有企业?》(摘自国务院国有资产监督管理委员会官网)。

② 资料来源:《中共中央、国务院关于深化国有企业改革的指导意见》。

时,加强对服务国家战略、保障国家安全和国民经济运行、发展前瞻性战略性产业以及完成特殊任务的考核。

(2)公益类国有企业

公益类国有企业以保障民生、服务社会、提供公共产品和服务为主要目标,引入市场机制,提高公共服务效率和能力。这类企业可以采取国有独资形式,具备条件的也可以推行投资主体多元化,还可以通过购买服务、特许经营、委托代理等方式,鼓励非国有企业参与经营。对公益类国有企业,重点考核成本控制、产品服务质量、运营效率和保障能力,根据企业不同特点有区别地考核经营业绩指标和国有资产保值增值情况,考核中要引入社会评价。

3.国有企业在国民经济中的地位

国有企业地位重要、作用关键、不可替代,是党和国家的重要依靠力量。[①]数据显示,2022 年全国国有企业营业总收入 82.6 万亿元,应缴税费 5.9 万亿元,利润总额 4.3 万亿元。[②] 其中,中央企业营业收入 39.4 万亿元,累计上缴税费 2.8 万亿元,利润总额 2.55 万亿元,7 家中央企业的利润额超过 1000 亿元,4 家中央企业的利润额超过 500 亿元,中央企业采购交易在线监管系统直接带动供应链企业 200 余万家,间接辐射近 700 万家。[③]

4.国有企业采购的主要适用法律、法规和标准

由于国有企业的特殊性和重要地位,国家出台了一系列法律、法规和标准等文件来规范国有企业的采购行为。当前,规范国有企业采购的法律和法规主要有以下 4 部:《中华人民共和国政府采购法》《中华人民共和国政府采购法实施条例》《中华人民共和国招标投标法》《中华人民共和国招标投标法实施条例》。

《中华人民共和国政府采购法》明确适用于各级国家机关、事业单位和团体组织使用财政性资金的采购行为,而《中华人民共和国招标投标法》仅仅规定了

---

① 　资料来源:《习近平在中国石油辽阳石化公司考察时的讲话》,《人民日报》2018 年 9 月 29 日。

② 　资料来源:《2022 年国有企业营业总收入同比增长 8.3%》(摘自中华人民共和国中央人民政府官网)。

③ 　资料来源:《2022 年中央企业经济运行情况》(摘自国务院国有资产监督管理委员会官网)。

"招标"这一种采购方式,两部法律及其实施条例都没有覆盖国有企业的全部采购活动。鉴于此,国家又相继出台了《国有企业采购操作规范》(T/CFLP 0016—2023)、《国有企业采购管理规范》(T/CFLP 0027—2020)两个标准,进一步规范国有企业的采购行为。

(二)国有企业的采购方式与采购程序

国有企业的采购方式包括自愿公开招标、自愿邀请招标、询价采购、比选采购、合作谈判、竞争谈判、单源直接采购、多源直接采购等八种方式。

1.自愿公开招标

同时符合下列条件的,国有企业一般会采用自愿公开招标方式:采购需求明确;具有竞争条件;采购时间允许;交易成本合理。

自愿公开招标的采购程序如表 6-1 所示。

表 6-1　自愿公开招标采购程序

阶段	程序	具体要求
资格预审阶段	编制资格预审文件和发布资格预审公告	(1)招标人或委托的招标代理机构依据项目要求编制资格预审文件,资格预审文件可参照国家有关范本的相关要求编制。 (2)资格预审制度包括合格制、有限数量制。 (3)招标人应使用企业制度指定的媒介发布资格预审公告,公告的内容应符合国家有关规定。 (4)招标人应免费发放资格预审文件。 (5)资格预审文件的发布期应不少于 5 日。 (6)资格预审申请文件提交截止时间距资格预审文件停止发售之日应不少于 3 日。
	递交资格预审申请文件	(1)潜在资格申请人应按资格预审文件规定的方式领取资格预审文件。 (2)资格申请人应在资格预审文件规定的时间、地点向招标人递交投标资格申请文件。
	评审资格预审申请文件	招标人或委托招标代理机构应依照资格预审文件规定的标准对资格预审申请人进行资格审查,并撰写资格审查报告。
	文件审查核实	招标人在招标投标活动全过程享有对资格预审申请文件进行核实和要求申请人进行澄清的权利。若招标人在资格审查时或项目进行过程中发现资格申请人有弄虚作假行为,可直接取消其投标资格。
	资格预审结果处理	(1)招标人应向通过资格预审的潜在投标人发出投标邀请书。 (2)招标人应向未通过资格预审的申请人发出资格预审结果通知书,告知未通过的依据和原因。

续　表

阶段	程序	具体要求
招标阶段	编制招标文件	(1)招标人或委托招标代理机构应依据招标方案或采购需求编制招标文件。 (2)招标文件不应含有与采购需求及合同执行无关或者不相适应的歧视性条款。 (3)招标文件的评审标准应围绕高质量发展要求,优先考虑创新、绿色等评审因素。 (4)招标文件要求缴纳缔约保证金的,应规定缴纳方式。保证金的形式包括:非现金形式的电子保函;信用良好的供应商可提交保证金承诺书;购买缔约保证保险;现金或支票。
	发布招标公告(适用于资格后审)	(1)招标公告的内容应包括:招标人的名称和地址,招标项目的性质、数量、实施地点和时间以及获取招标文件的办法,还应注明是否接受联合体、是否采用电子方式并注明网址以及项目负责人的联系方式。 (2)招标公告的期限由企业制度规定。
招标阶段	发售招标文件	(1)招标文件的发售期应不少于5日。 (2)潜在投标人持单位委托书和经办人身份证购买招标文件,采用电子采购平台的项目应通过互联网注册、登记、付费、下载。
	招标文件的澄清和修改(如有)	(1)招标人可对已经发售的招标文件进行澄清或修改,并通知所有获取招标文件的潜在投标人;可能影响投标人编制投标文件的,招标人应合理顺延提交投标文件的截止时间。 (2)潜在投标人对招标文件有异议的,应在投标截止前2日内提出,招标人应在收到异议后1日内答复,针对潜在投标人的异议修改招标文件后可能影响投标文件编制的项目,投标截止时间应当顺延,做出答复前,应当暂停招标投标活动。
	勘察现场和预备会(如有)	(1)需要时,招标人可组织潜在投标人集体踏勘项目现场;现场不集中点名、不集中签到;不应组织单个或者部分潜在投标人踏勘项目现场,应避免在现场踏勘过程中泄露潜在投标人名称、数量以及可能影响公平竞争的有关招标投标的其他情况。 (2)如召开投标预备会,招标人应在投标人须知中说明预备会召开的时间和地点。
投标阶段	等标期	投标文件编制的时间从招标文件发出之日起距投标截止时间应不少于7日。
	递交投标文件	投标人应在招标文件约定的投标截止时间、地点向招标人或代理机构递交密封的投标文件或将加密文件发至电子招标投标交易平台。
	投标保证金	招标文件要求缴纳投标保证金的,投标人应按照招标文件的要求缴纳。
	回执	招标人收到投标人递交的投标文件后应出具回执。

阶段	程序	具体要求
开标阶段	开标会议	(1)招标人或代理机构主持开标会议。开标应在招标文件约定投标截止的时间、地点进行,开标记录应妥善保存。 (2)投标人数量小于3,不得开标(电子招投标的不得解密投标文件),依采购实体制度规定,可直接转入其他采购方式采购。
	异议处理(如有)	投标人对开标活动有异议应当场提出,招标人应及时答复。
评标阶段	组建评标委员会	(1)招标人应负责组建评标委员会。 (2)专家的资格条件应符合《国有企业采购管理规范》的相关规定。 (3)评标委员会的专家由招标人依照项目需要确定,可从采购实体咨询专家库随机抽取,随机抽取不能满足需要时可直接指定;企业咨询专家库专家不能满足的,可在采购实体外部选聘国家或行业内资深专家参加评标委员会。
评标阶段	评标委员会依法评标	(1)评标委员会应依照法律和招标文件规定的评标办法进行评审;评标委员会按照招标文件规定的评标标准和方法,客观、公正地对投标文件提出评审意见。 (2)评标委员会应对投标文件的技术、质量、安全、工期的控制能力等因素提供技术咨询建议,向招标人推荐合格的中标候选人,并对每个合格的中标候选人的特点、风险等评审情况和推荐理由进行说明;合格的中标候选人的数量以及排序由招标文件规定。 (3)在电子采购平台自动生成评审报告的,评标委员会成员应审核并在线签章。
定标阶段	确定中标人	企业定标委员会或其授权的采购实体依据评标委员会提供的咨询报告和推荐的候选人名单确定中标人。
	公示中标结果	(1)重要项目定标后,招标人应当在定标结束之日起3日内在电子采购平台公示中标人,公示宜保持3日。重要项目的公示范围、内容由企业制度规定。 (2)公示范围不包括涉及国家和企业商业秘密的项目。
	发出中标通知书	符合《国有企业采购操作规范》的相关规定。
	签订书面合同	符合《国有企业采购操作规范》的相关规定。
	告知、备案、报告	(1)招标人与中标人签订合同后应在10日内向采购实体有关部门告知、备案、报告。 (2)告知、备案、报告的内容要求由采购实体制度规定,有关部门应通过大数据对比分析对采购活动进行审核并反馈至采购实体。

阶段	程序	具体要求
	招标失败的处理	所有投标被否决后采购实体可依企业制度直接采用其他适当的采购方式。
合同收尾阶段	验收	招标人应按照企业制度相关规定,参加对供应商履约合同的验收。
	对供应商绩效评价	招标人应参与对供应商履约全过程的绩效考核,可推荐优秀供应商参与新品早期设计(如有)。

2.自愿邀请招标

具备下列条件之一的,国有企业一般会采用自愿邀请招标方式:因采购标的具有高度复杂性或特殊性,只能从数量有限的供应商处获得;如采用公开招标将增加审查和评审投标文件的时间及费用,与采购标的价值不成正比;其他适用邀请招标的情形。

与自愿公开招标相比,自愿邀请招标没有资格预审阶段,其他采购程序与自愿公开招标基本相同。

3.询价采购

同时符合下列条件的,国有企业一般会采用询价采购方式:采购需求明确;标准化程度高;规格型号统一;货物货源充足且低值。

询价采购的采购程序如表6-2所示。

表6-2　询价采购程序

阶段	程序	具体要求
准备阶段	发出询价邀请或询价公告	采购实体宜在企业电子采购平台向3家以上供应商发出询价邀请函或询价公告。
	询价邀请函或询价公告内容	(1)写明采购实体的名称、地址,采购的物品名称、规格型号或参数要求,供货的数量、交货的时间以及领取询价书的办法。 (2)写明报名以及获取询价书的时间、地址(平台网址)、对供应商的资格要求。
	编制询价书	(1)采购实体自行或委托代理机构编制询价书。 (2)询价书应包括邀请公告内容的细化说明、询价规则和合同草案、本次询价活动进行的地址或平台网址、文件下载的办法、平台注册办法等信息。

阶段	程序	具体要求
	资格审查	如参与报名的供应商数量较多,可以通过资格审查的程序确定有限数量的供应商。
	获取询价书	参与报名的供应商在指定时间、地点领取询价书。
	评审小组	采购实体可组建评审小组组织询价活动,如确有必要可聘请企业咨询专家参加评审小组工作。
询价阶段	等标期	从询价邀请函或公告发出之日起至供应商提交响应文件截止之日不得少于3日。
	不足3家的处理方式	采购公告发出后,在规定截止时间内响应供应商数量为2家的,采购活动可以继续进行。响应供应商数量为1家的,依采购实体制度规定,转入单源直接采购程序。
	询价开始	(1)询价开始时间同询价响应文件提交截止时间。 (2)采购实体将自动拒绝询价响应文件提交截止时间后的报价。
询价阶段	报价规则	在规定的时间、地址,供应商一次报出不可更改的价格。
	报价范围	报价应包括国家规定的税金。
成交阶段	确定成交人	采购实体应在询价活动结束后3日内,按照《国有企业采购操作规范》规定的办法,确定满足询价书列明的需求、报价最低的供应商为成交人。
	发出成交通知书	符合《国有企业采购操作规范》的相关规定。
	签订书面合同	符合《国有企业采购操作规范》的相关规定。
	公示(告知、备案、报告)	需要公示的合同类别、内容要求由采购实体制度规定,不公示的按照《国有企业采购操作规范》规定,采购实体制度规定不需要告知、备案或报告的除外。
合同收尾阶段	验收	对供应商履约的验收应按照采购实体制度的相关规定执行。
	绩效考核	对询价采购供应商的绩效考核办法按采购实体制度确定。

4.比选采购

符合下列条件之一的,国有企业一般会采用比选采购方式:采购需求明确但不符合招标采购其他条件的工程、货物和服务采购(例如,少数保密性较强而不适合公开招标或邀请招标的工程项目;工程所在地区偏僻而很少有施工单位前来投标的工程项目);法定可以不招标的简单项目;招标失败后的简单项目。

比选采购的程序如表 6-3 所示。

表 6-3　比选采购程序

阶段	程序	具体要求
准备阶段	发出公告或邀请书	符合《国有企业采购操作规范》的相关规定。
	编制比选文件	比选文件应包含以下内容： (1)采购人及采购需求的信息； (2)采购缔约规则和履约规则(合同草案)； (3)成交标准：采购实体依据企业需要的报盘确定成交人；依据评审小组评审结果的排序，排名第一的供应商为成交人。
	发出比选文件	向同意参加比选采购的供应商发出比选采购文件。
	组建评审小组	采购实体应负责组建评审小组，小组成员人数应为 3 以上的单数。依据项目的复杂程度和技术要求，采购实体自行决定是否从企业咨询专家委员会聘请专家参加评审小组。
比选阶段	等标期	从比选文件发出之日起至供应商提交首次比选响应文件截止之日应不少于 3 日。
	不足 3 家的处理方式	在规定截止时间内响应供应商数量不足 3 家的，采购活动可以继续进行；其中，响应供应商数量为 1 家的，可依企业制度规定的程序转入单源直接采购程序。
	供应商递交响应文件	在比选采购文件约定的时间、地点，供应商应向采购实体递交比选响应文件。比选响应文件按照比选采购文件的要求密封，使用电子采购平台的项目应在网上提交加密的电子比选响应文件。
	比选活动开始仪式	(1)比选采购可不组织比选活动开始仪式，但应在采购实体指定媒介或电子采购平台公示首次比选供应商名单。 (2)在比选文件规定的递交截止时间前有 2 人以上递交比选响应文件，比选活动即可进入评审程序。 (3)采购实体收到比选响应文件后分别邀请相关供应商在约定的时间、地点对比选响应文件进行沟通评议。沟通的顺序由随机抽签决定。
	沟通询问比质比价	(1)评审小组和每个供应商就采购需求和合同文本(草案)进行沟通，充分征求每个供应商的意见。比选中各种采购因素以及内容细节均可沟通协商，但不应改变比选采购文件的实质性内容。 (2)评审小组对供应商的建议进行认真研究并由采购实体决定是否采纳。每轮沟通协商后应将确定的需求方案书面通知所有参加比选活动的供应商并由供应商再次报价。

阶段	程序	具体要求
成交阶段		（3）在规定轮次结束前经采购实体批准确定最终唯一的采购方案和合同文本草案。 （4）在此基础上仍在程序中的供应商进行最终报价。 （5）评审小组按照比选采购文件规定的标准对各供应商综合评审并提交咨询建议报告。依据比选采购文件规定，该建议报告提交供应商排序名单或不排序只作评价报告。
	确定成交供应商	符合《国有企业采购操作规范》的相关规定。
	公示（告知、备案、报告）	符合《国有企业采购操作规范》的相关规定。
	成交通知	符合《国有企业采购操作规范》的相关规定。
	签订书面合同	符合《国有企业采购操作规范》的相关规定。
合同收尾阶段	验收	对供应商履约的验收应按照采购实体制度的相关规定执行。
	绩效考核	对比选采购供应商的绩效考核办法按采购实体制度确定。

5.合作谈判

符合下列条件之一的，国有企业一般会采用合作谈判方式：只能通过谈判的方式同供应商签订工程、货物或服务合同并建立战略合作伙伴关系；需要长期稳定供应，采用招标或其他采购方式不可能满足采购的需求。

合作谈判的采购程序如表 6-4 所示。

表 6-4　合作谈判采购程序

阶段	程序	具体要求
可行性研究阶段	组织可行性研究	在进行充分市场调研的基础上，采购实体组织专业团队对战略合作进行可行性研究。
	进行可行性研究	研究的内容包括但不限于：采购需求分析；采购市场分析；战略合作的必要性；同潜在供应商合作的可能性；战略合作模式；预期目标；风险与不确定性分析；结论与建议。
	履行审批程序	确定战略合作对象后，谈判团队起草谈判大纲（包括程序安排、谈判方案、预期安排）、谈判合同草案等。根据企业制度规定，需要进行论证或审批手续的履行论证程序或审批手续。

阶段	程序	具体要求
谈判邀请	发出邀请	(1)在可行性研究报告通过的基础上和战略合作方初步接触并确定谈判的时间和地点,并就谈判程序达成一致意见。 (2)确定本次首轮谈判时间及谈判地点。
制定谈判计划	组建谈判团队	(1)依据谈判项目的特点组建谈判团队,团队的结构包括采购实体项目相关部门的主要负责人和技术专家,必要时可聘请企业外部专家参加谈判;在国际谈判中还要注意语言人才的配备。 (2)确定本轮谈判人员名单。
制定谈判计划	确定谈判目标	(1)确定本次谈判目标:短期或长期。 (2)寻找谈判问题和焦点:归纳阻碍实现目标的问题。 (3)熟悉谈判对手,包括对方决策者、谈判人员及其他影响谈判的第三方。 (4)风险预判:交易失败的应对预案、最糟糕的情形预判等。
	编制谈判计划(预案)	(1)确定在谈判中可以创造的价值目标。 (2)预案在谈判中采取开放的态度,共享有关信念和爱好等方面的信息。了解双方各自利益所在。在现有方案的基础上寻求更佳方案,创造出新的价值。 (3)设计新选项,使每个人得到的比他们所需要的更多。 (4)确定无法按照本企业计划达成协议时的其他次优方案。 (5)明确本次谈判不包含的内容。
	确定决策规则	确定采购实体内部决策的办法:董事会投票制;经理办公会协商制;授权谈判团队领导决策。
谈判准备	谈判环境分析判断	(1)分析双方需求或利益,包括理性、情感、相互冲突的需求。 (2)了解谈判各方的想法,通过角色转换,针对文化和矛盾冲突,研究取得对方信任的钥匙。 (3)注意对方的沟通风格、习惯。 (4)确定谈判准则:了解对方谈判的准则、规范。 (5)检查谈判目标。
	谈判方案的风险管理	(1)集思广益:研究可以实现目标、满足需求的方案、交易条件及其关联条件。 (2)循序渐进策略:确定在循序渐进谈判中降低风险的具体步骤。 (3)注意第三方:分析共同的竞争对手且对有影响的人制定风险防范预案。 (4)表达方式:为对方勾画蓝图,提出问题。 (5)备选方案:如有必要,对谈判方案适当调整或施加影响。
	做好会议准备	会议准备包括:主持人、议题、发言顺序、座签、预计时间、茶歇、餐饮服务等;各阶段截止时间;需要改善谈判环境的安排。

续　表

阶段	程序	具体要求
谈判会议	开始谈判	依据双方协商确定的时间、地点和议题顺序,双方沟通协商,寻求双方利益的吻合点。团队谈判主发言人陈述己方意见,辅助发言人补充,并认真倾听对方的诉求。
	说服让步	通过逻辑、感情、妥协、议价等手段尽量说服对方同意己方观点;必要时做出预案设定的让步并作为交易的筹码。
	策略调整	在谈判过程中不断评价各项发生的事情,提醒己方适时调整目标和策略。
	澄清答复	针对对方的要求,采购实体做出有余地的答复。
结果评价	评价	在谈判取得阶段性成果时应对实现目标进行评价。
	后续管理	(1)决定是否继续谈判。 (2)决定结成联盟或终止联系。
合同管理	签订合同	双方经过多轮谈判最终实现双赢达成合意,签订正式合同。
	履行合同	采购实体协助合同履行部门履行合同。
	验收	对供应商履约的验收应按照采购实体制度的相关规定执行。
后期关系	对合作供应商绩效评价	采购实体应参与对合作供应商的绩效考核。
	接触与沟通	采购实体应主动协调企业内部通过文化、体育、专题论坛等多种形式加强与合作供应商的接触和沟通,积极主动解决落实合同履行中发生的问题,深化合作关系,共同创造价值。
	保持双方高层的承诺和支持	采购实体应为高层定期会晤创造条件,取得双方高层的承诺和支持,保证战略合作的可持续和竞争力。

6.竞争谈判

符合下列条件之一的,国有企业一般会采用竞争谈判方式:采用招标或其他采购方式难以满足企业生产运营需要的紧急采购,或出现有利商机时采用招标或其他采购方式难以满足采购实体需要的采购;采购需求只能提出功能性指标、相对宽泛的技术规格或有不同方案和路径,需要和供应商讨论、对话、谈判的采购;法定可以不招标或招标失败的大额、复杂采购;经采购实体认定采用其他采购方式均不适合保护国家安全、国家利益或企业核心利益的采购。

竞争谈判的采购程序如表6-5所示。

表 6-5　竞争谈判采购程序

阶段	程序	具体要求
准备阶段	发出竞争谈判公告或邀请书	符合《国有企业采购操作规范》的相关规定。
	资格审查	竞争谈判公告或邀请书对供应商提出资格要求的,供应商应按规定提供资格申请资料。采购实体负责组织对供应商的资格审查。
	编制竞争谈判采购文件	竞争谈判采购文件应包含以下内容: (1)采购人及其采购需求。 (2)谈判中讨论的内容、轮次等。 (3)谈判合同草案等。 (4)成交标准:可约定提供最符合采购人需要的最佳报盘的供应商为成交人;可依据评审小组提交的咨询报告和顺序名单,依次和仍在程序中的供应商针对确定的合同条款进行财务谈判。财务谈判不应涉及项目合同中的核心条款,不应与排序在前但已终止谈判的供应商进行重复谈判。最先和采购实体完成财务谈判的供应商为成交人。
	出售或发放竞争谈判采购文件	从竞争谈判文件发出之日起至供应商提交首次响应文件截止之日不应少于3日。
	组建评审小组	采购实体负责组建谈判小组,小组应由熟悉采购标的的商务要求和技术要求并具备专业谈判能力的专家组成,小组成员人数应在3人以上,总数为单数。专家聘请方式由采购实体决定,并依据企业制度规定报上级管理部门备案。
谈判阶段	递交竞争谈判申请文件的截止期	依照采购项目需要,竞争谈判采购文件应明确递交竞争谈判申请文件的截止时间。
	递交响应文件	(1)在竞争谈判采购文件约定的时间地点,供应商递交密封的竞争谈判初始响应文件。 (2)递交申请文件的供应商达2家以上即可启动谈判程序,如只有1家,依采购实体制度规定转入单源直接采购程序。
	谈判开始仪式	(1)竞争谈判可不举行谈判开始仪式;但应在采购实体指定媒介或电子采购平台公示参与竞争谈判的供应商名单。 (2)递交申请时间截止后依照采购文件规定的时间、地点直接进入竞争谈判程序;竞争谈判顺序宜通过随机抽取确定。 (3)竞争谈判小组分别同每个供应商单独谈判。

阶段	程序	具体要求
谈判阶段	谈判活动	(1)评审小组和供应商就采购项目的功能指标、参数范围进行谈判。提出实现采购目标的不同路径,供采购实体选择;或修改采购需求中的技术、服务要求,整合为唯一合同草案条款,但须经采购实体确认;也可对确定方案进行价格初步谈判。 (2)每轮沟通协商后应将确定的需求方案书面通知所有参加谈判活动的供应商。 (3)在采购文件规定的谈判轮次结束谈判后,采购实体应约定在某一规定期限内,要求仍在程序中的供应商就其响应文件的所有方面提出最佳和最终报盘。 (4)评审小组按照采购文件约定的办法组织评审。 (5)评审办法包括:针对一阶段评审项目,对供应商提交的最佳和最终报盘分别评审,包括技术、商务条件和价格,评审小组无须整合不同方案;针对两阶段评审项目,第一阶段需要评审小组最终确定唯一的采购方案和合同草案文本并经采购实体同意,第二阶段供应商在此基础上提交最终报盘,评审小组对其进行价格评审。 (6)评审小组在评审结束后,撰写评审咨询报告并依采购文件的约定推荐合格的成交人。 (7)是否排队由采购文件确定。
	不足3人的处理方式	在约定开始谈判前及在谈判程序中供应商不足3家不影响谈判的进行。
	谈判过程保密	谈判过程应当保密。
成交阶段	确定成交供应商	符合《国有企业采购操作规范》的相关规定。
	公示(告知、备案、报告)	符合《国有企业采购操作规范》的相关规定。
	异议处理	供应商对谈判结果有异议的,应在收到成交结果通知书1日内向采购实体或其监督管理部门提出,采购实体应在1日内答复。
	成交通知并公示	符合《国有企业采购操作规范》的相关规定。
	签订书面合同	符合《国有企业采购操作规范》的相关规定。
合同收尾阶段	验收	对供应商履约的验收应按照采购实体制度的相关规定执行。
	对供应商绩效评价	采购实体应参与对供应商的绩效考核。

7.单源直接采购

符合下列条件之一的,国有企业一般会采用单源直接采购方式:只能从唯一供应商处采购的;发生了不可预见的紧急情况,不能从其他供应商处采购的;必须保证原有采购项目一致性或服务配套的要求,需要继续从原供应商处添购的;向特定供应商采购符合保护国家安全、国家利益或企业核心利益要求,或者有利于实现国家社会经济政策目标;国家管控物资或小额零星物资采购;采购交易费用相对于采购金额过高的采购。

单源直接采购的程序如表 6-6 所示。

表 6-6　单源直接采购程序

阶段	程序	具体要求
准备阶段	市场调研评估	采购实体应根据需求计划,对采购标的的市场价格、质量、供货能力以及税率等重要信息进行充分调查摸底。
	采购订单或商榷函/合同草案	(1)采购订单:重复性采购订单由生产计划部门提出,或采购实体从集团内部直接采购目录内提出并填写采购订单。 (2)专项直接采购由采购实体向供应商发出采购商榷函。该项采购应由采购实体制度授权的部门批准。 (3)采购实体起草合同草案。
	订单或商榷函内容要求	(1)采购订单内容应包括:采购实体全称地址、供应商全称地址、订单号码、采购日期、品名、规格、数量、币种、单价、总价、交货条件、付款条件、税别、单位、交货地点、交货时间、包装方式、检验等内容。 (2)采购商榷函内容应包括:采购实体名称和地址;拟采购货物或者服务的规格型号、数量、使用范围和条件说明;拟商榷的时间、地点;采购实体(采购代理机构)的联系地址、联系人和电话。
	执行机构	(1)直接采购的机构和程序由采购实体制度规定。 (2)重复性订单采购依照采购实体制度规定确定实施层级。 (3)专项采购需要组建采购项目组的,采购实体可根据需要决定聘请有经验的咨询专家参加采购项目、提供咨询服务。
	发出采购订单或商榷函	采购订单或商榷函宜通过企业电子采购平台发出。
协商沟通阶段	直接采购沟通的主要内容	应满足合适的价格、质量、交付时间、交付数量、交付地点。

续　表

阶段	程序	具体要求
	撰写采购记录的要求	(1)直接采购的采购小组应编写采购情况记录。 (2)记录的主要内容应包括:采购实体管理部门批准文号或允许单源直接采购的清单目录编号;采购过程争议要点及解决办法;采购日期、地点和采购人员名单。
	采购记录签字	采购情况记录应由采购小组参加谈判的全体人员签字认可。对记录有异议的采购人员,应签署不同意见并说明理由。采购人员拒绝在记录上签字又不书面说明其不同意见和理由的视为同意。
成交阶段	确定成交供应商	符合《国有企业采购操作规范》的相关规定。
	公示(告知、备案、报告)	符合企业制度规定。
	签订书面合同	符合《国有企业采购操作规范》的相关规定。
合同收尾阶段	验收	对供应商履约的验收应按照采购实体制度的相关规定执行。
	绩效考核	对直接采购供应商的绩效考核办法按采购实体制度确定。

8.多源直接采购

符合下列条件之一的,国有企业一般会采用多源直接采购方式:企业生产经营需要、有多家供应商或自然人可以提供标的且不符合招标或其他竞争条件,采购人进行价格要约,多家供应商或自然人承诺并签订合同的采购;采购实体依质量等级评估确定价格,并与众多供应商签订合同的采购。

多源直接采购的程序如表 6-7 所示。

表 6-7　多源直接采购程序

阶段	程序	具体要求
准备阶段	市场调研评估	(1)采购实体应根据需求对采购标的的市场价格、质量、供货能力以及税率等重要信息进行充分调查摸底。 (2)对货源进行质量评估并定价,依据企业生产计划通过制度规定确定多源直接采购项目。
	邀请书/公告/合同草案	(1)经常性采购应起草订单邀请书。 (2)一次性批量直接采购可通过公告的方式邀请符合条件的供应商参与沟通协商。 (3)采购实体准备订单合同、要式合同草案。

续　表

阶段	程序	具体要求
准备阶段	采购执行机构	采购实体依据零星直接采购、重复性订单采购、一次性采购等不同情形确定采购执行单位或机构。
	发出要约邀请	(1)由授权采购部门直接向多家供应商发出订单合同或要式合同草案。 (2)采购实体在发出采购订单后,与供应商及时沟通、确认并跟踪订单。
实施阶段	实施采购	授权采购实体与响应供应商就合同草案沟通协商。
	采购记录	多源直接采购小组填写采购记录并依据采购实体制度规定告知、备案或报告;记录内容同单源直接采购内容要求。
成交阶段	确定成交供应商	符合《国有企业采购操作规范》的相关规定。
	公示(告知、备案、报告)	执行企业制度规定。
	签订书面合同	符合《国有企业采购操作规范》的相关规定。
合同完成阶段	验收	对供应商履约的验收应按照采购实体制度的相关规定执行。
	绩效考核	对直接采购供应商的绩效考核办法按采购实体制度确定。

三、其他企业

除了国有企业外,还有集体企业、股份合作企业、联营企业、有限责任公司、股份有限公司、私营企业等内资企业,以及港澳台商投资企业与外商投资企业。本节主要对私营企业、港澳台商投资企业与外商投资企业做简要介绍。

(一)其他企业的概况

1.私营企业

私营企业是指由自然人投资设立或由自然人控股,以雇佣劳动为基础的营利性经济组织,包括按照《公司法》《合伙企业法》《私营企业暂行条例》规定登记注册的私营有限责任公司、私营股份有限公司、私营合伙企业和私营独资企业。① 据第四次全国经济普查数据,截至 2018 年底,全国共有私营企业 1561.4 万家,占全部企业法人单位的比重为 84.1%。其中,规模以上工业企业中,私营企业有 23.5 万家,资产总计 26.3 万亿元,营业收入 34.4 万亿元,营业成本 29.3 万亿元,利润总额 2.2 万亿元。

2. 港澳台商投资企业

港澳台商投资企业包括以下五类企业:合资经营企业(港、澳、台资);合作经营企业(港、澳、台资);港澳台商独资经营企业;港澳台商投资股份有限公司;其他港澳台商投资企业。据第四次全国经济普查数据,截至 2018 年底,规模以上工业企业中,港澳台商投资企业有 2.1 万家,资产总计 9.2 万亿元,营业收入 9.3 万亿元,营业成本 7.9 万亿元,利润总额 0.6 万亿元。

3. 外商投资企业

外商投资企业包括以下五类企业:中外合资经营企业;中外合作经营企业;外资企业;外商投资股份有限公司;其他外商投资企业。2022 年 12 月,习近平总书记在中央经济工作会议上的讲话指出,要更大力度吸引和利用外资。改革开放以来,外商投资对我国经济发展发挥了重要的推动作用,不仅弥补了资金短缺,还带来了先进技术和境外市场需求,使我国在国际市场上的比较优势得以充分发挥。据第四次全国经济普查数据,截至 2018 年底,规模以上工业企业中,外商投资企业有 2.4 万家,资产总计 12.7 万亿元,营业收入 14.4 万亿元,营业成本 11.9 万亿元,利润总额 1.1 万亿元。

表 6-8　截至 2018 年规模以上工业企业主要经济指标

企业性质	单位数/家	资产总计/万亿元	营业收入/万亿元	营业成本/万亿元	利润总额/万亿元
私营企业	235424	26.3	34.4	29.3	2.2
港澳台商投资企业	20531	9.2	9.3	7.9	0.6
外商投资企业	24093	12.7	14.4	11.9	1.1

---

① 资料来源:《关于划分企业登记注册类型的规定调整的通知》(国统字〔2011〕86 号)。

续　表

企业性质	单位数/家	资产总计/万亿元	营业收入/万亿元	营业成本/万亿元	利润总额/万亿元
国有企业	1513	31.4	2.1	1.9	0.05

数据来源:国家统计局第四次全国经济普查。

(二)其他企业的采购概况

1.其他企业采购的主要适用法律、法规和标准

其他企业的主要投资人来源多样,但都是非国有资本。因此,我国对该类企业的采购行为没有出台专门强制性的法律、法规和标准,该类企业的采购行为是遵守我国现行的法律和法规下的自主决策行为。当然,也有很多国际标准、行业标准规范该类企业的采购行为,但是这些标准是非强制标准。

2.其他企业采购方式与采购程序

其他企业是以市场为导向,追求利益最大化的营利性经济组织。其他企业的采购方式与采购程序呈现出自主性、灵活性、多样性等特征。该类型企业在遵守我国现行的法律和法规前提下,可根据自己的战略目标、竞争环境等自主制订采购方式与采购程序。当然,自主制订不代表随意制定,该类企业的采购方式与采购程序也要满足商务谈判的基本规律,并借鉴政府采购、国有企业采购以及其他企业的优秀做法。实践中,其采购行为更多地表现出同中有异、异中有同的特点。

第二节　行为主体概述

关系主体的谈判和缔约能力的行使必须借助行为主体完成。因此,认识商务谈判的行为主体是十分必要的。参与商务谈判的行为主体可以是一个人,也可以是一个谈判团队。本节对谈判团队做简要介绍。

一、谈判团队的组成与分工

谈判团队一般是由首席谈判代表、专业谈判代表、专业技术人员、翻译、记

录入员以及其他人员组成。

(一)首席谈判代表

首席谈判代表也可称为谈判团队负责人或谈判主谈人,是己方利益的核心代表。首席谈判代表的主要职责如下。

1.谈判人员与谈判任务安排

不同的谈判时间、谈判地点、谈判场次、谈判议程下,出场的谈判人员可能是不同的,谈判人员的发言顺序也可能是有差异的。同时,每个谈判人员所承担的谈判任务也可能是不同的。因此,首席谈判代表在开局阶段之前就要安排好谈判人员及其所承担的谈判任务。

2.谈判过程组织

多数情况下,为了达到谈判目的,任何一方都会提前拟定谈判方案,并可能进行模拟商务谈判。然而在开局阶段、磋商阶段和结束阶段,谈判双方都是实时互动的,谈判不可能完全按照某一方的谈判方案进行。因此,首席谈判代表需要现场指挥,根据对方的谈判行为,及时调整和安排己方的应对策略。

3.谈判决策

在商务谈判中,经常会出现一些需要首席谈判代表拍板的情况,如报价调整、让步、是否接受对方提出的交易条件等。此外,还有一些特殊情况也需要首席谈判代表出面,如团队成员内部分歧较大、谈判环境发生突变等。此时无论是盲目武断还是优柔寡断都是不可取的,因此,首席谈判代表应具有一锤定音的决策魄力。当然,如果首席谈判代表在授权范围内或能力范围内无法做出决策,则应及时请示上级领导,不可盲目决策。

(二)专业谈判代表

对于复杂的标的,谈判涉及的条款会比较多,首席谈判代表一人难以完成全部的谈判内容,这就需要专业谈判代表辅助首席谈判代表完成谈判。专业谈判代表通常包括负责商务条款谈判的代表(如采购人员、财务人员、法律人员等)和负责技术条款谈判的代表(如设计人员、工艺人员、材料人员、检验人员等)。实践中,专业谈判代表一般由组织内的部门领导或具有高级职称的人员构成。在专业领域,他们往往比首席谈判代表更具备知识和权威性,能够给出专业意见,供首席谈判代表做出决策时参考。

(三)专业技术人员

专业技术人员是辅助专业技术代表完成谈判的人员。大多数情况下,专业谈判人员和专业谈判代表是来自同一部门的,专业技术人员是作为专业谈判代表的助手角色出现的。虽然专业技术人员的资历、业务能力等往往不如专业谈判代表,也不直接参与谈判,但可以为专业谈判代表提供最新信息、资料等支持以及后勤保证服务等。

(四)翻译人员

实践中,很多团队成员的外语水平都是很高的,但是,在商务谈判中,翻译人员的重要性仍不容置疑,主要包括但不限于以下原因:一是有翻译人员参与的谈判,可以避免暴露己方的外语水平,降低对方的警惕性,从而有机会获得意外信息;二是利用翻译复述的时间,可以争得较多的思考时间和观察时间,有利于安排下一步行动和组织语言;三是谈判代表难免会有失言之处,翻译人员可以在语言传递过程中巧妙地予以纠正;四是有时可以将谈判代表的谈判错误,归咎于翻译人员的翻译错误,给己方创造一个回旋的余地。

(五)记录人员

记录人员要将谈判全过程客观、准确、翔实地记录下来,形成完整的谈判记录。该记录既是本次谈判的原始谈判资料,也是谈判结束阶段起草合同文本的最重要依据。因此,配备合格的记录人员是十分必要的,记录人员虽然不是谈判代表,不能直接参与谈判,但应该是谈判团队的组成人员。记录人员应该思维敏捷、手脚麻利,具有一定的专业技术和扎实的写作能力,最好会速记。需要注意的是,记录人员应每隔一段时间,要求谈判当事人对谈判记录进行确认,如无异议,要求双方签字确认。

(六)其他人员

其他人员主要是指智囊人员和谈判服务人员。智囊人员主要是为商务谈判提供经验、智力支持的人员,主要由组织高层领导和专家构成,他们在谈判准备阶段和正式谈判开始后,为谈判出谋划策,但往往又不出席谈判。谈判服务人员包括礼宾人员、打字人员、司机等，他们主要从事后勤保障工作。

二、谈判团队组成的基本原则

（一）结构合理

谈判团队的人员结构主要是指年龄结构、知识结构、性别结构、性格结构等。其中，年龄结构合理主要是指团队成员要老、中、青搭档，年长者经验丰富但体力不足，年轻者体力充沛但经验不足，中年者往往能力较为均衡，适合挑大梁。老、中、青搭档可以取长补短，形成团队合力。知识结构合理是指所有团队成员的知识总和可以覆盖所有的谈判议题，不能留有空白。性别结构合理是指团队成员最好男性和女性成员都有。一般地讲，男性成员较多地表现出阳刚的一面，更为主动、积极，容易给对方造成压力，而女性成员较多地表现出温和的一面，在剑拔弩张的气氛中，女性在化解矛盾时具有优势。性格结构合理是指不同性格的谈判人员搭配，有利于扬长避短，充分发挥性格上的互补性。例如，可以合理搭配急性性格、沉静性格、活泼性格等不同性格的人员，在对方触及己方底线时，可以让急性性格的人员上场，需要弱化矛盾时可以让活泼性格的人员上场。

（二）分工明确

谈判人员要有明确的分工，各自扮演不同的角色，担负不同的谈判任务，这样才能为实现谈判目标而通力协作，协同作战。具体而言，任务分工要明确，应将谈判议题分配给不同的谈判人员，做到每个议题都有人负责。角色分工要明确，要根据谈判目标和谈判策略，让不同的谈判人员扮演好自己的角色。例如，如果己方使用引入竞争策略，那么就要提前安排好向对方透露消息的己方谈判人员。再如，如果己方使用红白脸策略，就要提前安排好己方的"红脸"人员和"白脸"人员。

（三）规模适度

谈判团队规模受多种因素的影响。例如，如果谈判涉及的议题较多，而谈判人员的专业知识面又较窄，那么团队规模必然较大。再如，谈判规模也受时间因素的影响，当谈判时间较短时，只有投入较多人员才能尽早完成谈判。在谈判议题、谈判时间等因素确定的情况下，原则上，谈判团队以少而精为宜。少而精的团队更容易管理，更容易发挥每个成员的最大潜能，有利于统一内部意见，形成一致的攻守联盟。当然，如果己方想通过增加团队规模给对方造成压力，那么团队规模可扩大。

三、谈判人员的基本行为规范

谈判人员要遵守基本的行为规范，并在谈判中认真贯彻落实。谈判人员的基本行为规范主要包括以下几个方面。

(一)实行民主集中制

一方面，在商务谈判各个阶段的计划和总结环节，要充分听取和征求谈判人员的意见，并保证谈判成员对谈判的总体走向和细节有清晰的了解。另一方面，应由首席谈判代表在集中成员意见后，做出最后的决策。决策一旦做出，谈判成员都要坚决地贯彻落实，切不可在谈判中出现"杂音"，这会给对手实施分化对手策略创造条件。

(二)不得越职越权

越职主要是指谈判人员做出超出自身职能范围的承诺。任何谈判人员都有自己的职能范围，超过职能范围的承诺是不可靠的，可能会给关系主体带来巨大损失。越权主要是指谈判人员超出谈判权限做出承诺。一般情况下，谈判人越权签订的合同具有法律效力，而此类合同容易给关系主体带来法律纠纷和经济损失。关系主体为了避免发生此类问题，都将越权视作商务谈判的"大忌"。

(三)分工负责，统一行动

谈判人员都应该将自己的工作严格控制在自己的职能范围和谈判权限内，同时，每个成员又都必须服从全局、服从调遣。该行为规范贯穿商务谈判的每个阶段，涵盖商务谈判各个层面的工作。例如，己方某个成员负责向对方透露或收集信息，该成员应在行动前后，及时向团队报备具体行动方案，报告行动结果，尽量避免计划外行动，更不可任意妄为，泄露己方机密，给己方造成意外损失。

案例 6-1

　　某年,上海某从事文物进出口贸易的单位,与一位日本文物商谈判一批中国文物的出口贸易。这位日本商人带来一位中文翻译,是上海去日本打工的男青年,而上海的这家外贸单位使用的日文翻译是一名上海籍的女青年。谈判进行得很艰苦,因为日本人开价很低,几个回合下来,双方的目标差距仍然很大。谈判过程中,这位日商观察到,中方女翻译的言谈举止表明她对日方的男翻译非常羡慕。于是日商心生奸计,要自己的男翻译在谈判休息时,主动接近这名女翻译,表示他愿意为这名女翻译将来到日本学习提供担保,承担含路费、学费、生活费在内的所有费用,条件是这名女翻译必须把中方文物的底价全部透露给他。这名女翻译经不起出国的诱惑,出卖了全部机密。

　　在接下来的谈判中,这位日商完全掌握了谈判的主动权,用中方内部开的底价买下了这一批文物,狠狠地赚了一大笔,而上海的这家单位则亏得很惨。当然,这名做着出国梦的女翻译好梦不长,她刚拿到护照,就因为事情败露而锒铛入狱。

　　案例思考:请分析中方单位在谈判团队组建与团队管理上存在哪些不足。

资料来源:蒋小华.商务谈判[M].3 版.重庆:重庆大学出版社,2018.

第三节　口头语言与行为主体

　　口头语言是谈判人员交流的重要载体,谈判人员可以通过口头语言这个载体获得有用信息,进而加深对对方谈判人员的认识。下面简要介绍初次会见、提问与回答、倾听中的常见技巧。

一、初次会见

　　初次会见是面对面谈判和线上谈判的必经环节。初次会见中的谈判人员以陌生人为主,难免会出现无话可说的尴尬情况。为了避免出现上述情况,谈判人员特别是首席谈判代表要选择合适的话题切入,顺利完成初次会见环节。下面简要介绍几种常见的话题。

(一)公共话题与热点话题

公共话题与热点话题是初次会见中谈判人员常选的话题。公共话题包括但不限于住房问题、教育问题、环境保护等,热点话题一般是指近期内社会发生的热点事件。公共话题与热点话题具有明显的社会性、公共性和争议性,每个人都很关注此类话题,都可畅所欲言,发表自己的意见和看法,而不必过于担心对错。因此,陌生的谈判人员常常从公共与热点话题切入,开启聊天模式。

(二)亮点与兴趣点

每个谈判人员都有自己擅长与感兴趣的东西。例如,有的谈判人员在投资、育儿、保健等方面表现出色,有的谈判人员爱好运动、娱乐、游戏等。如果谈判人员不知聊什么,可以尝试与对方聊对方表现出的亮点和兴趣点。心理学研究表明,即使性格内向的人,也愿意与其他人分享自己的知识、经验和心得。

(三)相似点

初次会见时,谈判人员在地域、爱好、经历、年龄等方面的相似性,往往会带来更多的话题。心理学家普遍认为,人人都喜欢和与自己具有相似性的人交往,原因有二:一是对方的存在是对自己价值观和经历的肯定;二是在某些方面表现出相似性的双方,产生分歧的机会会明显减少,也就不容易出现不愉快的情况。

(四)关心与共情

初次会见时,己方谈判人员可以表现出对对方的关心。例如,可以问问对方旅途是否顺利、住宿条件是否满意等。此类话题越细致越贴心越好,能够增加双方的亲切感和亲密感。共情也是开启会谈的一种有效方式。当谈及某件事时,对方表现得很高兴,己方就与对方一起高兴;对方表现很沮丧,己方就与对方一起抱怨。当对方感觉自己被理解了,继续聊下去的意愿就会越来越强烈。值得注意的是,在关心和共情过程中,不要随意评价对方的生活方式,更不能揭短和贬低对方。

（五）幽默与自嘲

在初次会见时，难免会出现意见相左甚至是言语冲突的情况。在此情况下，运用幽默和自嘲是化解尴尬的有效方式。幽默是智慧的体现，谈判人员善用幽默，既可以照顾对方的面子，化解对方的"攻势"，又可以让自己赢得对方的好感。自嘲是最高层次的幽默，适当运用自嘲不但不会破坏自己的形象，反而会给对方留下幽默风趣、心胸豁达的印象。

二、提问与回答

提问与回答是常见的口头语言交流方式。下面介绍几种商务谈判中常见的提问方式与回答方式。

（一）提问方式

1.启发式提问

启发式提问是一种没有特定限制的开放性提问，只要求对方就某个问题或主题发表意见。例如，"业内普遍认为原材料价格还会上涨，您有什么看法？""贵方对我方提供的售后服务，还有哪些要求？"等等。启发式提问通过启发对方对某个问题或主题的回答，使己方了解对方的观点和看法。它适合在谈判中需要对方对某个问题或主题畅所欲言时使用。

2.暗示性提问

暗示性提问提出的问题带有强烈的预期答案。例如，"按照《民法典》合同编规定，若卖方提供标的物的样品或有关标的物质量说明的，以样品的质量或说明为依据。现在，贵方交付的标的物与样品不一样，贵方是不是应该重新交付标的物？"由于问题中已经包含了答案，提问只是敦促对方表态而已。

3.选择式提问

选择式提问是将可能的情况列举出来，让对方在一定范围内做出选择性的答复。例如，"贵方是愿意一次性付款，享受价格优惠，还是选择分期付款，按原价成交？"选择式提问的特点是有意识、有目的地让对方在所限范围内做出回答。它能帮助提问者获得对己方有利的答案。

4.关联式提问

关联式提问是围绕某个问题或主题,提出几个关联性问题。例如,己方想了解对方的毛利,这个问题不好直接提问。然而我们知道,毛利＝营业收入－营业成本,那么己方可以分别问对方的营业收入和营业成本,进而推知毛利。关联式提问技巧性较强,要做得隐蔽,避免引起对方的怀疑。

5.延伸式提问

延伸式提问是针对对方的某些观点,通过发问进一步深入探索,以求获得更多信息和更优方案。例如:"贵方已表示,如果我方采购 1000 吨,价格可以优惠 5％,如果我方采购 2000 吨,贵方优惠多少?"延伸式提问一般用于需要对方就某个议题或意见做出更明确、更具体的确认时。

(二)回答方式

1.部分式回答

部分式回答是一种将潜在的答案范围缩小后再回答的方式。该方式的要点是,不必面面俱到回答全部答案,而是选择对己方有利的内容作答。例如,对方问及性能指标时,可能是要与竞争者相比,若己方的性能指标有好有坏,此时只回答好的性能指标即可,这可以给对方留下全部性能指标都较好的印象。

2.转移式回答

有时对方提出的问题,直指己方或己方所提供标的的缺点,对于该类问题,正面回答会自曝其短,而拒绝回答则显得己方底气不足,会让对方误以为己方无言以对。此时,巧妙地转移话题是一个比较好的选择。转移式回答也可称为"答非所问",即表面上看似乎是在回答这个问题,但实际上所说的是与该问题相关的另一个问题。常见的转移式回答包括偷换概念、避正就偏、避实就虚等。

3.模糊式回答

模糊式回答是指用留有余地的答复方式来回答那些若明确回答会陷己方于不利的问题。该回答的要点是,虽然己方给出了答案,但该答案似答非答,含糊其辞,从而为下一步谈判留下回旋的余地。

4.技术性回答

技术性回答是一种用技术及其参数回答提问的方式。对于对方提出的问题,己方用直白、简单的方式回答会自曝其短时,己方可以选用技术性回答的方式。例如,"关于您提出的问题,我方已经采用最先进的技术加以解决,这个技术……"。对方关心的是问题"解决的结果",而我们通过讲解技术细节,回答"解决的方式"。

5.条件式回答

条件式回答是一种通过向对方提出先决条件来回答对方提问的方式。一般地讲,条件式回答既是一种回答方式,也是一种常见的拒绝方式。例如,对方问"主要原材料是否可以换成进口的或指定品牌的?",己方可回答"如果合同总价上调10%,我们就可以更换主要原材料"。其实,己方知道,上调合同总价这个条件是对方不能答应的。

6.拖延式回答

拖延式回答是一种不立即作答,争取缓冲时间的回答方式。当对方提出的问题,己方需要时间思考答案时,就可采取"先拖延,后回答"的方式。例如,"您能再说一遍问题吗","我不太明白您的意思"。当对方提出的问题,己方无法回答时,就可采取"先拖延,不回答"的方式。例如,"关于这个问题,我需要查下资料再回答","关于这个问题,我请示下领导再回答"。

三、倾听与信息处理

(一)学习倾听的技巧

1.克服成见性倾听

成见性倾听是指倾听者带着固定的认识、现成的见识、成型或定型的看法等去倾听。实践中,谈判人员获得的信息是新颖的、多样的、动态的。因此,谈判人员要有兼收并蓄的意识和胸怀,克服成见性倾听,实事求是地接收对方提供的信息并理性地做出判断。

2.克服选择性倾听

选择性倾听是指倾听者只接收符合自己价值观、兴趣等的信息,而忽略与自己价值观、兴趣等不一致的信息。选择性倾听是人的一种自然习惯,无所谓对错。但是,在商务谈判中,谈判者要尽量克服选择性倾听,做到兼听则明。

3.克服防卫性倾听

防卫性倾听是指倾听者认为倾诉者的话都是对自己不利的,因而对倾诉者的话产生抗拒甚至是批驳的心理。在商务谈判中,任何一方说的话都只对己方有利,这是不争的事实。但是,这不等于对方说的话就是虚假的。因此,不能对对方所有的话都采取防卫性倾听的态度,要学会甄别,去伪存真。

4.听其言,观其行

"听其言而观其行"的原意是指要判断一个人的品行,不仅要听他说的话,还要观察他的行为。这里的"听其言,观其行"是指倾听者既要关注倾诉者的口头语言,也要关注其行为语言。谈判人员要根据对方的"言"与"行"的一致性,判断其言语的可靠性。

5.听其言,懂其音

一个人说的话,有时不止有表面含义,可能还会有更深层次的含义。谈判人员碍于环境、身份等原因,往往会把自己的真实意图隐藏起来,言语只能表达部分真实意图,或者说,言语只是为寻找真实意图提供了线索,其他言之不尽的部分要靠谈判人员自己去揣测。

(二)信息处理

经过初次会见的铺垫,谈判人员进入口头交流阶段,通过提问、回答、倾听等环节,己方谈判人员可以获得很多口头语言提供的信息。口头交流所获得的信息与进行商务谈判环境调查所获得的信息本质上都是信息。因此,调查谈判环境时使用的信息处理方法,也适用于对口头语言的处理。

口头语言所提供的信息与进行商务谈判环境调查所获得的信息又有所区别,口头交流所获得的信息具有主观性、短暂性、零散性、情境性等特点。这就要求谈判人员要在短时间内,在没有团队支持的情况下,及时对所获得的信息进行处理。这里的信息处理包括但不限于:对同一谈判人员所提供信息的分析;对不同人员所提供信息的分析;对口头语言与环境调查所获信息的对比分析;对口头语言与行为语言所获信息的对比分析。

第四节　行为语言与行为主体

谈判人员不仅通过口头语言传达信息,也会通过行为语言传达信息。认识谈判人员的行为语言,有利于加深对对方谈判人员的认识。

一、行为语言的含义与观察准则

行为语言是传递信息的一种方式。行为语言是通过面部表情、手势、身体接触(触觉学)、身体移动(人体动作学)、姿势、服饰、珠宝、发型、文身,甚至是语调、音色及个人声音的音量(而不是讲话内容)等传递信息的。

行为语言能够真正反映一个人的思想、感觉和意图。由于大脑对口头语言的控制能力要远大于行为语言,人们常常"修饰"自己的口头语言,而往往忽视自己的行为语言。在商务谈判中,要善于观察对方的行为语言,解读行为语言的含义,这对于认识谈判对手具有重要的意义。

纳瓦罗(Navarro)和卡尔林斯(Karlins)提出了观察行为语言的十条准则:做个称职的观察者;在环境中观察;认识普遍存在的行为语言;解密特异的行为语言;与他人互动时寻找基线行为;坚持不懈,获取多种信息;一个人行为的变化很重要,它会告诉你这个人的思想、情感、兴趣和意图;学会发现虚假的或误导性的行为语言同样很重要;区分舒适与不舒适能帮助你破解行为语言的侧重点;观察不要引起别人的注意。

二、眼睛与面部表情

(一)眼睛传达的信息

眼睛被人们称为"心灵的窗户",眼睛具有反映人们深层心理的功能。其动作、神情、状态是明确的情感表现。

表 6-9　眼睛传达的信息

眼睛的状态	传达的信息
目光接触对方脸部的时间	超过全部谈话时间 30％可认为对谈话者本人比对谈话内容更感兴趣；低于 30％则表示对谈话者和谈话内容都不怎么感兴趣
眨眼频率	每分钟眨眼次数超过 5—8 次表示神情活跃，对某事物感兴趣；眨眼一次超过 1 秒钟表示厌烦、不感兴趣或因蔑视对方而不屑一顾
不看对方	试图掩饰
眼神闪烁不定	掩饰、不诚实、说谎
眼睛瞳孔的形态	瞳孔放大、炯炯有神表示欢喜与兴奋；目光无神、神情呆滞、眉头紧皱表示消极、戒备或愤怒
瞪大眼睛注视对方	表示对对方有很大的兴趣

(二)表情传达的信息

商务谈判中，通过解读脸部表情，可以获得很多有用的信息。

表 6-10　脸部表情传达的信息

面部表情	传达的信息
眼睛轻轻一瞥，眉毛轻扬，微笑	表示感兴趣
眼睛轻轻一瞥，皱眉，嘴角向下	表示疑虑、批评甚至有敌意
亲密注视（视线停留在双目与胸部的三角区域），眉毛轻扬或持平，微笑或嘴角向上	表示亲切、感兴趣
严肃注视（视线停留在前额的一个假定的三角区域），眉毛持平，嘴角平平或微笑，嘴角向下	表示严肃
眼睛平视，眉毛持平，面带微笑	表示不置可否
眼睛平视，视角向下，眉毛平平，面带微笑	表示距离感或冷静观察
眼睛睁大，眉毛倒竖，嘴角向两边拉开	表示发怒、生气
瞳孔放大，嘴张开，眉毛上扬	表示愉快、高兴
眼睛睁大，眉毛上扬，嘴角持平或微微向上	表示兴奋与暗喜

三、手势和臂膀

(一)手部和臂膀传达的信息

手部和臂膀是人体比较灵活的部位,也是使用最多的部位。谈判人员通过观察手部和臂膀,可以判断、分析出对方的心理活动或心理状态。

表 6-11　手部和臂膀传达的信息

手部和臂膀的动作	传达的信息
拳头紧握	表示向对方挑战或情绪紧张
用手指或笔敲打桌面,或在纸上乱涂乱画	表示对对方的话题不感兴趣、不同意或不耐烦
两手指并拢置于胸前上方呈尖塔状	表示充满信心
手与手连接置于胸腹部	表示谦逊、矜持或略带不安
两臂交叉于胸前	表示保守或防卫

(二)握手传达的信息

握手是商务谈判中常见的动作。标准的握手姿势应该是,用手指稍稍用力握住对方的手掌,对方也用同样的姿势用手指稍稍用力回握,用力握手的时间在1—3秒钟之间。握手姿势与标准姿势不符合时,便传达出其他含义。

表 6-12　握手传达的信息

握手状态	传达的信息
握手掌心出汗	表示兴奋、紧张或情绪不稳定
握手用力	表示好动、热情、主动
握手不用力	表示个性懦弱,缺乏气概或傲慢矜持,爱摆架子
先凝视对方片刻,再伸手相握	表示想从心理上战胜对方
掌心向上伸出与对方握手	表示性格软弱,处于被动、劣势或受人支配的状态
双手紧握对方一只手,并上下摆手	表示热情欢迎对方的到来,也表示真诚、感谢或有求于人,或肯定某种契约关系等

四、身体姿态

(一)腿部和脚部传达的信息

腿部和脚部处于人体的下部,是距离大脑最远的人体部位。由于大脑对腿部和脚部的控制力相对较弱,腿部和脚部最先和最容易暴露出人的潜意识。

表 6-13　腿部和脚部传达的信息

腿部和脚部的状态	传达的信息
坐在椅子上抖动腿部,脚部左右抖动,或摇动脚部,或用脚尖拍打地板	表示焦躁不安、无可奈何、不耐烦,或欲摆脱某种紧张感
双脚交叉而坐	男性,表示从心理上压制自己的表面情绪,如紧张或恐惧,或表示警惕、防范;女性,如再并拢膝盖,表示拒绝对方或处于防御的心理状态
张开腿而坐	表示很自信,愿意接受对方的挑战
一脚架到另一条膝盖或大腿上就座(无意)	表示保护自己的势力范围
架腿而坐,身体仰靠沙发或椅背	表示倨傲、戒备、怀疑、不愿合作等
频繁变换架腿姿势	表示情绪不稳定、焦躁不安或不耐烦
并排而坐架着"二郎腿",上身倾向对方	表示合作态度
始终或经常并腿而坐,上身直立或前倾	表示谦恭、尊敬,有求于人
时常并腿而坐,身体后仰	表示小心谨慎,思虑细致全面,但缺乏自信心和魄力

(二)腹部传达的信息

腹部位于人体的中央位置,不同的腹部状态传达出丰富的信息。

表 6-14　腹部传达的信息

腹部状态	传达的信息
凸出腹部	表示优越心理、自信与满足感
解开上衣纽扣并露出腹部	开放自己的势力范围,对对方不存戒备之心

续　表

腹部状态	传达的信息
抱腹部蜷缩	具有不安、消沉、沮丧等情绪支配下的防卫心理
腹部起伏不停	表示兴奋或愤怒
轻拍自己的腹部	表现自己的风度、雅量,也包含经过一番较量之后的得意心理

(三)腰部传达的信息

腰部在身体上起到承上启下的支撑作用,腰部位置的高与低与谈判人员的心理状态密切相关。

表 6-15　腰部传达的信息

腰部状态	传达的信息
弯腰动作,比如鞠躬、作揖等	表示谦逊的态度或表示尊敬,抑或服从、屈从
挺直腰板,使身体与腰部位置增高	表示情绪高昂、充满自信
手叉腰	表示胸有成竹,对自己面临的事物已做好精神上或行动上的准备,也表现出某种优越感或支配欲

课后练习 »

一、单项选择题

1.(　　)国有企业按照市场化要求实行商业化运作,以增强国有经济活力、放大国有资本功能、实现国有资产保值增值为主要目标,依法独立自主开展生产经营活动,实现优胜劣汰、有序进退。

　　A.社会类　　　　B.商业类　　　　C.营利类　　　　D.公益类

2.(　　)国有企业以保障民生、服务社会、提供公共产品和服务为主要目标,引入市场机制,提高公共服务效率和能力。

　　A.社会类　　　　B.商业类　　　　C.营利类　　　　D.公益类

3.(　　)是将可能性情况列举出来,让对方在一定范围内做出选择性的答复。

　　A.启发式提问　　　　　　　　B.暗示性提问

　　C.选择式提问　　　　　　　　D.关联式提问

4.（　　）是一种将潜在的答案范围缩小后再回答的方式。

A. 部分式回答　　　　　　　　　B. 转移式回答

C. 模糊式回答　　　　　　　　　D. 条件式回答

5.（　　）是指用留有余地的答复方式来回答那些若明确回答会陷己方于不利的问题。

A. 部分式回答　　B. 转移式回答　　C. 模糊式回答　　D. 条件式回答

二、多项选择题

1. 政府采购是指（　　）使用财政性资金采购依法制定的集中采购目录以内的或者采购限额标准以上的货物、工程和服务的行为。

A. 国家机关　　　B. 行政机关　　　C. 权力机关　　　D. 国有企业

E. 事业单位　　　F. 团体组织

2. 规范政府采购的法律、法规和标准主要包括（　　）。

A.《中华人民共和国政府采购法》

B.《中华人民共和国政府采购法实施条例》

C.《中华人民共和国招标投标法》

D.《中华人民共和国招标投标法实施条例》

E.《国有企业采购操作规范》

F.《国有企业采购管理规范》

3. 规范国有企业采购的法律、法规和标准主要包括（　　）。

A.《中华人民共和国政府采购法》

B.《中华人民共和国政府采购法实施条例》

C.《中华人民共和国招标投标法》

D.《中华人民共和国招标投标法实施条例》

E.《国有企业采购操作规范》

F.《国有企业采购管理规范》

4. 政府采购的政策导向包括（　　）。

A. 支持本国产业　　　　　　　　B. 维护国家安全

C. 支持科技创新　　　　　　　　D. 促进中小企业发展

E. 支持绿色发展　　　　　　　　F. 提高外资吸引力

5. 政府采购包括(　　　)方式。

　A. 公开招标　　　　　　　　　B. 邀请招标

　C. 竞争性谈判　　　　　　　　D. 单一来源采购

　E. 询价

　F. 国务院政府采购监督管理部门认定的其他采购方式

6. 政府采购中邀请招标的适用条件是(　　　)。

　A. 招标后没有供应商投标或者没有合格标的或者重新招标未能成立的

　B. 具有特殊性,只能从有限范围的供应商处采购的

　C. 采用公开招标方式的费用占政府采购项目总价值的比例过大的

　D. 技术复杂或者性质特殊,不能确定详细规格或者具体要求的

　E. 采用招标所需时间不能满足用户紧急需要的

　F. 不能事先计算出价格总额的

7. 政府采购中竞争性谈判的适用条件是(　　　)。

　A. 招标后没有供应商投标或者没有合格标的或者重新招标未能成立的

　B. 具有特殊性,只能从有限范围的供应商处采购的

　C. 采用公开招标方式的费用占政府采购项目总价值的比例过大的

　D. 技术复杂或者性质特殊,不能确定详细规格或者具体要求的

　E. 采用招标所需时间不能满足用户紧急需要的

　F. 不能事先计算出价格总额的

8. 采购的货物规格、标准统一,现货货源充足且价格变化幅度小的政府采购项目,依照《中华人民共和国政府采购法》采用(　　　)采购。

　A. 公开招标　　　　　　　　　B. 邀请招标

　C. 竞争性谈判　　　　　　　　D. 单一来源采购

　E. 询价

　F. 国务院政府采购监督管理部门认定的其他采购方式

9. 国有企业的采购包括(　　　)方式。

　A. 自愿公开招标　　　　　　　B. 自愿邀请招标

　C. 询价采购　　　　　　　　　D. 比选采购

　E. 合作谈判　　　　　　　　　F. 竞争谈判

G.单源直接采购　　　　　　　　H.多源直接采购

10.国有企业中公开招标方式的适用条件是(　　　)。

A.货源充足、低值的货物　　　　B.采购需求明确

C.具有竞争条件　　　　　　　　D.标的具有高度复杂性或特殊性

E.采购时间允许　　　　　　　　F.交易成本合理

11.国有企业中合作谈判方式的适用条件是(　　　)。

A.只能从唯一供应商处采购的

B.必须保证原有采购项目一致性或服务配套的要求,需要继续从原供应商
处添购的

C.只能通过谈判的方式同供应商签订工程、货物或服务合同并建立战略合
作伙伴关系

D.需要长期稳定供应,采用招标或其他采购方式不可能满足需求的

三、思考题

1.请阐释政府采购的政策导向。

2.请简述政府采购中竞争性谈判方式的适用条件及其采购程序。

3.请简述政府采购中询价方式的适用条件及其采购程序。

4.请介绍国有企业的采购方式及其适用条件。

5.请阐释谈判团队组成的基本原则。

6.请阐释谈判人员的基本行为规范。

7.请介绍初次会见中常见的话题。

8.请介绍商务谈判中常见的提问方式。

9.请介绍商务谈判中常见的回答方式。

10.请阐释观察行为语言的十条准则。

第七章 调查谈判环境

◯ 学习目标

知识目标	技能目标
• 理解谈判环境的调查内容	• 学会收集资料和信息
• 了解谈判环境的调查渠道	• 学会分析资料和信息
• 掌握谈判环境的调查方法	• 运用资料和信息指导谈判
• 了解谈判信息的处理方法	

📁 案例导入

　　广东一家乐器制造厂的邹经理惴惴不安地走进会议室,谈判桌前坐着5位沃尔玛的谈判代表。邹经理的需求很简单,他的工厂有6000名员工,需要沃尔玛20万把吉他的订单,以维持工厂的运转和盈利。但是谈判对手显然是有备而来,他们已经掌握了足够多的信息。

　　邹经理一开始便被沃尔玛"大鳄"的气势压倒——沃尔玛的谈判代表侃侃而谈,他们能清楚地说出中国现在有多少家乐器厂,规模多大,各自生产哪些产品和半成品。"他们是非常职业化的商人。"邹经理开始深呼吸,"虽然沃尔玛的谈判队伍中没有乐器圈的人,但显然,他们对这一行业的市场有足够的了解。"更重要的是,沃尔玛的谈判队伍透露给邹经理一个重要信息——同行都在争做这批订单。

由于沃尔玛的采购量大,邹经理还是接受了沃尔玛开出的条件。沃尔玛的报价让邹经理每把吉他获得的利润只有之前普通订单的一半。但这还不是沃尔玛所要求条件的全部。让邹经理感到不可思议的是,沃尔玛提出,要把电吉他的音箱部分订单交给另一家工厂生产,而只让邹经理的企业生产吉他本身和负责组装,这让邹经理的利润再减少了 5%。最后,邹经理了解到了沃尔玛的"良苦用心":"一家在中国香港地区注册的公司以来料加工的名义,找到上海一家工厂生产音箱。由于电吉他是销往美国的,所以沃尔玛直接和这家公司签订采购协议,可以免除进口关税。如果直接从上海工厂采购则需要增加进口关税。"邹经理认为,沃尔玛谈判团队确实是有备而来,他之前没想到他们的谈判队伍对专业知识如此了解,他们利用产品的特点分解了订单,获得了更大的利润空间。

资料来源:汪华林.现代商务谈判[M].北京:企业管理出版社,2018.

优秀的谈判人员在进入正式商务谈判之前,都会对谈判环境进行细致入微的调查。谈判人员掌握的信息资料越全面,分析得越充分,谈判成功的可能性越大。

第一节 调查内容

一般来讲,商务谈判环境调查包括对宏观环境、中观环境和微观环境的调查。

一、宏观环境

商务谈判是在特定宏观环境下进行的,谈判人员必须对宏观环境进行全面系统的调查和分析。宏观环境又包括众多具体方面,以下简要介绍几种谈判人员较为关注的宏观环境。

(一)政治环境

政治环境主要是指外部政治形势和国家政策。政治环境的变化常常对商务谈判产生重要影响,甚至构成外部冲击。因此,必须及时了解对方所在国家或地区的政治制度、政治体制、政府的宏观政策倾向、政策的稳定性与趋势性、非政府组织等对政府和政策的影响途径和影响程度等。特别是要关注以下信息:国家和地区的政局稳定性、政府领导人的更迭、政府机构的调整、国家间关系的重大变化等。

(二)法律制度

法律制度主要是指影响商务谈判和合约履行的有关法律和规范。除了要熟知我国现有的法律外,还要了解对方所在国家或地区的法律以及国际法等。例如,《美国统一商法典》《法国民法典》《德国民法典》《英国货物买卖法》《日本商法典》《欧洲合同法原则》《国际商事合同通则》《联合国国际货物销售合同公约》等,都是影响国际商务谈判的重要法律文件。

(三)商业习惯

双方商业习惯不同会使商务谈判在议程安排、谈判效率、报价方式、议题安排及其顺序、合同文本、文字使用、商务礼仪等方面存在极大的差异。商业习惯在国际贸易谈判中显得尤为重要,因为几乎每个国家或地区的做法都有自己的独特性,而且差别较大,如果不切实了解对方的商业习惯,就会造成谈判障碍,或使谈判陷入僵局。例如,欧美、日本、韩国等国家在议程安排、报价习惯、合同文字的精准性等方面与我国有较大差异。

阅读材料 7-1

中国人在谈判思维方面的习惯之一是"先谈原则,后谈细节",这与西方人有所不同。中国人喜欢在处理麻烦的细节问题之前先就双方关系的一般原则取得一致意见,把具体的问题安排到以后的谈判中,由双方的下一级部门或人员去谈判。研究表明,这种谈判风格在多数情况下可以为中国人在以后的讨价还价中谋得有利的地位。

西方人在参与世界事务时的典型观念是"先谈细节,避免陷入原则讨论之中"。西方人通常认为细节是问题的本质,细节不清楚,原则问题谈得再好,问题实际上也没有得到解决,因而他们更愿意在细节问题上多动脑筋,对于原则性的讨论则比较随意。

由于中西方对谈判原则的重视程度不同,两种环境下的谈判结果截然不同。在中国文化环境中,或者在中国人可以控制局面的环境中,如果能坚持先谈原则,总体上对后续细节谈判的作用更大;反之,在异域文化环境中谈判,则作用较小。

资料来源:张强.商务谈判学:理论与实务[M].北京:中国人民大学出版社,2010.

(四)社会文化

社会文化主要包括社会习俗、生活方式、宗教信仰、文化教育等。国际贸易谈判中,要特别注意对社会文化的了解。例如,在一些国家中,宗教信仰对社会生活有重要影响,体现在诸多方面,如宗教节日、宗教庆典和仪式。当然,社会生活中的宗教禁忌也不少。了解这些情况,可以更快更好地理解对方的行为,可以避免不必要的误会和冲突。如果能对对方的宗教信仰表现出理解和关注,则可以更容易获得对方的好感,促使谈判成功。

案例 7-1

浙江某企业家在中间人的介绍下考察了日本某企业,并与日企就某商品的合作研发与生产达成初步意向。为了进一步加深和推进实质性合作,该企业家回国不久便邀请日本企业的管理团队赴浙江考察,并期望能够签订一份正式的书面协议。

为了创造轻松愉快的氛围,该企业家在自己公司的茶室内接待了日方团队。为了表示隆重,该企业家拿出了自己珍藏的茶具和茶叶,亲自泡茶,每次都是先为对方一一斟茶,最后才给自己的主人杯倒茶。就这样,主客双方一边品茶一边谈合作,会谈持续了近三小时。然而会谈结束后,日本企业的管理团队向中间人反映,该企业家并不是很尊重他们。

案例思考:哪个接待环节让日方产生了误解?

资料来源:作者编写。

(五)财税金融

财税金融是对财政政策、税收政策、金融政策的合称。通过了解财政政策和税收政策,可以了解到一个国家或地区的金融机构对开证、承兑、托收等方面的有关规定,对于拟定符合要求的支付方式具有重要作用。了解对方所在地的税收政策,对于在合同总价中正确计提税金具有重要作用。了解金融政策,可以及时掌握各种主要货币的汇率及其变化趋势,对于正确选择支付币种、确定支付进度等具有重要意义。

二、中观环境

中观环境包括许多具体方面。下面简要介绍市场信息、标的信息与价格信息、关系主体信息三个方面。

(一)市场信息

市场信息会对商务谈判活动产生重大影响,是商务谈判可行性研究的重要内容。谈判人员要密切关注市场的变化,根据市场的供给和需求变化规律,选择有利的时机,并在谈判时注意判断对方提出的条件是否符合供需规律和客观市场状况。一般地讲,与商务谈判相关的市场信息包括但不限于:标的的需求信息、供给信息及其发展趋势;需求方和供给方的分布情况、地理位置、运输距离、运输条件、经济条件等;标的的交易方式、交易惯例、流通渠道等。

(二)标的信息与价格信息

标的信息主要对应买卖合同中的技术条款,包括运行工况条件、性能指标、材料、制造工艺、质量标准、验收、安装、质量保证期等。一般地讲,标的信息与价格信息包括但不限于:同类标的的价格差异;不同技术条件下同类标的的价格差异;替代标的(可实现相同功能)的价格差异;标的的过去价格、当前价格和未来价格走势;影响价格的主要因素及其走势;标的的国别价差、地区价差、季节价差、政策价差等。

(三)关系主体信息

关系主体包括多种类型。下面重点以企业为例,对关系主体信息进行介绍。

1.关系主体的基本情况

基本情况主要对应于企业在市场监督管理部门登记的工商信息,包括但不限于企业名称、统一社会信用代码、组织机构代码、企业类型、所在行业、企业地址、成立时间、营业期限、注册资本、实收资本、经营范围、法定代表人、高管团队、对外投资情况等。只有准确掌握了对方的基本情况,才能对对方提供的信息进行核实。例如,掌握了名称、地址、法定代表人、经营范围、组织机构代码等信息,就能核实对方提供的企业法人营业执照和组织机构代码证的真伪。再如,知道了对方法定代表人、高管团队的准确信息,就可以判断对方的谈判权限,对于非法定代表人的谈判代表,需要向对方索要谈判授权书。如果对方提供的信息与己方掌握的信息不一致,那么谈判人员要十分警惕,需要进一步核实。如是失误或误会,可以继续谈判;如是其他情况,建议暂停谈判甚至是取消谈判。

2.关系主体的行业地位与战略定位

分析关系主体的行业地位与战略定位,有利于明确谈判地位,识别实际需求,进而制定具有针对性的谈判策略。行业地位分析的指标主要包括但不限于:行业排序、产品市场占有率、资产负债率、股票收益率、技术水平、质量水平、成本优势、新产品开发情况等。战略定位包括企业战略(如成长战略、稳定战略、更新战略)、竞争战略(差异化战略、成本领先战略、聚焦战略)和职能战略。行业地位与战略定位深刻影响着关系主体的商务谈判行为。例如,具有较高行业地位的企业,如果该企业采取的是差异化战略,那么该企业通常对技术条款(包括但不限于质量)要求较高;如果该企业采取的是成本领先战略,那么该企业通常对商务条款(包括但不限于价格)要求较苛刻。因此,准确分析关系主体的行业地位与战略定位,对于制定具有针对性的谈判策略具有十分重要的意义。

3.关系主体的运营与信用状况

在尽可能掌握对方的企业类型、所在行业、经营范围、注册资本等基本情况后,还应侧重了解企业的运营状况和信用状况。

一是企业的运营状况。即使对方是一家注册资金多、名气大的企业,但如果运营状况不好,就会负债累累,而企业一旦破产,己方很可能收不回部分甚至是全部价款。因此,应侧重了解企业运营状况,包括但不限于资产总额、负债总额、营业总收入、主营业务收入、现金流情况等。

二是企业的信用状况。应对企业的信用情况进行深入细致的了解,尽量预防出现合同违约和货款两空的局面。应坚持在不掌握对方信用的情况下以及相关问题没有弄清或核实的情况下不签约。只有在掌握对方的运营和信用情况的情况下,才能确定日后合作的可能性,也才能做出正确的交易决策以及提出恰当的交易条件。

4. 项目基本情况与真实性

企业采购标的既可能用于日常经营,如采购原材料、零部件等用于日常生产,也可能用于特定项目,如采购建筑材料用于扩大产能、采购设备用于新产品开发、采购原材料用于生产线改扩建等。这些项目往往涉及政府审批、政府或企业的专项资金配套等。实践中,个别项目会在没有办妥全部审批手续的情况下启动,或者在专项资金没有到位的情况下启动,甚至有不法分子以虚假项目为幌子进行诈骗。因此,了解项目的基本情况,确保项目的真实性,对于商务谈判至关重要。例如,对于个别项目没有办妥全部审批手续的情况,要认真调查研究,评估该情况对后续的影响,如确认影响可以忽略,则可进行谈判;如确认可能会产生重大风险,退出谈判不失为一种明智的选择。对于虚假项目,无论对方如何进行显性或隐性的利诱,一旦发现,应马上退出,并将线索提交给相关政府部门。

案例 7-2

E公司分别与D公司、F公司签订了煤炭购销合同和煤炭买卖合同,同时三方还签订了补充协议。合同和协议约定:由D公司销售煤炭给E公司,E公司再转售给F公司。交货方式为水路运输,D公司销售给E公司的煤炭直接发货给F公司,E公司委托F公司对煤炭进行质量、数量验收。E公司、D公司及F公司三方还约定,在E公司收到F公司货款前,D公司不得向E公司催收货款,如F公司拒付或拖延支付货款,则D公司放弃要求E公司支付部分或全部货款。合同签订后,D公司向E公司出具了9份水路货物运单和32份增值税发票(总额为3000万元),F公司亦向E公司出具收货证明9份。

按照上述货物运单、发票和收货证明的记载,三方之间共计交易5000吨煤炭。交易完成后,D公司依合同规定向E公司催要货款,E收到D公司的催要信息后,便转向F公司催要货款,F公司以各种理由拒绝支付,E公司把这种情况告知D公司,D公司十分恼怒,但也无计可施,毕竟合同上明文规定,在E公司收到F公司货款前,D公司不得向E催收货款。

一年后,E公司被某银行告上法庭,该银行要求E公司支付3000万元。

案例思考:E公司为什么会被告上法庭? 这种情况应该如何避免?

资料来源:作者编写。

三、微观环境

微观环境的调查主要围绕对方的谈判团队展开,包括但不限于以下三个方面。

(一)对方的资格、分工、权限、谈判期限等

首先,需要确认对方的资格。前文曾提及,代表组织参与商务谈判的主要有以下三种人:法定代表人(代表法人)、组织负责人(代表非法人组织)或两者的授权代理人。如果对方是法定代表人和组织负责人,只要核实其身份的真实性即可,不需要对方出示授权书。如果对方是授权代理人,除了核实其身份的真实性外(该工作一般在谈判准备阶段进行),还需要对方出示谈判授权书。可以看出,无论对方是何种人参加谈判,都需要核实身份的真实性。其次,了解对方的分工和权限。应对对方参加谈判的人员构成、专业分工、相互关系等进行事先调查。应对对方不同人员的权限做出调查或合理评估,一般情况下,在对方权限内谈判,效率较高;超出对方权限,谈判效率会变低,甚至会使谈判陷入僵局。最后,了解对方的谈判期限。任何谈判都有一定的期限,最后期限的压力常常迫使谈判者不得不采取快速行动,立即做出决定。了解对方的谈判期限,可以针对对方的期限,控制谈判进程,并可针对对方的最后期限,施加压力,

促使对方接受有利于己方的交易条件。

(二)对方的偏好

谈判对方的偏好也会对谈判产生影响。当然,这种影响要小于宏观和中观环境因素对谈判的影响(特殊情况除外)。例如,行业地位相似、战略定位相似的不同企业,采购的标的和达成的交易条件具有相似性。但是,由于参与谈判的人员不同,在相似性外,又表现出一定的差异性,有的谈判人员会对某个或某几个交易条款提出独特要求,而有的谈判人员则会在另外一些交易条件上,提出自己的个性化要求。因此,提前了解对方的偏好,对于制定满足对方个性化要求的谈判方案具有重要意义,而且会给对方留下好印象。

(三)对方的谈判风格、个人情况、谈判历史等

谈判风格是指在反复、多次谈判中所表现出来的一贯风格。如强硬风格、合作风格、阴谋风格等。了解对方的谈判风格可以更好地采取应对策略,尽力促成谈判。要尽可能了解对方的个人情况,如品格、经验、业务能力等,这对后续谈判以及合同履行具有重要的参考价值。还要尽可能搜集对方的谈判历史信息,如果对方在过去谈判中表现出诚实、守信的品质,那么己方有理由预期合同履行阶段会相对顺利;如果对方在过去谈判中有很多不良记录,那么己方就要在合同条件中做好预防,尽量避免出现违约现象。

第二节　调查渠道与方法

要想充分了解商务谈判的环境,一定要通过多种渠道和采用多种方法收集资料和信息,以便在谈判中掌握更大的主动权。不同的谈判者有着不同的收集信息的渠道和方法。本节介绍一些基本的、常见的渠道和方法。

一、收集公开信息的渠道与方法

(一)网络信息

网络已经成为获取商务谈判信息最为重要的渠道之一。通过官网、微信公

众号、微博、销售平台等当前使用较为广泛的社交载体,可以很方便地查阅国内外许多关系主体的信息,如关系主体介绍、关系主体历史、产品信息、价格信息、质量信息等。网络信息易于获取,但也存在信息冗余、真假难辨等不足之处。实践中,一般实力较强的关系主体,特别是企业,都会设置专门的信息收集部门或岗位,专门收集、整理网络信息,使之成为决策参考资料。此外,常设的谈判团队也可指派专人负责收集、整理网络信息。当网络信息具有一定的时间跨度和丰富度时,能为商务谈判提供重要的参考资料。

(二)统计与文献资料

统计资料包括统计局发布的统计年鉴和各类统计数据与公报、其他相关政府部门发布的统计资料、行业组织发布的统计资料,以及国际组织发布的统计资料等。文献资料包括关系主体所在地的地方志、地方年鉴等。相较于网络信息,统计与文献资料来源明确、准确度高,便于了解有关情况的过去、现状和未来的发展趋势。同时,通过对数据的加工处理,还可以辨别数据的真伪,这往往比单一来源数据更可靠、更准确。

(三)对方发布的资料

以企业为例,对方发布的资料一般包括企业介绍、企业年报、内部刊物、各类宣传品、产品介绍、产品说明书、实物样品等。这些资料通常不刊载于公开发行的出版物上,而是需要在特定场合获取,如博览会、产品推广会等。企业发布此类资料的目的是宣传自身形象、扩大知名度和影响力、推销产品等。因此,该类信息往往有夸大宣传的嫌疑,需要甄别使用。

(四)第三方掌握的资料

这里的第三方指的是由咨询服务企业、信息服务企业等提供的资料和数据。咨询服务企业既包括开展综合咨询业务的企业,也包括提供商务谈判信息或经济咨询信息的专业企业。国内的信息服务企业也越来越多,如万得、天眼查、企查查等。第三方提供的资料往往是经过加工整理的,方便使用,而且部分信息是专门的、非公开的,信息质量也是有一定保障的。但是,第三方资料和数据一般需要付费购买,而且并不能完全保证资料和数据的真实性和准确性,获得后还需进一步甄别。

二、收集非公开信息的渠道与方法

公开信息往往具有滞后性,信息颗粒度比较大,未必反映关系主体的真实状况。因此,收集非公开信息加以补充和印证就显得很有必要。下面简要介绍几种搜集非公开信息的渠道与方法。

(一)调查法

调查法是调查者围绕调查的主题、目标或问题,选择调查对象进行调查以获取谈判所需信息资料的方法。调查法又可进一步细分为直接调查法、间接调查法,具体方式有电话调查法、网络调查法、现场调查法等。在使用调查法时,有以下三点值得注意。一是面对面的现场调查所获得信息的质量,通常要优于电话调查法和网络调查法。二是被调查者通常对直接调查法具有一定的抗拒心理。因此,在使用该法时,要事先做好说明,尽量消除对方的疑虑,并向对方承诺做好后续的保密工作。三是如果对方明确拒绝直接调查法,那么调查者可考虑间接调查法。

(二)访谈法

访谈法是当事人围绕一个或几个特定的主题或问题开展的交流谈话活动,双方以自由交谈为主,逐步从中获取所需的谈判资料。访谈法与现场调查法都需要当事人通过直接交谈来获取信息,但两者之间又有明显的区别。现场调查法更为直接,而且一般会嵌套使用调查工具,如问卷调查、访谈提纲等。相比之下,访谈法更为自由,一般不会使用调查工具。实践中,企业之间的走访、拜访等商务活动,本质上就是商务访谈活动,其中很多是与商务谈判直接相关的。

(三)观察法

观察法是调查者在调查现场对被调查事物或被调查者的行为与特质进行观察测度的方法。观察法的应用场景灵活多样,包括但不限于以下三种。一是参观对方经营场地。如参观对方的办公场地、工厂、库房等,以查看对方实情,这是观察法最常见的应用场景。二是安排非正式会谈。通过各种预备性的接触创造机会,当面了解对方的行为和内在特质,这在商务谈判中也十分常见。三是购买对方的产品进行研究。例如,将对方的产品拆开后进行检验,分析其材料、结构、工艺等以确定其生产成本。观察法的优点是直接、真实、可靠。但观察法的缺点也比较明显。如受交通条件限制,有些现场不方便直接去观察,或者观察成本过高;观察者观察到的对象,在空间上是碎片化的,在时间上是点状的。因此,观察到的结果往往不全面不连续;观察结果受观察者主观意识的影响,有时会带有偏见。

三、利益相关者渠道

(一)内部员工

对方的内部员工是一个最直接、价值极大的信息源,能提供对方的基本情况、发展现状、未来规划等公开和非公开信息。能提供商务谈判信息的员工包括但不限于谈判团队中的专业技术人员和辅谈人员、基层员工和内部受排挤人员。这些人员在日常工作中接触过大量的重要信息,但是他们又处于基层岗位,往往受重视程度不够甚至是默默无闻。这种状态的长期积累,很容易令他们心理不平衡。与这些人员的交往,利用他们显示存在感的愿望、寻觅知音的心理需求等,可引发其谈话兴趣,获得很多秘而不宣的非公开信息。

(二)供应商、客户等

对方的供应商是一个非常重要的信息源。通过走访与对方发生过商务谈判的供应商,了解他们的谈判过程以及合同履行状况,就可以掌握对方的谈判风格、偏好、特殊要求等一系列信息。既可以借鉴成功经验,又可以吸取教训,避免重蹈覆辙。此外,供应商特别是对方的主要供应商,掌握着对方的大量订单,只要巧妙地利用、科学地进行分析,这些订单信息往往能准确反映出对方的生产经营情况及其发展动态。例如,如果对方最近的订单,对原材料提出了一些新规格、新工艺要求,就有理由推测对方正在研发新产品或准备将新产品推向市场,那么在创新性上多下功夫,对于今后的谈判是比较有利的。

对方的客户同样也是一个重要的信息源。通过与对方客户的接触,或者加入对方为客户举办的活动等,可以很容易了解到对方的行业地位、产品市场占有率、技术水平、质量水平、成本优势等信息以及企业的战略定位。了解这些信息对于后续的商务谈判活动具有重要的指导意义。例如,像前文提及的,如果对方向其客户提供的是高质量产品,那么对方要求其供应商提供高质量原材料、零部件的概率就很大。抓住这一点,可能就抓住了对方的兴趣点,十分有利于后续谈判。

(三)相关政府部门

对方所在地的相关政府部门是一个非常重要的信息源。一方面,对方会根据相关规定定期向主管部门报送各种材料和报表。另一方面,相关政府人员也会走访辖区内的组织,了解组织实际发展情况。因此,相关政府部门和人员,特别是对方所在地的相关政府部门和人员,掌握着最全面、最准确、最权威的资料和数据。通过拜访相关政府部门和人员,有机会接触到这些信息,如注册信息、税收信息、基建信息等。

第三节　信息处理方法

对于收集到的信息,商务谈判人员还必须掌握必要的信息处理方法,去伪存真,去粗取精。下面介绍几种常见的信息处理方法。

一、综合加工法

综合加工法是谈判人员根据谈判信息的使用要求,将掌握的各种散乱信息加以综合加工处理,以提炼对解决问题有帮助的新信息。综合加工法绝不只是将支离破碎的数据资料简单地加以堆积,而是通过理性分析或借助分析软件等对资料进行再加工,目的是收集能够解决商务谈判实际困难的有用信息。事实上,任何一名优秀的谈判人员都必须具备对信息的综合加工能力,只有全面综合地对谈判信息进行把握,才能很好地开展谈判工作。

二、相关推断法

相关推断法是依据因果性原理,从已知相关的社会经济现象和经济指标的发展变化资料推断所关注对象的未来发展趋势。例如,根据对过去若干年资料的观察发现,某地区的社会商品零售额与社会购买力有关,在掌握未来社会商品购买力资料的前提下,就可以利用两者之间的关系估算出这一地区的社会商品零售额及其变化的趋势。相关推断法主要用于分析判断市场的发展变化趋势、国家政策对市场的影响、商品的产销变化趋势等,也可进行简单的定量判断。该方法适合在快速取得资料、资料精准度要求不高的情况下使用。

在运用相关推断法时,首先应根据理论分析或实践规律,找出与关注对象相关的各种因素,特别是与关注对象直接相关且影响较大的主要因素。接着依据关注对象与影响因素的相关程度与发展方向,对关注对象做出判断。基于此,相关推断法又可分为时间关系推断和变动方向推断。

(一)时间关系推断

某种经济现象在其他一些经济现象出现变动后,隔一段时间必然会随之发生相应的变化,这种相关的变动关系称为时间上的先行后行关系,通常将先行的经济指标称为领先指标,后行的经济指标称为滞后指标。在商务谈判活动中,可以根据某些经济指标或产品需求之间的先行后行关系,从已知相关的领先指标或先行产品来判断所要预测的滞后指标或后行产品的变动趋向,也可以从已知相关的后行指标或后行产品来推断所要预测的先行指标或先行产品的变动趋势。除了先行后行关系之外,如果经济现象的原因与结果相继出现的间隔时间很短,几乎可看成同时出现,则称两者在时间上是平行关系。例如,基本建设投资增长必然带来建筑材料等产品的需求量大幅度增长。

(二)变动方向推断

不仅经济现象之间存在时间上的先行、后行或平行关系,经济指标间也会表现出变动方向的差异。两个经济指标的相关变动方向为同步增减的关系,叫作顺相关系。从商品种类看,具有顺相关系的往往是一些连带商品,如电动汽车与汽车电池。当电动汽车销售数量增加时,必然带来汽车电池销售量的增加。两个经济指标的相关变动方向为一增一减的关系,叫作逆相关系。从商品种类上看,具有逆相关系的一般是替代商品。例如,随着电子产品的普及,许多烦琐的抄写工作被阅读软件、办公软件等所替代,各种传统书写工具的市场需求必然减少。再如,在我国的城市中,随着家庭轿车的普及,使用公共汽车、家用自行车等传统交通工具出行的人数势必减少。因此,利用经济现象之间的顺相关系与逆相关系,在已知某种经济现象的发展趋势时,就可对另一经济现象的发展变化趋势做出质与量上的分析判断,从而掌握谈判的先机。

三、对比类推法

对比类推法是将研究对象同其他类似经济变量加以对照分析,以此推断研究对象未来发展趋势的一种方法。下面介绍其在商务谈判中的三种常见应用情况。

(一)不同国家之间同一经济现象的对比类推

不同国家之间同一经济现象的对比类推,即将研究对象与国外同类对象的发展过程、发展趋势进行比较分析,寻找出两者的共同规律或发展态势,并用国外经济指标呈现出的规律与趋势对研究对象的发展变化趋势做出判断。需要注意的是,我国与其他国家国情不同,研究对象的规律也会存在一定差异。而对比类推法是以我国与其他国家国情相同或相似为假设的。因此,该方法所得的结论往往是比较粗糙的,推断结果也只能供商务谈判参考。

(二)不同地区之间同一经济现象的对比类推

不同地区之间同一经济现象的对比类推,即将国内某个地区所要研究的对象同国内其他地区同类对象的发展过程做比较,找出某些共同的变化规律,借以对研究对象做出某种判断。这种类推法与前一种对比类推法大致相同,但由于这种类推法做的是一个国家内经济变量的类推,比较对象间共同点较多,参考性更强。不过,我们也应该充分注意到我国不同地区的经济发展存在差距,如东西间存在差距、城乡间存在差距、沿海与内陆间存在差距等。

(三)关联产品之间的对比类推

关联产品之间的对比类推,即将企业拟研究开发和销售的产品同以往生产的某种与其在生产条件、最终用途、分销渠道、促销手段等方面有关联性的产品做对比,找出拟开发和销售产品销量的发展趋势。这种方法通常用于新产品预测,例如,只要认定已知产品同拟开发和销售的产品在市场销售特征上有相近或相似点,就可以将已知产品的寿命周期曲线近似地看作新产品的市场寿命周期曲线,以了解新产品未来在市场上的销售情况变化趋势。采取这种方法进行推断时,产品之间要具有一定的相似性,要考虑新产品与已知产品可能存在的差异,并进行修正,使数据模型更能反映新产品销售量的变化趋势。

四、信息碰撞法

信息碰撞法是将表面上看似不相干的信息加以创造性地嫁接组合,产生新的信息,并将其运用到商务谈判中去的方法。信息碰撞不是对原始数据资料的简单叠加,而是原有信息的积累量变过程,同时也是谈判人员运用智慧、知识对原始材料进行加工处理的过程,要求发挥创造性的思维,点燃思想的火花,发生思想的碰撞。当量变积累到一定程度后即发生质变——产生新的信息。人们经常将这种方法总结为"旧的元素,新的组合"。

课后练习

一、单项选择题

1.( )不同会使商务谈判在议程安排、谈判效率、报价方式、议题安排及其顺序、合同文本、文字使用、商务礼仪等方面存在极大的差异。

    A. 法律制度   B. 商业习惯

    C. 社会文化   D. 财税金融制度

2.( )来源明确、准确度高,便于了解有关情况的过去、现状和未来的发展趋势。

    A. 网络信息   B. 统计与文献资料

    C. 对方出版的资料   D. 第三方掌握的资料

3.( )易于获取,但也存在信息冗余、真假难辨等不足之处。

    A. 网络信息   B. 统计与文献资料

    C. 对方出版的资料   D. 第三方掌握的资料

4.( )的用处是宣传企业形象、扩大知名度和影响力、推销产品等。该类信息往往有夸大宣传的嫌疑,需要甄别使用。

    A. 网络信息   B. 统计与文献资料

    C. 对方出版的资料   D. 第三方掌握的资料

5.（ ）是谈判人员根据谈判信息的使用要求，将掌握的各种散乱信息加以综合加工处理，以提炼对解决问题有帮助的新信息的方法。

    A.综合加工法   B.相关推断法   C.对比类推法   D.信息碰撞法

6.（ ）是依据因果性原理，从已知相关的社会经济现象和经济指标的发展变化资料推断所关注对象的未来发展趋势的方法。

    A.综合加工法   B.相关推断法   C.对比类推法   D.信息碰撞法

二、多项选择题

1.（ ）等是影响国际商务谈判的重要法律文件。

    A.《联合国国际货物销售合同公约》 B.《法国民法典》

    C.《欧洲合同法原则》   D.《美国统一商法典》

    E.《国际商事合同通则》   F.《英国货物买卖法》

    G.《德国民法典》   H.《日本商法典》

2.了解对方的政治环境，需要关注（ ）等信息。

    A.国家和地区的政局稳定性   B.社会是否动荡

    C.经济政策的重大变化   D.政府领导人的更迭

    E.国家间关系的重大变化   F.政府机构的调整

三、思考题

1.请阐释商务谈判环境中宏观环境所包含的内容。

2.请阐释商务谈判环境中中观环境所包含的内容。

3.请阐释商务谈判环境中微观环境所包含的内容。

4.请介绍收集公开信息的主要渠道。

5.请介绍收集非公开信息的主要方法。

6.如何利用利益相关者渠道收集谈判信息？

7.请介绍综合加工法及其在商务谈判中的应用。

8.请介绍相关推断法及其在商务谈判中的应用。

9.请介绍对比类推法及其在商务谈判中的应用。

第八章　商务谈判综合实践

◯学习目标

知识目标	技能目标
• 理解谈判主体对合同文本的影响	• 学会针对不同主体设计合同文本
• 理解谈判环境对合同文本的影响	• 学会针对不同环境设计合同文本
• 了解环境、主体、文本组合的基本原则	• 学会环境、主体、文本的简单组合

📁 案例导入

　　中国 W 公司欲采购 2 台大型卷板机,经过询价和技术交流,基本上与瑞典 R 公司就技术条款和商务条款达成初步协议,但是,在交易价格上还存在一定分歧,瑞典 R 公司表示可以派人到 W 公司继续洽谈。在此期间,美国 N 公司也向 W 公司进行了报价,价格要远远低于瑞典 R 公司,并邀请 W 公司相关采购人员到美国工厂参观交流,出国所需一切费用由美国 N 公司负责。W 公司组成了一个 3 人考察团,应邀到美国考察。到美国后,美国 N 公司派人热情地带领考察团队参观了制造工厂,考察团队对制造工厂比较满意,但是当考察团想就技术参数与现场美国工程师做深入交流时,该现场工程师十分不配合。这引起了考察团队的疑虑,一名考察队员寻找借口脱离队伍,并借机向其他人仔细了解才发现,该制造工厂仅是美国 N 公司的一个供应商,而非像陪同人所声称的那样,是美国 N 公司下属的制造工厂。

感觉上当受骗的考察团一边匆匆回国,一边联系瑞典 R 公司,希望 R 公司尽快派人到中国继续洽谈。然而 R 公司却迟迟不予答复,直到中国 W 公司发了 3 份正式邀请函后,R 公司才答复道,可以派人到中国签合同,但是,前提是原有条款不做任何改动。

案例思考:中国 W 公司的做法有哪些需要改进的地方?

资料来源:作者编写。

学会起草合同文本、认识谈判主体、调查谈判环境,就为进行商务谈判实践奠定了基础。理解和掌握合同文本、谈判主体、谈判环境之间的关系,是提升商务谈判技能的途径。

第一节　谈判主体与合同文本

谈判主体不同,合同文本就不同。原因在于谈判主体会影响合同文本的起草。因此,谈判人员应根据谈判主体的不同,起草具有针对性、个性化的合同文本。

一、关系主体与合同文本

关系主体对合同文本有重要影响。关系主体包括但不限于本书提及的政府(含国家机关、事业单位、团体组织)、国有企业、私营企业、港澳台商投资企业与外商投资企业等。谈判人员在起草合同文本时,需要识别对方的组织类型,这是起草合同文本的基础。下面简要介绍关系主体对合同文本的影响。

(一)关系主体影响合同文本的起草主体

商业实践中,一条基本规律是,谁起草或提供合同文本,合同文本就对谁有利,那么,到底应该由谁起草或提供合同文本呢? 以国有企业为例,在自愿公开招标、询价采购等采购形式中,一般由国有企业起草或提供合同文本;在合作谈判、竞争谈判等采购形式中,谁来起草或提供合同文本,是共同商议或谈判的结果,可能是国有企业起草或提供,可能是谈判对方起草或提供,也可能是双方共同起草。其他企业(指私营企业、港澳台商投资企业与外商投资企业)的情况与国有企业类似。然而在政府采购中,无论采取何种采购形式,多数情况下,一般由采购当事人(指各级国家机关、事业单位和团体组织)提供合同文本。

(二)关系主体影响合同文本的条款构成

《中华人民共和国民法典》合同编规定,合同内容应包括以下八个条款:当事人的姓名或者名称和住所;标的;数量;质量;价款或报酬;履行期限、地点和方式;违约责任;解决争议的方法。根据这一规定,任何关系主体起草或提供的合同文本都应包含这八个条款。但是,其他条款是否写进合同文本,由谈判当事人约定。从实践来看,其他企业(指私营企业、港澳台商投资企业与外商投资企业)起草或提供的合同文本,除了以上八个条款外,对合同设立、变更、终止等相关条款约定得较为详尽,有时甚至显得烦琐。政府采购当事人(指各级国家机关、事业单位和团体组织)起草或提供的合同文本,除了以上八个条款外,相对来讲,其他条款以简明扼要为主要特色。国有企业大致处于两者之间。

(三)关系主体影响合同文本的评价标准

对于合同文本(含投标文件)的评价标准多种多样,但大致可以分为最低价法和综合评分法。下面以综合评分法为例,简要介绍关系主体如何影响合同文本的评价标准。其他企业(指私营企业、港澳台商投资企业与外商投资企业)是以市场为导向,追求利益最大化的营利性经济组织。因此,其在评分项设置上主要考虑技术条款的响应性(或符合性)和商务条款的竞争性,对其他因素考虑较少。相较之下,政府采购的评分设置,除了以上评分项外,还要体现政府采购的导向作用,如增加技术创新、国产化率、环保技术等评分项。国有企业大致处于两者之间,例如,对于承担扶贫任务的国有企业,提供方(或投标方)是否来自贫困地区,可能会成为评分项。

二、行为主体与合同文本

行为主体对合同文本有重要影响。这里的行为主体主要指谈判团队,特别是其中的首席谈判代表。前文提到过,关系主体对合同文本有重要影响,然而即使是同一关系主体,参与谈判的行为主体不同,最终形成的合同文本也会有一定差异,下面举例简要介绍。

对方谈判人员的构成对合同文本有影响。如果对方谈判团队主要由技术人员组成,那么对方自然会投入主要精力对技术条款进行讨论,相对来讲,商务条款投入的时间会被压缩。对方的谈判风格对合同文本有影响。如果对方谈判人员性格严谨、工作认真,那么对方自然会要求合同条款要齐全,具体条款准确和细致。如果对方谈判人员厌恶风险,那么对方自然会投入主要精力对保证金、违约责任、争议解决等条款进行约定,以预防和降低合同履行风险。

正因为行为主体会影响合同文本,所以在谈判开始前,己方人员要设法收集或探查对方谈判人员的分工、权限、偏好、谈判风格、个人情况等信息。只有完成了这些准备工作,才能根据对方的个性化特征设计合同文本。反之,如果己方仅仅提供标准合同或类似于标准合同的文件(特殊情况除外),就很难满足对方人员的个性化需求,会给谈判带来不利影响。

第二节　谈判环境与合同文本

不同的谈判环境下,起草的合同文本是不同的。原因在于,谈判环境对合同文本有重要影响。因此,谈判人员应根据谈判环境的不同,拟定合同文本。

一、宏观环境与合同文本

宏观环境包括政治环境、法律环境、商业习惯、社会文化、财税金融政策等。宏观环境对合同文本有重要、深远的影响,下面举例简要介绍。

假如对方所在国家或地区政局不稳定、社会动荡(如执政党或执政领导人面临政治危机、暴发群众游行示威、大规模社会冲突频发等),在此环境下,谈判当事人为了有效避免上述事态对合同履行的不利影响,就要通过合同条款设计(如不可抗力、适用法律、违约责任、保证金、交付时间等)降低潜在的合同履行风险,常见的做法包括但不限于:尽量缩小不可抗力的范围;选择有利于合同履行的国家或地区法律为适用法律;扩大对方的违约责任;提高保证金金额或比例；缩短（或延长）交付时间等。

再如，货币的汇率及其变化趋势对合同条款有重要影响。付款方式一般可分为一次性付款和分期付款。实践中，以分期付款为主，这就意味着，签约时（或合同生效时）的货币汇率与付款时的货币汇率可能会不同。以中美两家企业谈判为例，假设中方在谈判时预测付款时人民币对美元汇率较谈判时上升，人民币将升值，那么中方在合同中要求美方向中方支付人民币，就会对中方比较有利；假设中方在谈判时预测付款时人民币对美元汇率下降，人民币贬值，那么中方在合同中要求美方向中方支付美元，对中方比较有利。当然，除了支付币种外，汇率还会对支付进度、支付金额（或比例）、合同价款等产生影响。

又如，税收政策对合同条款有重要影响。有些国家因为加入了国际、地区经济合作组织，或者是与其他国家签订了双边贸易协定，这些国家间相互的税率就会很低；有些国家因为没有加入国际、地区经济合作组织，或者是没有签订一些双边贸易协定，甚至在接受经济制裁，那么，税率就会很高。如果谈判双方所在国家或地区税率较高，那么，可考虑通过第三国（或第三地）周转以合理避税，这就需要对合同条款中的交付地点和交付方式进行重新设计。当然，还需要对其他条款进行重新设计，甚至要对合同进行分拆。

二、中观环境与合同文本

中观环境包括市场信息、标的信息与价格信息、关系主体信息（关系主体的行业地位与战略定位、运营与信用状况、项目基本情况与真实性等）等。中观环境对合同文本有重要和直接的影响，下面举例简要介绍。

例如，影响价格的主要因素及其走势对合同条款有重要影响。影响价格的主要因素有很多，这里以某种主要原材料价格为例做简要说明。假设卖方预测到，其销售的标的所用的某种原材料在合同履行期间价格会上涨，在此情况下，如果不在合同条款中采取应对措施，那么履行合同时，势必会发生成本上升、利润下降。常见的应对措施包括但不限于：提高合同价款；改变报价策略；增加价格调整条款；增加替代原材料选项；等等。只有提前做好合同条款设计，才能应对可能出现的不利状况。

再如，企业的运营状况和信用状况对合同条款有重要影响。假设卖方了解到买方当前的运营状况不理想,将来还会持续恶化,那么,卖方可以通过如下合同条款设计降低履约风险:付款的时间、方式和条件;保证金;合同价款;等等。假设卖方了解到买方信用状况不理想,那么,卖方可以通过如下合同条款设计降低合同履行风险:付款的时间、方式和条件;保证金;违约责任;争议解决;适用法律;等等。

又如,项目的真实性对合同条款有重要影响。如果买方在还没有办妥全部审批手续的情况下,要求卖方提供标的,那么,卖方可以在合同生效条款中,额外增加对合同生效条件和时间的约定,在此情况下,买方除了要达到使合同生效的一般条件外(主要指的是当事人均签名、盖章或者按指印),还要达到约定的生效条件和生效时间,合同才会生效。当然,还可通过约定其他条款来控制风险,如要求买方先付款等。

案例 8-1

赵伟在一家制造型企业工作,由于表现出色,近期被提拔为公司采购部总经理。任职伊始,他摩拳擦掌地准备大干一场。为了降低企业采购成本,赵伟进行了以下四点改革:一是调整采购职能和完善业务流程,以使采购业务更加公开透明;二是要求所有采购人员每半年必须轮换一次,以避免采购人员贪污腐败;三是把原有邀请招标和公开招标二元混合体制改为完全招标制(即把原来采用邀请招标方式采购的标的改为公开招标方式);四是修改开标条件,把原来的 3 家企业参与即可开标改为至少 5 家参与才可开标。

赵伟坚信,经过以上改革,供应商之间的竞争必然增加,公司的采购成本也会随之下降。但是,新的制度运行一段时间后,赵伟发现,公司采购成本确实降低了,然而降低幅度并没有达到预期。更可气的是,在一次陪同企业领导拜访外省同行业企业时,赵伟发现,过去一年多,某吊车供应商曾分别三次以 1000 万元/台的最低价在自己公司中标,但是,在该同行业企业中,同样规格型号的吊车中标价仅是 800 万元/台。

案例思考:为什么会出现案例中的问题? 赵伟的做法有何不妥之处?

资料来源:作者编写。

三、微观环境与合同文本

微观环境包括对方谈判团队的谈判资格、分工、权限、期限、偏好、谈判风格、个人情况、谈判历史等。微观环境对合同文本有直接的影响,本书中的微观环境主要指的是谈判团队(也是行为主体),微观环境对合同文本的影响可见本章第一节,在此不再重复。

第三节　谈判环境、谈判主体与合同文本

老子说:"道生一,一生二,二生三,三生万物。"类似地,谈判环境、谈判主体与合同文本作为商务谈判的三个构成要素,三者之间的不同组合可以衍生出极其繁多的谈判策略,以达到不同的谈判目标。谈判环境、谈判主体与合同文本的组合千变万化,但究其根本,要满足以下三个基本原则。

一、差异性原则

差异性原则是指谈判人员要能识别每场谈判在谈判环境与谈判主体上的不同,制定有针对性的谈判策略和起草个性化的合同文本。需要引起注意的是,差异性原则更适用于中小微型关系主体,而对大型关系主体的适用性要弱些。例如,大型企业出于统一管理、合法合规等目的,不仅会为自己的谈判人员提供合同范本,而且也会在具体条款上提出明确要求,更多地体现为"刚性",这就使得来自大型企业的谈判人员,在一定程度上不得不忽视谈判环境与谈判主体的不同。而对于中小微型关系主体来讲,自身提供的标的相对于大型关系主体竞争力要弱些,在此情况下,只有识别出在谈判环境与谈判主体上的差异性,制定有针对性的谈判策略和起草个性化的合同文本,在"柔性"上下功夫,才有机会从与大型关系主体的竞争中脱颖而出。

二、匹配性原则

匹配性原则是指谈判环境、谈判主体与合同文本三者之间要相互协调和配

套。匹配性有很多不同的表现形式。例如,面对相似的谈判环境和相似的谈判主体,采用相似的合同文本(指合同文本不做大的调整),这是匹配性一个具体表现形式。再如,面对相似的谈判环境和不同的谈判主体,采用不同的合同文本,这也是匹配性的一个体现。

匹配性原则是建立在差异性原则的基础上的,如果不能识别出一场谈判在谈判环境、谈判主体、合同文本上的差异性,也就谈不上满足匹配性要求。实践中,很多的商务谈判没有满足匹配性原则,一个很重要的原因在于,谈判团队成员兼职者多,专职或专任者少,谈判人员接触的谈判环境和谈判主体过于单一,因此,也就不能很好地实施匹配性原则。

三、互动性原则

互动性原则是指在谈判环境、谈判主体与合同文本三个要素中,一个要素进行调整,其他要素也要随之调整。例如前文提到的对方所在国家和地区政局不稳定、社会动荡,那么,就要通过合同条款设计降低履约风险。这是谈判环境变化引起合同文本变化的例子。再进一步,如果对方所在国家和地区政局不稳定、社会动荡,将来可能会演变成无法收拾的局面,那么,可能就要更换谈判对手,重新设计合同文本了。这是谈判环境变化引起谈判主体变化和合同文本变化的例子。

互动性原则是建立在匹配性原则基础上的。匹配性原则强调静态匹配,而互动性原则本质上是一种考虑时间维度的动态匹配。互动性原则对谈判人员提出了更高要求。一般地讲,商务谈判初学者只有在掌握了谈判环境、谈判主体与合同文本组合的差异性原则和匹配性原则的基础上,才能逐渐认识和实践互动性原则。

课后练习 ▶▶

一、单项选择题

1.国有企业采购中,当采用自愿公开招标、询价采购等采购形式时,一般由(　　)起草或提供合同文本。

　　A.国有企业　　　B.谈判对手　　　C.两者共同　　　D.A、B、C选项都可以

2.( )最有可能采用技术创新、国产化率、环保技术等作为评价合同文本(含
投标文件)中的指标。

A.私营企业　　　　B.外商投资企业　C.国有企业　　　　D.国家机关

二、多项选择题

1.谈判对手所在国家或地区政局不稳定、社会动荡时,常见的降低履约风险的
做法包括( )。

A.尽量缩小不可抗力的范围

B.选择有利于合同履行的国家或地区法律为适用法律

C.扩大对方的违约责任

D.提高保证金金额或比例

E.缩短(或延长)交付时间

F.提高质量标准

2.货币的汇率及其变化趋势会对( )产生影响。

A.支付币种　　　　　　　　B.支付进度

C.支付金额(或比例)　　　　D.合同价款

3.假设卖方预测到其销售的标的所用的某种原材料在合同履行期间价格会上
涨,那么常见的应对措施包括( )。

A.提高合同价款　　　　　　B.改变报价策略

C.增加价格调整条款　　　　D.增加替代原材料选项

三、思考题

1.请举例说明关系主体对合同文本的影响。

2.请举例说明行为主体对合同文本的影响。

3.请举例说明宏观环境对合同文本的影响。

4.请举例说明中观环境对合同文本的影响。

5.请阐释谈判环境、谈判主体和合同文本组合的基本原则。

第九章　商务谈判模拟

知识目标	技能目标
·了解商务谈判模拟的方法 ·理解商务谈判模拟的组织过程	·学会开展商务谈判模拟活动

　　商务谈判模拟是学习商务谈判的一种重要方法。谈判模拟是在谈判环境调查工作基本结束后、正式谈判开始前,进行的假设推理和实战演练,以检验己方准备的谈判方案是否可行,促使谈判团队提早进入临战状态。

第一节　商务谈判模拟的作用与方法

一、商务谈判模拟的作用

　　商务谈判模拟是正式商务谈判前的"彩排"环节。一般的做法是,将谈判团队一分为二,一部分谈判人员扮演谈判对手,并以对手的立场、利益、行事风格来与另一部分人员模拟谈判。商务谈判模拟的具体作用主要表现在以下三个方面。

(一)检验和修正谈判方案

　　在谈判环境调查工作基本结束后。正式谈判开始前,为了取得较好的谈判结果,谈判各方一般都要在首席谈判代表的领导下制订各自的谈判方案。商务谈判方案是指在商务谈判之前,根据谈判目标拟定的包含谈判目标、谈判议程、谈判策略、应急与风险对策等具体内容在内的文件。谈判方案是对未来将要发生的真实谈判的预计,不可能完全反映出真实谈判中出现的一些意外事件。同时,因为谈判人员受到知识、经验、思维方式、立场和利益等因素的局限,谈判方案难免会有疏漏之处。事实上,谈判方案是否完善,只有在真实谈判中方能得到检验,但这毕竟是一种事后检验,那时发现问题为时已晚。商务谈判模拟与真实谈判较为接近,在一定程度上,能够检验谈判方案是否全面、严谨和可行,能够及早发现漏洞和不足,有助于进一步修正和完善谈判方案。

(二)训练和提升谈判能力

商务谈判模拟的对手是己方谈判人员,对己方的情况十分了解,这时站在对手的立场上提出问题,能够使己方预测对方可能从哪些方面提出问题,有利于发现谈判方案的不足和瑕疵,以便事先拟定相应的对策。同时,对于己方谈判人员来讲,能有机会站在对方的立场上进行换位思考是大有裨益的。正如美国企业家维克多·金姆所言:"任何成功的谈判,从一开始就必须站在对方的立场来看问题。"

这种角色扮演的演练不但能使谈判人员了解对方,也能使谈判人员了解自己,因为谈判模拟给谈判人员提供了客观分析自我的情境和机会,能够促使谈判人员注意到一些容易忽视的问题,如团队的协作性、行为语言等。

(三)进入和保持实战状态

专业谈判代表通常包括负责商务条款谈判的代表(如采购人员、财务人员、法律人员等)和负责技术条款谈判的代表(如设计人员、工艺人员、材料人员、检验人员等),一般由组织内的部门领导或具有高级职称的人员构成。这种常见的谈判团队构成方式,意味着谈判团队成员多是兼职的、临时抽调的。因此,谈判之前谈判团队需要磨合和逐渐进入状态。在商务谈判模拟中,谈判人员可以一次又一次地扮演自己、扮演对手,从而熟悉真实谈判的各个环节和细节,这对于谈判团队特别是临时组建的团队,在心理准备、心理承受、临场发挥等方面都是大有裨益的。

二、商务谈判模拟的方法

(一)仿真模拟法

仿真模拟法是对真实谈判的实战性排练。仿真模拟法要求谈判地点、谈判会场、谈判人员、谈判议程、对方谈判策略等都要与真实谈判最大限度地相似。仿真模拟法是三种模拟法中最复杂、最耗时,也最见成效的模拟方法,该方法一般适用于大型的、复杂的、重要的谈判。

仿真模拟法需要充分和合理的想象。该方法要求谈判成员按照商务谈判的流程展开充分和合理的想象,尽量想象出真实谈判中各个阶段可能发生的所有情形,以及依据想象的情形,排练在开局、磋商、结束各个阶段可能出现的各种局面,如对方可能提及的问题、己方的答复、对方讨价、己方还价、对方策略、己方应对等。只有想象充分和合理,仿真模拟法才能见效果。

(二)讨论会模拟法

讨论会模拟法是头脑风暴法在商务谈判情境下的一种应用。该方法的主要做法一般包括以下三步。第一步,介绍对方和己方情况。首席谈判代表召集谈判成员开讨论会,重点介绍谈判环境调查中获得的信息,并简要介绍己方情况和初步形成的谈判方案。第二步,集思广益。谈判人员根据各自的专业知识、谈判经验等畅所欲言,提出谈判方案中和真实谈判中可能出现的各种情形和问题以及应对措施。第三步,总结和反馈。指定专人负责记录讨论结果,形成讨论会总结文件,并对谈判方案进一步完善,会后反馈给谈判人员供后续参考。

(三)纸面模拟法

纸面模拟法也可称为方案模拟法,是一种最简单的模拟方法,一般适用于小型的、简单的、常规的谈判。该方法的主要做法是先拟定出谈判方案初稿或列出问题清单,分发给团队成员,让团队成员对谈判方案初稿提出修改和完善意见,或者让谈判成员针对问题清单提出对策建议。纸面模拟法没有面对面讨论环节,只是单纯地进行书面沟通。该方法的优点是省时省力,缺点是模拟效果是三种中最差的。

第二节 商务谈判模拟的组织

本节以仿真模拟法为例,介绍如何在课堂上组织一场商务谈判模拟活动。仿真模拟法一般包括模拟背景、模拟准备、模拟实施、模拟总结和模拟评价五个环节。

一、模拟背景

模拟背景是商务谈判模拟的起点,决定了商务谈判模拟难度、时长、参与人数等。大体来讲,模拟背景可以分为以下四种类型。

(一)真实发生且有公开信息的商务谈判

商务谈判每天都在发生,其中一些知名企业之间的谈判活动会被媒体报道,这些真实发生并且可以查询到公开信息的商务谈判,是商务谈判模拟的适宜背景。

模拟该类背景,可先收集公开信息,包括企业背景、谈判背景、市场信息、谈判过程信息(事件、人物、观点等)等。在后续的模拟环节中,学生可分别扮演不同企业的谈判人员,进行模拟谈判。该类型模拟的要点在于"重现真实谈判"或"优化真实谈判",学生能够实现任意一个要点,都对学习商务谈判大有裨益。

该类型的模拟活动,优点是背景真实、有案可稽、有迹可循,不足之处在于信息搜集工作量大、耗时长、学生投入精力较多。

(二)真实发生但无公开信息的商务谈判

有些真实发生的商务谈判被媒体报道了,但谈判内容和细节无从查起。这些真实发生但无公开信息的商务谈判,也为商务谈判模拟提供了背景。

模拟该类背景,可先收集公开信息,包括企业背景、谈判背景、市场信息等。在后续的模拟环节中,学生可分别扮演不同企业的谈判人员,进行模拟谈判。该类型模拟的要点在于"填补谈判留白"。

该类型的模拟活动,优点是背景真实、信息搜集工作量小、学生自由发挥空间大,不足之处在于对于学生的模拟活动缺少校准点。

(三)合同纠纷案件

中华人民共和国最高人民法院、各省市法院、中国裁判文书网等会公布裁判文书和典型案例,这为商务谈判提供了丰富的背景资料。

可从合同纠纷案件中挑选合适的案件,对其进行裁剪和加工,使其成为谈判背景。在后续的模拟环节,学生可扮演不同企业的谈判人员,他们不是"重现"对簿公堂的情境,而是尝试以商务谈判方式解决分歧和争议事项。

该类型的模拟活动,优点是背景真实、信息可靠,不足之处在于对学生素质要求高、挑战性较大。

(四)假定的商务谈判

可自行编制和提供商务谈判背景资料。背景资料一般包括卖方背景、买方背景、标的信息、谈判背景、谈判目标等。

在课堂上假定的商务谈判情境中,背景信息一般是由教师提供的,学生只需要收集谈判背景之外的信息即可。在后续的模拟环节中,学生可分别扮演不同企业的谈判人员,进行模拟谈判。

该类型的模拟活动,优点是信息搜集工作量小、学生自由发挥空间大,不足之处在于对于学生的模拟活动缺少校准点。

二、模拟准备

(一)组建谈判团队

每个模拟背景均选择一组学生参与模拟活动,该组学生又要分成卖方和买方,并进一步需要确定每个学生在卖方和买方中扮演的角色。从理论上讲,每组学生的数量由案例背景、议题数量、专业知识面等因素决定,但从教学实际情况看,每组学生数量控制在 10—20 个人之间是比较合适的。卖方和买方的学生数量要大体相当,数量差距不宜过大。

学生分组由学生自主决定,教师提供必要指导。

(二)调查谈判环境

学生分组结束后,需要进行谈判环境调查,调查内容和方法见第七章。

(三)制订谈判方案

在谈判环境调查基础上,每组学生中的卖方和买方都应制订商务谈判方案。商务谈判方案是在商务谈判之前,根据谈判目标拟定的包含谈判目标、谈判议程、谈判策略、应急与风险对策等具体内容的文件。

制订谈判方案由学生自主完成,教师应提供必要指导。

(四)谈判会场选择与布置

商务谈判模拟活动安排在活动教室或会议室都可。但从教学效果看,选择比较庄重的和不易被干扰的会议室较为合适。

谈判会场主要由教师决定,会场布置由每组学生自行进行。谈判会场选择与会场布置的要求见第三章。

三、模拟实施

商务谈判模拟活动在谈判会场进行。每场谈判活动应包含开局阶段、磋商阶段和结束阶段,是否包含重启阶段由模拟背景或教师决定。从模拟效果看,至少包含开局、磋商和结束三个阶段是较为理想的。其中,开局阶段和结束阶段主要是考查学生对商务谈判基本流程的掌握情况;磋商阶段是模拟的重点阶段,不仅要考查学生对基本流程的掌握情况,还要考查谈判方案在此阶段的执行情况和执行效果。

四、模拟总结

每组学生的模拟活动结束后,教师应组织学生开展总结活动。该阶段总结的主体是学生,卖方、买方和观摩学生均应积极进行总结。商务谈判模拟的前三个环节(包括模拟背景、模拟准备、模拟实施)都是总结的对象,学生既要总结优点又要总结不足之处。

五、模拟评价

每个小组的模拟活动结束后,教师应对模拟活动进行评价。模拟评价主要针对模拟准备、模拟实施、模拟总结三个环节。一般情况下,教师不需评价模拟背景,特殊情况除外。

表9-1给出了每个模拟环节的评价要点、评价标准和具体要求,供教师和学生参考。教师在使用或者修订评价标准时,需要注意以下四点:一是商务谈判模拟既是对学生学习效果的一种检验,也是对学生能力的一种训练和提升活

动,因此,评价标准要与理论知识紧密结合,确保学生有的放矢。二是评价要点和评价标准可根据需要进行增减或合并。三是评分分值由教师自行决定,但模拟准备和整体流程对应的分值应较高。四是教师应重点评价学生对重要知识点、主要理论、基本规律的掌握情况和实践能力,评价不宜过细过死,要给学生留有发挥和创新空间。

表 9-1　商务谈判模拟评价标准与要求

模拟环节	评价要点	评价标准	具体要求
模拟准备	组建谈判团队	结构是否合理; 分工是否明确; 规模是否适当。	参见第六章
	调查谈判环境	调查方法是否多样; 调查内容是否全面; 调查是否深入。	参见第七章
	制订谈判方案	方案内容是否全面; 方案内容是否细致; 方案内容是否具有针对性。	参见第九章
	谈判会场布置	会场布置是否符合规范。	参见第三章
模拟实施	整体流程	流程是否完整; 流程之间是否过渡自然。	参见第三章
	开局阶段	是否完整地完成开局任务; 是否正确地完成开局任务。	
	磋商阶段	是否完整地完成磋商工作; 磋商工作是否符合谈判基本逻辑; 谈判策略是否丰富; 谈判策略应用是否恰当; 是否恰当地使用谈判信息。	参见第三章、第四章
	结束阶段	是否完整地完成结束阶段任务; 是否正确地完成结束阶段任务。	参见第三章、第五章
	角色扮演	团队协作性和互动性如何; 口头语言是否合适; 行为语言是否合适。	参见第六章
模拟总结	总结内容	总结是否充分; 总结是否深入。	参见第九章

第三节　商务谈判模拟案例

本节将介绍两个商务谈判模拟案例,这两个案例均源于合同纠纷案件。

一、中化新加坡公司与德国克虏伯公司的买卖合同谈判

(一)模拟背景设定

2008年4月11日,中化新加坡公司与德国克虏伯公司签订了采购合同,约定如下:

(1)中化新加坡公司向德国克虏伯公司采购燃料级石油焦25000吨,数量可有10%浮动,石油焦的HGI指数典型值为36—46。

(2)石油焦的装货港为宾夕法尼亚匹兹堡,目的港为中国港口,具体港口由中化新加坡公司确定。

(3)由双方确认的独立检验人在装货港船上采样检验并出具检验证书,该检验结果是终局的,并对双方都有约束力。中化新加坡公司有权在卸货港对石油焦的数量和品质进行检验,德国克虏伯公司有权委托独立检验人见证上述检验过程并自行承担相应费用。如果中化新加坡公司发现石油焦的品质或数量与在装货港确定的品质或数量不符,可向德国克虏伯公司发出索赔通知,并有权在石油焦到达目的港之日起60日内向德国克虏伯公司提出索赔。

(4)本合同应当根据美国纽约州当时有效的法律订立和解释。双方还就合同履行做了其他约定。

2008年8月8日,双方认可的检验人A.J.EDMODN公司在装货港出具的检验证书载明,石油焦的HGI指数为32。同年8月11日的重量检验证书载,德国克虏伯公司实际交付石油焦26079.63吨。

2008年7月31日,中化新加坡公司在中国交通银行新加坡分行(以下简称新加坡交行)开立信用证,信用证45A规定:石油焦HGI指数为36—46。2008年8月27日,德国克虏伯公司向新加坡交行提示包括A.J.EDMODN公司在装货港

出具的检验证书在内的议付单据。该行于 2008 年 9 月 2 日支付了大部分货款。2008 年 9 月 11 日,德国克虏伯公司开具最终商业发票,确定石油焦单价为 301.56 美元/吨。2008 年 9 月 25 日,中化新加坡公司通过电汇方式支付了剩余小部分货款。中化新加坡公司向德国克虏伯公司总计支付货款 7756828.55 美元。

2008 年 9 月 8 日,石油焦到达南京港。2008 年 11 月 10 日,中国检验认证集团江苏有限公司出具的检验证书载,石油焦的 HGI 指数为 32。

2008 年 10 月至 12 月,中国市场石油焦价格下跌,中硫焦出厂含税价 10 月下跌为人民币 2048 元/吨,11 月跌至人民币 1357 元/吨,12 月下跌至人民币 1305 元/吨。[①]

(二)谈判目标设定

1. 中化新加坡公司

中化新加坡公司按约支付了全部货款,但德国克虏伯公司交付的石油焦 HGI 指数仅为 32,严重影响中化新加坡公司在中国市场的销售,构成根本违约。中化新加坡公司有权解除合同,要求德国克虏伯公司返还全部货款,并赔偿中化新加坡公司由此遭受的全部损失。

2. 德国克虏伯公司

德国克虏伯公司交付的石油焦 HGI 值是 32,表面看与合同约定不符,但该值不是强制性的,HGI 值为 32 的石油焦并不影响使用,德国克虏伯公司的行为不构成违约,不需要对中化新加坡公司进行损失赔偿。

(三)模拟总体要求

以互利互惠为导向,协商解决双方之间的分歧,最终签订补充合同。

二、凯明公司与华锐公司的买卖合同谈判

(一)模拟背景设定

2010 年 9 月 5 日,凯明公司与华锐公司签订了华锐风电 SL3000/HH90 陆上低温型塔筒买卖合同(以下简称塔筒买卖合同),约定凯明公司出售给华锐公

---

① 更多案例信息请参见"中化国际(新加坡)有限公司与蒂森克虏伯冶金产品有限责任公司国际货物买卖合同纠纷案",载于 2015 年第 8 期《中华人民共和国最高人民法院公报》。

司 3.0 兆瓦陆上低温塔筒 64 套（包括塔筒、基础环及塔内钢结构），合同价格
12140 元/吨，每套塔筒暂定 305.75 吨，每套塔筒总价 3711805 元，合同总价款
为 237555520 元。合同分两期履行，2011 年 3 月 1 日前交付 32 套，最终总价以
双方依据买方图纸核定的吨数为准。合同价格包括设备、技术资料、技术服务
等费用在内，还包括税费、运杂费、保险费等与合同有关的费用。同时约定"当
板材、法兰市场价格浮动大于等于附件 1 中板材、法兰价格的 5％时，供货价格
据此调整"。附件 1 载明塔筒板材重量 261 吨，按图纸要求，塔筒板材吨均价
6042.6 元（含 6％消耗）。付款方式为银行电汇或承兑。华锐公司在收到凯明
公司提交的一期总价 10％的财务收据后 15 日内支付一期总价 10％的预付款，
即 11877776 元。凯明公司在一期合同设备交货前 30 日向华锐公司提交一期
总价款 20％的财务票据，华锐公司验明无误后 30 日内支付一期总价款的
20％，即 23755552 元。在一期基础环全部到现场并验收合格后，华锐公司在收
到 30％的收款收据及双方共同签署的设备到货验收单 15 日内支付一期总价款
的 30％，即 35633328 元。16 台套货到现场并验收合格后，华锐公司在收到
15％的收款收据及双方共同签署的设备到货验收单 15 日内支付一期总价款的
15％，即 17816664 元。另 16 台套货到现场并验收合格后，华锐公司在收到
15％的收款收据、一期总价款 100％的发票及双方共同签署的设备到货验收单
15 日内支付一期总价款的 15％，即 17816664 元。质保期满后 30 日内，华锐公
司支付 10％的尾款，即 11877776 元。二期价格和付款方式与一期相同。

　　合同规定，凯明公司应按照合同规定的时间交货和提供服务，如凯明公司无
正当理由拖延交货，要加收误期赔偿和/或终止合同。凯明公司可能遇到妨碍按
时交货和提供服务的情况时，应及时以书面形式将拖延的事实、可能拖延的期限
和理由通知华锐公司。华锐公司应尽快进行评价，并确定是否同意延长交货时间
以及是否收取误期赔偿费。延期应通过修改合同的方式由双方认可。赔偿费第
一周按迟交货物交货价的 0.5％计收，第二周按 1％计收，误期赔偿费最高限额不
超过货物合同价的 5％。除华锐公司同意外，凯明公司不得将本合同设备的全部
或部分分包给第三方，如违约，华锐公司有权根据合同规定进行索赔。合同经双
方法定代表人或委托代理人签字，自加盖合同专用章之日起成立，风电场核准文
件下发之日起即刻生效。2010 年 12 月 6 日，黑龙江省发展和改革委员会核准了

大庆和平风电场项目。

2010 年 11 月 2 日,华锐公司通过传真形式通知凯明公司,因大庆和平风电场项目施工进度提前,将合同约定的基础环交货期由 2011 年 3 月 1 日改为 2011 年 1 月 15 日至 3 月 15 日,筒体及附件交货期由 2011 年 3 月 1 日改为 2011 年 3 月 15 日至 6 月 15 日,交货数量由 32 套变更为 64 套。2010 年 11 月 3 日,凯明公司回复华锐公司,关于变更交货期限及交货数量的通知已收到,该公司已与法兰及板材供应商签订采购合同,但需支付预付款,如华锐公司 5 日内不能支付 64 套塔筒的第一笔预付款,将导致法兰及板材的供货周期延后一个月,基础环及塔筒的供货周期相应延迟一个月。双方共同确认供货期限提前后,预付款及进度款仍按合同约定的条件及比例给付,但供货数量以及付款数额的计算应以 64 套塔筒为标准。

2011 年 1 月 26 日,凯明公司发给华锐公司《关于大庆和平风电场 3.0 兆瓦风机塔筒项目拨付合同预付款及确认塔筒价格调整的函》,载明"按合同约定,贵公司应在合同生效后支付我公司合同总价款 10％的预付款,计 2375 万元。但贵公司仅于 2010 年 12 月 23 日支付 1400 万元。我公司在贵公司剩余 975 万元预付款尚未支付的情况下,积极订购原材料,至目前已经订购 64 套塔筒全部法兰,并支付 1400 万元预付款。已经订购 64 套塔筒基础环用板材及试验用板材约 1040 吨,支付货款 700 万元。在此期间,我方与供货商一再商谈剩余板材订货事宜,目前得到的最低板材订货均价(含运费含税)已达 6197 元/吨"。依据合同约定,板材市场价格浮动大于约定的 5％时,塔筒成品供货价格据此调整。塔筒价格构成中板材均价为 6042.6 元(含 6％损耗),去除损耗板材采购均价(含运费含税)为 5700.57 元/吨(6042.6÷1.06＝5700.57)。目前市场价格已经比双方签订合同时约定的板材价格上浮 8.71％。[①]

(二)谈判目标设定

1. 凯明公司

(1)要求华锐公司按照原合同中约定的支付条件和支付比例,按约支付 64

---

① 更多案例信息请参见"大庆凯明风电塔筒制造有限公司与华锐风电科技(集团)股份有限公司买卖合同纠纷案",载于 2015 年第 11 期《中华人民共和国最高人民法院公报》。

套塔筒的价款。

(2)要求华锐公司履行条款:"当板材、法兰市场价格浮动大于等于附件 1 中板材、法兰价格的 5％时,供货价格据此调整。"

2.华锐公司

(1)要求凯明公司按期保质交付设备。

(2)减少原合同中关于预付款及进度款的付款比例。

(3)尚不满足价格调整的条件,拒绝凯明公司价格调整的要求。

(三)模拟总体要求

以互利互惠为导向,协商解决双方之间的分歧,最终签订补充合同。

课后练习

一、单项选择题

(　　)一般适用于大型的、复杂的、重要的谈判。

A.仿真模拟法　　　　　　　　B.讨论会模拟法

C.纸面模拟法　　　　　　　　D.方案模拟法

二、多项选择题

教师组织的商务谈判模拟一般包括(　　)环节。

A.模拟背景　　　B.模拟准备　　　C.模拟实施　　　D.模拟总结

E.模拟评价　　　F.组建模拟团队

三、思考题

1.请简述商务谈判模拟的作用。

2.请简述商务谈判模拟的方法。

附　录

机电产品国际采购合同①

第一部分　合同协议书

本合同于_____年_____月_____日由中华人民共和国的(买方名称)(以下简称"买方")为一方和(卖方国家/地区和城市)的(卖方名称)(以下简称"卖方")为另一方按下述条款和条件签署。

鉴于买方为获得以下货物和伴随服务,即(货物和服务简介)而邀请投标,并接受了卖方以总金额(币种、用文字和数字表示的合同价)(以下简称"合同价")提供上述货物和服务的投标。

本合同在此声明如下:

1.本合同中的词语和术语的含义与合同条款中的定义相同。

2.下述文件是本合同的一部分,并与本合同一起阅读和解释:

(1)合同通用条款。

(2)合同专用条款。

(3)合同附件,如:

　　附件 1—供货范围及分项报价表

　　附件 2—技术规格

　　附件 3—交货批次及交货时间

　　附件 4—履约保证金保函(格式见第三部分)

　　附件 5—预付款银行保函(格式见第三部分)

　　附件 6—信用证(格式见第三部分)

―――――――――――

　　① 本合同根据 2014 年 4 月中华人民共和国商务部对外贸易司编制的《机电产品国际招标标准招标文件(试行)》整理而成。

（4）中标通知书。

3.考虑到买方将按照本合同向卖方支付货款,卖方在此保证全部按照合同的规定向买方提供货物和服务,并修补缺陷。

4.考虑到卖方提供的货物和服务,并修补缺陷,买方在此保证按照合同规定的时间和方式向卖方支付合同价或其他按合同规定应支付的金额。

双方在上述日期签署本协议。

买方代表姓名：_____　　卖方代表姓名：_____

买方代表签字：_____　　卖方代表签字：_____

买方名称：_____　　卖方名称：_____

第二部分　合同通用条款

1.定义

1.1　本合同下列术语应解释为:

（1）"合同"系指买卖双方签署的、合同格式中载明的买卖双方所达成的协议,包括所有的附件、附录和上述文件所提到的构成合同的所有文件。

（2）"合同价"系指根据本合同规定卖方在正确地完全履行合同义务后买方应支付给卖方的价款。

（3）"货物"系指卖方根据本合同规定须向买方提供的一切设备、机械和/或其他材料。

（4）"伴随服务"系指根据本合同规定卖方承担与供货有关的辅助服务,如运输、保险、安装、调试、提供技术援助、培训和合同中规定卖方应承担的其他义务。

（5）"合同通用条款"系指本合同通用条款。

（6）"合同专用条款"系指本合同专用条款。

（7）"买方"系指在合同专用条款中指明的购买货物和服务的单位。

（8）"卖方"系指在合同专用条款中指明的提供本合同项下货物和服务的公

司或其他实体。

(9)"合同条款"包含合同通用条款和合同专用条款,当合同通用条款与合同专用条款不一致时,以合同专用条款为准。

(10)"项目现场"系指本合同项下货物安装、运行的现场,其名称在合同专用条款中指明。

(11)"日"指日历日。

2. 适用性

2.1　本合同条款适用于没有被本合同其他部分的条款所取代的范围。

3. 原产地

3.1　本合同项下所提供的货物及服务均应来自中华人民共和国或是与中华人民共和国有正常贸易往来的国家和地区(以下简称"合格来源国/地区")。

3.2　本款所述的"原产地"是指生产、制造或加工货物的国家或地区;或者是通过制造、加工或装配,最终形成产品的国家或地区,而该产品在商业上被确认为其基本特征已与其所使用的部件有着实质性区别。

3.3　货物和服务的原产地有别于卖方的国籍。

4. 标准

4.1　本合同下交付的货物应符合技术规格所述的标准。如果没有提及适用标准,则应符合货物来源国适用的官方标准。这些标准必须是有关机构发布的最新有效版本的标准。

4.2　除非技术规格中另有规定,计量单位均采用中华人民共和国法定计量单位。

5. 合同文件和资料的使用

5.1　没有买方事先书面同意,卖方不得将由买方或买方代表提供的有关合同或任何合同条文、规格、计划、图纸、模型、样品或资料提供给卖方雇佣于履行本合同以外的任何其他人。即使向本合同的雇员提供,也应注意保密并限于履行合同必须的范围。

5.2　没有买方事先书面同意,除了履行本合同之外,卖方不应使用合同通用条款第5.1条所列举的任何文件和资料。

5.3 除了合同本身以外,合同通用条款第5.1条所列举的任何文件是买方的财产。如果买方有要求,卖方在完成合同后应将这些文件及全部复制件还给买方。

6.知识产权

6.1 卖方应保证,买方在中华人民共和国使用该货物或货物的任何一部分时,免受第三方提出的侵犯其专利权、商标权、著作权或其他知识产权的起诉。

7.履约保证金

7.1 卖方应在收到《中标通知书》后30日内,向买方提交合同专用条款中所规定金额的履约保证金。

7.2 履约保证金用于补偿买方因卖方不能完成其合同义务而蒙受的损失。

7.3 履约保证金应采用本合同货币或买方可以接受的其他货币,并采用下述方式之一提交:

(1)银行保函或不可撤销的信用证。

由买方可接受的在中华人民共和国注册和营业的银行出具,或由信誉良好的外国银行通过在中华人民共和国注册和营业的银行出具。其格式采用招标文件提供的格式或其他买方可接受的格式。

(2)银行本票、保兑支票或现金。

7.4 在卖方完成其合同义务包括任何保证义务后30日内,买方将把履约保证金退还卖方。

8.检验和测试

8.1 买方或其代表应有权检验和/或测试货物,以确认货物是否符合合同规格的要求,并且不承担额外的费用。合同条款和技术规格将说明买方要求进行的检验和测试,以及在何处进行这些检验和测试。买方将及时以书面形式把进行检验和/或买方测试代表的身份通知卖方。

8.2 检验和测试可以在卖方或其分包人的驻地、交货地点和/或货物的最终目的地进行。如果在卖方或其分包人的驻地进行,检测人员应能得到全部合理的设施和协助,买方不应为此承担费用。

8.3　如果任何被检验或测试的货物不能满足规格的要求,买方可以拒绝接受该货物,卖方应更换被拒绝的货物,或者免费进行必要的修改以满足规格的要求。

8.4　买方在货物到达目的港和/或现场后对货物进行检验、测试及必要时拒绝接受货物的权力将不会因为货物在从来源国/地区启运前通过买方或其代表的检验、测试和认可而受到限制或放弃。

8.5　在交货前,卖方应让制造商对货物的质量、规格、性能、数量和重量等进行详细而全面的检验,并出具一份证明货物符合合同规定的检验证书,检验证书是付款时提交给议付行的文件的一个组成部分,但不能作为有关质量、规格、性能、数量或重量的最终检验。制造商检验的结果和细节应附在质量检验证书后面。

8.6　货物抵达目的港和/或现场后,买方应向中华人民共和国国家出入境检验检疫局(以下称为"检验检疫局")申请对货物的质量、规格、数量等进行检验,并出具交货后检验证书。如果检验检疫局发现质量、规格、数量等有与合同规定不一致的地方,买方有权在货物到达现场后 90 日内向卖方提出索赔。

8.7　如果在合同条款第 18 条规定的保证期内,根据检验检疫局或其他机构的检验结果,发现货物的质量或规格与合同要求不符,或货物被证实有缺陷,包括潜在的缺陷或使用不合适的材料,买方应及时向卖方提出索赔。

8.8　合同条款第 8 条的规定不能免除卖方在本合同项下的保证义务或其他义务。

9. 包装

9.1　卖方应提供货物运至合同规定的最终目的地所需要的包装,以防止货物在转运中损坏或变质。这类包装应采取防潮、防晒、防锈、防腐蚀、防震动及防止其他损坏的必要保护措施,从而保护货物能够经受多次搬运、装卸及远洋和内陆的长途运输。卖方应承担由于其包装或其防护措施不妥而引起货物锈蚀、损坏和丢失的任何损失的责任或费用。对于木质包装材料,应按照中华人民共和国国家质量监督检验检疫总局的规定,对木质包装进行除害处理并加施 IPPC 专用标志的声明或未使用木质包装的声明。

10.装运标记

10.1 卖方应在每一包装箱相邻的四面用不可擦除的油漆和明显的英语字样做出以下标记:

(1)收货人。

(2)合同号。

(3)发货标记(唛头)。

(4)收货人编号。

(5)目的港。

(6)货物名称、品目号和箱号。

(7)毛重/净重(用 kg 表示)。

(8)尺寸(长×宽×高,均用 cm 表示)。

10.2 如果单件包装箱的重量在 2 吨(t)或 2 吨(t)以上,卖方应在包装箱两侧用英语和国际贸易通用的运输标记标注"重心"和"起吊点",以便装卸和搬运。根据货物的特点和运输的不同要求,卖方应在包装箱上清楚地标注"小心轻放""此端朝上,请勿倒置""保持干燥"等字样和其他国际贸易中使用的适当标记。

11.装运条件

11.1 如果是 CIF/CIP 合同:

(1)卖方应负责安排订舱位、运输和支付运费,以确保按照合同规定的交货期交货。

(2)提单/空运提单日期应视为实际交货日期。

(3)除非另行同意,货物不能放在甲板上运输,也不能转运。

(4)承运的运输工具应来自合格来源国/地区。

(5)目的港/项目现场在合同专用条款中有规定。

11.2 如果是 EXW 合同:

(1)卖方应负责安排内陆运输,但由买方支付运费。

(2)有关运输部门出具的收据日期应视为交货日期。

11.3　如果是 FOB/FCA 合同：

(1)卖方可负责安排定舱位、运输,但由买方支付运费。

(2)提单/空运提单日期应视为实际交货日期。

(3)除非另行同意,货物不能放在甲板上运输,也不能转运。

(4)承运的运输工具应来自合格来源国/地区。

(5)目的港/项目现场在合同专用条款中有规定。

11.4　卖方装运的货物不应超过合同规定的数量或重量。否则,买方对由此产生的一切费用和后果不承担责任。

12. 装运通知

12.1　如果是 CIF/CIP 合同：

(1)卖方应在合同规定的装运日期之前,即海运前 30 日或空运前 7 日以电报或电传或传真形式将合同号、货物名称、数量、箱数、总毛重、总体积(用 m^3 表示)和在装运口岸备妥待运日期通知买方,同时,卖方应用航空信把详细的货物清单一式 5 份,包括合同号、货物名称、规格、数量、总体积(用 m^3 表示)、每箱尺寸(长×宽×高)、单价、总金额、启运口岸、备妥待运日期和货物在运输、储存中的特殊要求和注意事项等寄给买方。

(2)卖方应在货物装船完成后 24 小时之内以电报或电传或传真形式将合同号、货物名称、数量、毛重、体积(用 m^3 表示)、发票金额、运输工具名称、启运日期和预计到达目的港的日期通知买方。如果每个包装箱的重量超过 20 吨(t),或者体积达到或超过长 12 米(m)、宽 2.7 米(m)、高 3 米(m),卖方应将每个包装箱的重量和体积通知买方,易燃品或危险品的细节还应另行注明。

12.2　如果是 EXW 合同：

(1)卖方应在合同规定的装运日期之前,即铁路/公路/水运前 21 日或空运前 7 日以电报或电传或传真形式将合同号、货物名称、数量、箱数、总毛重、总体积(用 m^3 表示)和备妥待运的日期通知买方,同时,卖方应用挂号信把详细的货物清单一式 5 份,包括合同号、货物名称、规格、数量、总毛重、总体积(用 m^3 表示)、每箱尺寸(长×宽×高)、单价、总金额、启运口岸、备妥待运日期和货物在运输、储存中的特殊要求和注意事项等通知买方。

（2）卖方应在货物装完后 24 小时之内以电报或电传或传真形式将合同号、货物名称、数量、总毛重、体积（用 m^3 表示）、发票金额、运输方式（铁路/公路/水运/航空）、运输工具名称、启运日期和预计到达目的港的日期通知买方。如果每个包装箱的重量超过 20 吨（t），或者体积达到或超过长 12 米（m）、宽 2.7 米（m）、高 3 米（m），卖方应将每个包装箱的重量和体积通知买方，易燃品或危险品的细节还应另行注明。

（3）在 EXW 合同项下，如果是因为卖方延误不能用电报或电传或传真形式将上述内容通知买方，使买方不能及时办理保险，由此而造成的全部损失应由卖方负责。

12.3　如果是 FOB/FCA 合同：

（1）卖方应在装运日期之前，即海运前 30 日或空运前 7 日以电报或电传或传真形式将合同号、货物名称、数量、箱数、总毛重、总体积（用 m^3 表示）和装运口岸备妥待运日期通知买方，同时，卖方应用航空信把详细的货物清单一式 5 份，包括合同号、货物名称、规格、数量、总体积（用 m^3 表示）、每箱尺寸（长×宽×高）、单价、总金额、启运口岸、备妥待运日期和货物在运输、储存中的特殊要求和注意事项等寄给买方。

（2）卖方应在货物装完后 24 小时之内以电报或电传或传真形式将合同号、货物名称、数量、毛重、体积（用 m^3 表示）、发票金额、运输工具名称、启运日期和预计到达目的港的日期通知买方。如果每个包装箱的重量超过 20 吨（t），或者体积达到或超过长 12 米（m）、宽 2.7 米（m）、高 3 米（m），卖方应将每个包装箱的重量和体积通知买方，易燃品或危险品的细节还应另行注明。

（3）在 FOB/FCA 合同项下，如果是因为卖方延误不能用电报或电传或传真形式将上述内容通知买方，使买方不能及时办理保险，由此而造成的全部损失应由卖方负责。

13. 交货和单据

13.1　卖方应按照"货物需求一览表"规定的条件交货。卖方应提供的装运细节和/或其他单据见合同条款第 9、10、11 和 12 条规定。

13.2　EXW，FOB，FCA，CIF，CIP 及其他用于说明各方责任的贸易术语应按照巴黎国际商会现行最新版本的《国际贸易术语解释通则》来解释。

13.3　卖方应在货物装完启运后以传真形式将全部装运细节,包括合同号、货物说明、数量、运输工具名称、提单号码及日期、装货口岸、启运日期、卸货口岸、预计到港日期等通知买方和保险公司。为合同支付的需要,卖方还应根据本合同条款第 20 条的规定,向买方寄交或通过卖方银行转交该条款规定的相关"支付单据"。

14. 保险

14.1　应对本合同下提供的货物,按本条款规定的方式,用一种可以自由兑换的货币对其在制造、购置、运输、存放及交货过程中的丢失或损坏进行全面保险。

14.2　如果买方要求按 CIF 或 CIP 价格条件交货,其货物保险将由卖方办理、支付,卖方应用一种可以自由兑换的货币办理以发票金额 110％投保的一切险和战争险,并以买方为受益人。如果按 FOB/FCA 价格条件交货,则保险由买方负责。

14.3　如果是 EXW 合同,装货后的保险应由买方办理。

15. 运输

15.1　如果合同要求卖方以 FOB 价格条件交货,卖方应负责办理、支付直至包括将货物在指定的装船港装上船的一切运输事项,相关费用包括在合同价中。如果合同要求卖方以 FCA 价格条件交货,卖方应负责办理、支付将货物在买方指定地点或其他同意的地点交由承运方保管的一切运输事项,相关费用应包括在合同价中。

15.2　如果合同要求卖方以 CIF/CIP 价格条件交货,卖方应负责办理、支付将货物运至目的港或合同中指定的其他目的地的一切运输事项,相关费用应包括在合同价中。

15.3　如果合同要求卖方以 CIF/CIP 价格条件交货,所选择承运人事先应获买方同意。如果合同要求以 FOB/FCA 价格条件交货,卖方应使用买方指定的承运人或挂中国国旗的船只(如果合同要求的话),代表买方并由买方负担费用来安排国际运输,如果买方指定的承运人或挂中国国旗的船只不能在合同规定的时间内用于运输货物,卖方应安排别的承运人或船只运输货物。

16.伴随服务

16.1　卖方可能被要求提供下列服务中的任一或所有服务,包括合同专用条款与技术规格中规定的附加服务(如果有的话):

(1)实施或监督所供货物的现场组装和/或试运行;

(2)提供货物组装和/或维修所需的工具;

(3)为所供货物的每一适当的单台设备提供详细的操作和维护手册;

(4)在双方商定的一定期限内对所供货物实施运行或监督或维护或修理,但前提条件是该服务并不能免除卖方在合同保证期内所承担的义务;

(5)在卖方厂家和/或在项目现场就所供货物的组装、试运行、运行、维护和/或修理对买方人员进行培训。

16.2　如果卖方提供的伴随服务的费用未含在货物的合同价中,双方应事先就其达成协议,但其费用单价不应超过卖方向其他人提供类似服务所收取的现行单价。

16.3　卖方应提供合同专用条款/技术规格中规定的所有服务。为履行要求的伴随服务的报价或双方商定的费用应包括在合同价中。

17.备件

17.1　正如合同条款所规定,卖方可能被要求提供下列与备件有关的材料、通知和资料:

(1)买方从卖方选购备件的资料,但前提条件是该选择并不能免除卖方在合同保证期内所承担的义务;

(2)在备件停止生产的情况下,卖方应事先将要停止生产的计划通知买方使买方有足够的时间采购所需的备件;

(3)在备件停止生产后,如果买方要求,卖方应免费向买方提供备件的蓝图、图纸和规格。

17.2　卖方应按照合同专用条款/技术规格中的规定提供所需的备件。

18.保证

18.1　卖方应保证合同项下所供货物是全新的、未使用过的,是最新或目前的型号,除非合同另有规定,货物应含有设计和材料的全部最新改进。卖方进一步保证,合同项下提供的全部货物没有设计、材料或工艺上的缺陷(由于按买方的要求设计或按买方的规格提供的材料所产生的缺陷除外),或者没有因卖方的行为或疏忽而产生的缺陷,这些缺陷是所供货物在最终目的地国家现行条件下正常使用可能产生的。

18.2 本保证应在合同货物最终验收后的一定期限内保持有效,或在最后一批合同货物到达目的港后的一定期限内保持有效(上述期限见合同专用条款),以先发生的为准。

18.3 买方应尽快以书面形式通知卖方保证期内所发现的缺陷。

18.4 卖方收到通知后应在合同专用条款规定的时间内以合理的速度免费维修或更换有缺陷的货物或部件。

18.5 如果卖方收到通知后在合同规定的时间内没有以合理的速度弥补缺陷,买方可采取必要的补救措施,但其风险和费用将由卖方承担,买方根据合同规定对卖方行使的其他权力不受影响。

19. 索赔

19.1 如果卖方对偏差负有责任,并且买方在合同条款第 18 条或合同的其他条款规定的检验、安装、调试、验收和质量保证期内提出了索赔,卖方应按照买方同意的下列一种或几种方式结合起来解决索赔事宜:

(1)卖方同意退货并用合同规定的货币将货款退还给买方,并承担由此发生的一切损失和费用,包括利息、银行手续费、运费、保险费、检验费、仓储费、装卸费以及为看管和保护退回货物所需的其他必要费用。

(2)根据货物的偏差情况、损坏程度以及买方所遭受损失的金额,经买卖双方商定降低货物的价格。

(3)用符合合同规定的规格、质量和性能要求的新零件、部件和/或设备来更换有缺陷的部分和/或修补缺陷部分,卖方应承担一切费用和风险并负担买方蒙受的全部直接损失费用。同时,卖方应按合同条款第 18 条规定,相应延长所更换货物的质量保证期。

19.2 如果在买方发出索赔通知后 30 日内,卖方未作答复,上述索赔应视为已被卖方接受。如卖方未能在买方发出索赔通知后 30 日内或买方同意的延长期限内,按照买方同意的上述规定的任何一种方法解决索赔事宜,买方将从议付货款或从卖方开具的履约保证金中扣回索赔金额。

20. 付款

20.1　本合同项下的付款方法和条件在合同专用条款中有规定。

21. 价格

21.1　卖方在本合同项下提交货物的价格和履行伴随服务收取的费用在合同协议书中给出。

22. 变更指令

22.1　根据合同条款第 35 条的规定,买方可以在任何时候书面向卖方发出指令,在本合同的一般范围内变更下述一项或几项:

(1)本合同项下提供的货物是专为买方制造时,变更图纸、设计或规格;

(2)运输或包装的方法;

(3)交货地点;

(4)卖方提供的伴随服务。

22.2　如果上述变更使卖方履行合同义务的费用或时间增加或减少,将对合同价或交货时间或两者进行公平的调整,同时相应修改合同。卖方根据本条进行调整的要求必须在收到买方的变更指令后 30 日内提出。

23. 合同的修改

23.1　除了合同条款第 22 条的情况外,不应对合同条款进行任何变更或修改,除非双方同意并签订书面的合同修改书。

24. 转让

24.1　除买方事先书面同意外,卖方不得部分转让或全部转让其应履行的合同义务。

25. 分包

25.1　卖方应书面通知买方其在本合同中所分包的全部分包合同,但此分包通知并不能解除卖方履行本合同的责任和义务。

25.2 分包必须符合合同条款第 3 条的规定。

26. 卖方履约延误

26.1 卖方应按照"货物需求一览表"中买方规定的时间表交货和提供伴随服务。

26.2 在履行合同过程中,如果卖方及其分包人遇到妨碍按时交货和提供伴随服务的情况时,应及时以书面形式将拖延的事实、可能拖延的时间和原因通知买方。买方在收到卖方通知后,应尽快对情况进行评价,并确定是否同意延长交货时间以及是否收取误期赔偿费。延期应通过修改合同的方式获得双方认可。

26.3 除了合同条款第 29 条的情况外,除非拖延是根据合同条款第 26 条第 2 款的规定取得同意而不收取误期赔偿费之外,卖方延误交货,将按合同条款第 27 条的规定被收取误期赔偿费。

27. 误期赔偿费

27.1 除合同条款第 29 条规定的情况外,如果卖方没有按照合同规定的时间交货和提供服务,买方应在不影响合同项下的其他补救措施的情况下,从合同价中扣除误期赔偿费。每延误一周的赔偿费按迟交货物交货价或未提供服务的服务费用的 0.5% 计收,直至交货或提供服务为止。误期赔偿费的最高限额为合同价格的 5%。一旦达到误期赔偿费的最高限额,买方可考虑根据合同条款第 28 条的规定终止合同。

28. 违约终止合同

28.1 在买方对卖方违约而采取的任何补救措施不受影响的情况下,买方可向卖方发出书面违约通知书,提出终止部分或全部合同:

(1)如果卖方未能在合同规定的期限内或买方根据合同条款第 26 条的规定同意延长的期限内提供部分或全部货物。

(2)如果卖方未能履行合同规定的其他任何义务。

(3)如果买方认为卖方在本合同的竞争和实施过程中有腐败和欺诈行为。为此目的,定义下述条件:

a."腐败行为"是指提供、给予、接受或索取任何有价值的物品来影响买方在采购过程或合同实施过程中的行为。

b."欺诈行为"是指为了影响采购过程或合同实施过程而谎报或隐瞒事实,损害买方利益的行为。

28.2　如果买方根据上述第 28 条第 1 款的规定,终止了全部或部分合同,买方可以依其认为适当的条件和方法购买与未交货物类似的货物或服务,卖方应承担买方因购买类似货物或服务而产生的额外支出。但是,卖方应继续执行合同中未终止的部分。

29. 不可抗力

29.1　签约双方任何一方由于不可抗力事件的影响而不能执行合同时,履行合同的期限应予以延长,其延长的期限应相当于事件所影响的时间。不可抗力事件系指买卖双方在缔结合同时所不能预见的,并且它的发生及其后果是无法避免和无法克服的事件,诸如战争、严重火灾、洪水、台风、地震及其他双方同意或认定的不可抗力事件。

29.2　受阻一方应在不可抗力事件发生后尽快用电报、传真或电传通知对方,并于事件发生后 14 日内将有关当局出具的证明文件用特快专递或航空挂号信寄给对方审阅确认。一旦不可抗力事件的影响持续 120 日以上,双方应通过友好协商在合理的时间内达成进一步履行合同的协议。

30. 因破产而终止合同

30.1　如果卖方破产或无清偿能力,买方可在任何时候以书面形式通知卖方,提出终止合同而不给卖方补偿。该合同的终止将不损害或影响买方已经采取或将要采取的任何行动或补救措施的权力。

31. 因买方的便利而终止合同

31.1　买方可在任何时候出于自身的便利向卖方发出书面通知全部或部分终止合同,终止通知应明确该终止合同是出于买方的便利,并明确合同终止的程度,以及终止的生效日期。

31.2　对卖方在收到终止通知后 30 日内已完成并准备装运的货物,买方应按原合同价格和条款予以接收,对于剩余的货物,买方可:

(1)仅对部分货物按照原来的合同价格和条款予以接受。

（2）取消对剩余货物的采购,并按双方商定的金额向卖方支付部分完成的货物和服务以及卖方以前已采购的材料和部件的费用。

32. 争端的解决

32.1　合同实施或与合同有关的一切争端应通过双方协商解决。如果协商开始后 60 日还不能解决,争端应提交仲裁。

32.2　仲裁应由中国国际经济贸易仲裁委员会(CIETAC)按其仲裁规则和程序在北京或中国的其他地点进行。除非双方另有约定,仲裁的官方语言应为中文。

32.3　仲裁裁决应为最终裁决,对双方均具有约束力。

32.4　仲裁费除仲裁机关另有裁决外均应由败诉方负担。

32.5　在仲裁期间,除正在进行仲裁的部分外,本合同其他部分应继续执行。

33. 合同语言

33.1　除非双方另有约定,本合同语言为中文。如果本合同同时采用中文和英文,两种文字具有同等法律效力。除非双方另有约定,当中文和英文不一致时,以中文为准。双方交换的与合同有关的信函应用合同语言书写。

34. 适用法律

34.1　本合同应按照中华人民共和国的法律进行解释。

35. 通知

35.1　本合同一方给对方的通知应用书面形式送到合同专用条款中规定的对方的地址。

35.2　通知以送到日期或通知书的生效日期为生效日期,两者中以晚的一个日期为准。

36. 税和关税

36.1　中国政府根据现行税法对买方征收的与本合同有关的一切税费均应由买方负担。

36.2　如果本合同是授予中国境内的卖方,则中国政府根据现行税法对中国境内的卖方征收的与本合同有关的一切税费均应由该境内卖方负担。如果合同是授予中国境外的卖方,则中国政府根据现行税法规定和合同专用条款中所述的协议(如果有此协议的话)对境外卖方征收的与实施本合同有关的一切税费均应由境外卖方负担。

36.3　在中国关境外发生的与本合同执行有关的一切税费均应由卖方负担。

37. 合同生效及其他

37.1　本合同应在双方签字和买方收到卖方提交的履约保证金后生效。

37.2　如果本合同的货物在其所在国需要出口许可证,卖方应负责办理出口许可证,费用自理。

37.3　下述合同附件为本合同不可分割的部分并与本合同具有同等效力。

附件1　供货范围及分项价格表

附件2　技术规格

附件3　交货批次及交货时间

附件4　履约保证金银行保函

附件5　预付款银行保函

附件6　信用证

第三部分　合同专用条款(略)

第四部分　合同附件(部分)

附件4　履约保证金银行保函

开具日期：_____

致：(买方名称)

(合同编号)号合同履约保函

本保函作为贵方与(卖方名称)(以下简称"卖方")于_____年_____月_____日就____(项目名称)____项目(以下简称"项目")项下提供____(货物名称)____(以下简称"货物")签订的____(合同编号)____号合同的履约保函。

____(出具保函银行名称)____(以下简称"银行")无条件地、不可撤销地具结保证本行、其继承人和受让人无追索地向贵方以____(货币名称)____支付总额不超过____(货币数量)____,即相当于合同价格的_____%,并以此约定如下：

1.只要贵方确定卖方未能忠实地履行所有合同文件的规定和双方此后一致同意的修改、补充和变动,包括更换和/或修补贵方认为有缺陷的货物(以下简称"违约"),无论卖方有任何反对,本行将凭贵方关于卖方违约说明的书面通知,立即按贵方提出的累计总额不超过上述金额的款项和按贵方通知规定的方式付给贵方。

2.本保函项下的任何支付应为免税和净值。对于现有或将来的税收、关税、收费、费用扣减或预提税款,不论这些款项是何种性质和由谁征收,都不应从本保函项下的支付中扣除。

3.本保函的条款构成本行无条件的、不可撤销的直接责任。对即将履行的合同条款的任何变更、贵方在时间上的宽限、或由贵方采取的如果没有本款可能免除本行责任的任何其他行为,均不能解除或免除本行在本保函项下的责任。

4.本保函在本合同规定的保证期期满前完全有效。

谨启。

出具保函银行名称：_____

签字人姓名和职务(姓名印刷体)：_____

签 字 人 签 名：_____

公　　　　　章：_____

附件 5　预付款银行保函

开具日期：＿＿＿＿＿＿＿

致：（买方名称）

＿＿＿（合同名称）

根据合同条款第 20 条中的规定，＿＿（卖方名称、地址）＿＿（以下简称"卖方"）须向买方提交总额为＿＿（币种、以文字和数字表示的保函金额）＿＿的银行保函，以保证卖方将正确和忠实地履行所述的合同条款。

我行，＿＿（银行名称）＿＿，根据卖方的要求，无条件地和不可撤销地同意作为第一责任人而不仅仅作为保证人，保证在收到买方的第一次要求就支付给买方不超过＿＿（币种、以文字和数字表示的保函金额）＿＿的金额，我行无权反对和不需要先向卖方索赔。

我行进而同意，双方同意的对将要履行的合同条款或合同文件的更改、增补或修改均不能免除我行在本保函下的任何责任。我行在此表示上述更改、增补或修改无需通知我行。

本保函从卖方收到合同预付款起直至最后一批货物交货后 30 日内有效。

出具保函银行名称：＿＿＿＿＿＿＿＿＿＿＿＿＿＿＿＿＿＿

签字人姓名和职务（姓名印刷体）：＿＿＿＿＿＿＿＿＿＿＿＿

签　字　人　签　名：＿＿＿＿＿＿＿＿＿＿＿＿＿＿＿＿＿

公　　　　　　　章：＿＿＿＿＿＿＿＿＿＿＿＿＿＿＿＿＿

附件 6　信用证(一次支付 100％的情况)

日期：_____

致：　(卖方)

本信用证通过　(银行名称)　转递。

我方应　(买方名称)　要求为贵方开具　(信用证号码)　号不可撤销的信用证,限于　(币种、金额)　。贵方可凭 100％的发票金额开具以　(买方名称)　为付款人的即期汇票,并附以下单据：

1.签字的商业发票一式 4 份(应注明有关的合同编号)。

2.标有"运费已付"的全套已装船清洁海运提单,空白抬头,空白背书,被通知人为_____。

3.装箱单和/或重量单一式 4 份,说明每一包装箱的数量、毛重和净重。

4.制造商出具的质量证明书一式 4 份。

5.你方出具的一封信函证实额外的单据已按照合同条件发送。

6.你方在启运后 48 小时发送的通知船名、数量、重量、金额和启运日期的通知复印件 1 份。

7.表明承运船只已经买方同意的信函。

8.按发票金额 110％投保的运输一切险和战争险保险单或保险证明。

9.原产地证书一式 5 份。

10.以买方为抬头的致　(银行名称)　的即期汇票。

证实合同号　(合同号)　的货物已启运。

价格条件　(CIF/FOB)　。

要求你方自己出具额外的证明,确认本信用证下提交的全部单据的内容符合上述合同条件。

从　(启运港)　启运至　(目的港)　。

不迟于　(交货的最后期限)　。

部分装运　(是否)　允许,转运　(是否)　允许。

本信用证直至　(年、月、日、时、分)　在　(地点)　有效,和全部汇票必须标注是在本信用证下出具的。

我方在此承诺：根据下述特别说明的第 1 和第 2 条,按照本信用证下出具的符合本信用证条件的汇票和装运单据予以议付。

特别说明：

1.本信用证下的汇票议付只限于上述通知行 ＿(银行名称)＿ 。在议付时,议付行须以电报向 ＿(银行名称)＿ 要求报账,但前提条件是在此规定的条件和条款要得到满足,同时,议付行还应将一套完整的单据按一类邮件航空邮寄我方。

2.中华人民共和国境外发生的全部银行手续费和利息均由受益人承担。

附件7　信用证(分期付款的情况)

日期:＿＿＿＿＿＿＿

致:＿(卖方)＿

　　本信用证通过＿(银行名称)＿转递。

　　我方应＿(买方名称)＿要求为贵方开具＿(信用证号码)＿号不可撤销的信用证,限于＿(币种、全额)＿,贵方可开具以＿(买方名称)＿为付款人的即期汇票,并按以下方法支付:

　　A.提交下列单据后支付合同价的＿＿＿＿＿＿＿％。

　　1.卖方国家有关当局出具的出口许可证,或不要出口许可证的证明文件。

　　2.卖方银行出具的以买方为受益人的不可撤销的预付款保函,金额为合同价的＿＿＿＿＿＿＿％。

　　3.金额为合同总价的形式发票一式5份。

　　4.以买方为抬头的致＿(银行名称)＿的即期汇票。

　　5.商业发票一式5份。

　　B.提交下列单据后按合同总价的＿＿＿＿＿＿＿％支付每次启运货价。

　　1.对于CIF价合同,标有"运费已付"的全套已装船清洁海运提单正本一式3份和副本一式2份,空白抬头,空白背书,被通知人为＿＿＿＿＿＿＿。

　　2.金额为有关合同货物交货价的＿＿＿＿＿＿＿％的商业发票一式5份。

　　3.详细的装箱单一式5份。

　　4.制造商出具的质量证书一式5份。

　　5.以买方为抬头致＿(银行名称)＿的即期汇票。

　　6.根据本合同条款第12条的规定通知启运的通知复印件。

　　7.表明承运船只已经买方同意的信函。

　　8.按发票金额110％投保的以买方为受益人的运输一切险和战争险保险单正本1份,副本4份。

　　9.卖方出具的原产地证书一式5份。

C. 合同货物验收后提交下列单据支付合同总价的_____％。

1. 商业发票一式 5 份,

2. 由买方和卖方签署的合同货物验收证书一式 5 份。

3. 以买方为抬头致　(银行名称)　的即期汇票。

证实合同号　(合同号)　的货物已启运。

价格条件　(CIF/FOB)　。

要求你方自己出具额外证明,证实本信用证下提交的全部单据的细节符合上述合同条件。

从　(启运港)　启运至　(目的港)　。

不迟于　(交货期的最后期限)　。

部分装运　(是否)　允许:转运　(是否)　允许。

本信用证直至　(年、月、日、时、分)　在　(地点)　有效,和全部汇票必须标注是在本信用证下出具的。

我方在此承诺:根据下述特别说明的第 1 和第 2 条,按照本信用证下出具的符合本信用证条件的汇票和装运单据予以议付。

特别说明:

1. 本信用证下的汇票议付只限于上述通知行　(银行名称)　。在议付时,议付行须用电报向　(银行名称)　要求报账,但前提条件是本条的全部条件和条款已得到满足,同时,议付行还应将一套完整的单据按一类邮件航空邮寄我方。

2. 中华人民共和国关境外发生的全部银行手续费和利息均由受益人承担。

标准设备采购合同①

第一部分　合同协议书

　　<u>　（买方名称,以下简称"买方")　</u>为获得<u>　（项目名称)　</u>合同设备和技术服务及质保期服务,已接受<u>　（卖方名称,以下简称"卖方")　</u>为提供上述合同设备和技术服务及质保期服务所作的投标,买方和卖方共同达成如下协议:

　　1.本协议书与下列文件一起构成合同文件:

　　(1)中标通知书。

　　(2)投标函。

　　(3)商务和技术偏差表。

　　(4)合同专用条款。

　　(5)合同通用条款。

　　(6)供货要求。

　　(7)分项报价表。

　　(8)中标设备技术性能指标的详细描述。

　　(9)技术服务和质保期服务计划。

　　(10)其他合同文件。

　　2.上述合同文件互相补充和解释。如果合同文件之间存在矛盾或不一致之处,以上述文件的排列顺序在先者为准。

　　3.签约合同价:人民币(大写)＿＿＿＿＿＿＿＿＿(￥＿＿＿＿＿＿＿)。

　　4.卖方承诺保证完全按照合同约定提供合同设备和技术服务及质保期服务并修补缺陷。

　　5.买方承诺保证按照合同约定的条件、时间和方式向卖方支付合同价款。

　　6.本合同协议书一式＿＿＿＿＿＿份,合同双方各执＿＿＿＿＿＿份。

――――――――――

　　①　本合同根据《中华人民共和国标准设备采购招标文件(2017年版)》整理而成。

7.合同未尽事宜,双方另行签订补充协议。补充协议是合同的组成部分。

买方:_____(盖单位章)

法定代表人(单位负责人)或其委托代理人:_____(签字)

_____年_____月_____日

卖方:_____(盖单位章)

法定代表人(单位负责人)或其委托代理人:_____(签字)

_____年_____月_____日

第二部分　合同通用条款

1.一般约定

1.1　词语定义

除专用合同条款另有约定外,合同中的下列词语应具有本款所赋予的含义。

1.1.1　合同

(1)合同文件(或称合同),是指合同协议书、中标通知书、投标函、商务和技术偏差表、合同专用条款、合同通用条款、供货要求、分项报价表、中标设备技术性能指标的详细描述、技术服务和质保期服务计划,以及其他构成合同组成部分的文件。

(2)合同协议书,是指买方和卖方共同签署的合同协议书。

(3)中标通知书,是指买方通知卖方中标的函件。

(4)投标函,是指由卖方填写并签署的,名为"投标函"的函件。

(5)商务和技术偏差表,是指卖方投标文件中的商务和技术偏差表。

(6)供货要求,是指合同文件中名为"供货要求"的文件。

(7)中标设备技术性能指标的详细描述,是指卖方投标文件中的投标设备技术性能指标的详细描述。

（8）技术服务和质保期服务计划，是指卖方投标文件中的技术服务和质保期服务计划。

（9）分项报价表，是指卖方投标文件中的分项报价表。

（10）其他合同文件，是指经合同双方当事人确认构成合同文件的其他文件。

1.1.2　合同当事人

（1）合同当事人，是指买方和（或）卖方。

（2）买方，是指与卖方签订合同协议书，购买合同设备和技术服务及质保期服务的当事人，及其合法继承人。

（3）卖方，是指与买方签订合同协议书，提供合同设备和技术服务及质保期服务的当事人，及其合法继承人。

1.1.3　合同价格

（1）签约合同价，是指签订合同时合同协议书中写明的合同总金额。

（2）合同价格，是指卖方按合同约定履行了全部合同义务后，买方应付给卖方的金额。

1.1.4　合同设备，是指卖方按合同约定应向买方提供的设备、装置、备品、备件、易损易耗件、配套使用的软件或其他辅助电子应用程序及技术资料，或其中任何一部分。

1.1.5　技术资料，是指各种纸质及电子载体的与合同设备的设计、检验、安装、调试、考核、操作、维修以及保养等有关的技术指标、规格、图纸和说明文件。

1.1.6　安装，是指对合同设备进行的组装、连接以及根据需要将合同设备固定在施工场地内一定的位置上，使其就位并与相关设备、工程实现连接。

1.1.7　调试，是指在合同设备安装完成后，对合同设备所进行的调校和测试。

1.1.8　考核，是指在合同设备调试完成后，对合同设备进行的用于确定其是否达到合同约定的技术性能考核指标的考核。

1.1.9　验收，是指合同设备通过考核达到合同约定的技术性能考核指标后，买方做出接受合同设备的确认。

1.1.10　技术服务,是指卖方按合同约定,在合同设备验收前,向买方提供的安装、调试服务,或者在由买方负责的安装、调试、考核中对买方进行的技术指导、协助、监督和培训等。

1.1.11　质量保证期,是指合同设备验收后,卖方按合同约定保证合同设备适当、稳定运行,并负责消除合同设备故障的期限。

1.1.12　质保期服务,是指在质量保证期内,卖方向买方提供的合同设备维护服务、咨询服务、技术指导、协助以及对出现故障的合同设备进行修理或更换的服务。

1.1.13　工程

(1)工程,是指在合同专用条款中指明的,安装运行合同设备的工程。

(2)施工场地(或称工地、施工现场),是指专用合同条款中指明的工程所在场所。

1.1.14　天(或称日),除特别指明外,指日历天。合同中按天计算时间的,开始当天不计入,从次日开始计算。合同约定的期间的最后一天是星期日或者其他法定休假日的,以休假日的次日为期间的最后一天。

1.1.15　月,按照公历月计算。合同中按月计算时间的,开始当天不计入,从次日开始计算。合同约定的期间的最后一天是星期日或者其他法定休假日的,以休假日的次日为期间的最后一天。

1.1.16　书面形式,是指合同文件、信件和数据电文(包括电报、电传、传真、电子数据交换和电子邮件)等可以有形地表现所载内容的形式。

1.2　语言文字

合同使用的语言文字为中文。专用术语使用外文的,应附有中文注释。

1.3　合同文件的优先顺序

组成合同的各项文件应互相解释,互为说明。除专用合同条款另有约定外,解释合同文件的优先顺序如下:

(1)合同协议书。

(2)中标通知书。

(3)投标函。

(4)商务和技术偏差表。

（5）专用合同条款。

（6）通用合同条款。

（7）供货要求。

（8）分项报价表。

（9）中标设备技术性能指标的详细描述。

（10）技术服务和质保期服务计划。

（11）其他合同文件。

1.4　合同的生效及变更

1.4.1　除专用合同条款另有约定外，买方和卖方的法定代表人（单位负责人）或其授权代表在合同协议书上签字并加盖单位章后，合同生效。

1.4.2　除专用合同条款另有约定外，在合同履行过程中，如需对合同进行变更，双方应签订书面协议，并经双方法定代表人（单位负责人）或其授权代表签字并加盖单位章后生效。

1.5　联络

1.5.1　买卖双方应就合同履行中有关的事项及时进行联络，重要事项应通过书面形式进行联络或确认。合同履行过程中的任何联络及相关文件的签署，均应通过专用合同条款指定的联系人和联系方式进行。合同履行过程中，双方可以书面形式增加或变更指定联系人。

1.5.2　合同履行中或与合同有关的任何联络，送达到第1.5.1项指定的联系人即视为送达。

1.5.3　买方可以安排监理等相关人员作为买方人员，与卖方进行联络或参加合同设备的监造（如有）、交货前检验（如有）、开箱检验、安装、调试、考核、验收等，但应按照第1.5.1项的约定事先书面通知卖方。

1.6　联合体

1.6.1　卖方为联合体的，联合体各方应当共同与买方签订合同，并向买方为履行合同承担连带责任。

1.6.2　在合同履行过程中，未经买方同意，不得修改联合体协议。联合体协议中关于联合体成员间权利义务的划分，并不影响或减损联合体各方应就履行合同向买方承担的连带责任。

1.6.3 联合体牵头人代表联合体与买方联系,并接受指示,负责组织联合体各成员全面履行合同。除非专用合同条款另有约定,牵头人在履行合同中的所有行为均视为已获得联合体各方的授权。买方可将合同价款全部支付给牵头人并视为其已适当履行了付款义务。如牵头人的行为将构成对合同内容的变更,则牵头人须事先获得联合体各方的特别授权。

1.7 转让

未经对方当事人书面同意,合同任何一方均不得转让其在合同项下的权利和(或)义务。

2. 合同范围

卖方应根据供货要求、中标设备技术性能指标的详细描述、技术服务和质保期服务计划等合同文件的约定向买方提供合同设备、技术服务和质保期服务。

3. 合同价格与支付

3.1 合同价格

3.1.1 合同协议书中载明的签约合同价包括卖方为完成合同全部义务应承担的一切成本、费用和支出以及卖方的合理利润。

3.1.2 除专用合同条款另有约定外,签约合同价为固定价格。

3.2 合同价款的支付

除专用合同条款另有约定外,买方应通过以下方式和比例向卖方支付合同价款:

3.2.1 预付款

合同生效后,买方在收到卖方开具的注明应付预付款金额的财务收据正本一份并经审核无误后 28 日内,向卖方支付签约合同价的 10% 作为预付款。

买方支付预付款后,如卖方未履行合同义务,则买方有权收回预付款;如卖方依约履行了合同义务,则预付款抵作合同价款。

3.2.2 交货款

卖方按合同约定交付全部合同设备后,买方在收到卖方提交的下列全部单据并经审核无误后 28 日内,向卖方支付合同价格的 60%:

（1）卖方出具的交货清单正本一份。

（2）买方签署的收货清单正本一份。

（3）制造商出具的出厂质量合格证正本一份。

（4）合同价格100％金额的增值税发票正本一份。

3.2.3　验收款

买方在收到卖方提交的买卖双方签署的合同设备验收证书或已生效的验收款支付函正本一份并经审核无误后28日内，向卖方支付合同价格的25％。

3.2.4　结清款

买方在收到卖方提交的买方签署的质量保证期届满证书或已生效的结清款支付函正本一份并经审核无误后28日内，向卖方支付合同价格的5％。

如果依照合同第9.1项，卖方应向买方支付费用的，买方有权从结清款中直接扣除该笔费用。

除专用合同条款另有约定外，在买方向卖方支付验收款的同时或其后的任何时间内，卖方可在向买方提交买方可接受的金额为合同价格5％的合同结清款保函的前提下，要求买方支付合同结清款，买方不得拒绝。

3.3　买方扣款的权利

当卖方应向买方支付合同项下的违约金或赔偿金时，买方有权从上述任何一笔应付款中予以直接扣除和（或）兑付履约保证金。

4. 监造及交货前检验

4.1　监造

专用合同条款约定买方对合同设备进行监造的，双方应按本款及专用合同条款约定履行。

4.1.1　在合同设备的制造过程中，买方可派出监造人员，对合同设备的生产制造进行监造，监督合同设备制造、检验等情况。监造的范围、方式等应符合专用合同条款和（或）供货要求等合同文件的约定。

4.1.2　除专用合同条款和（或）供货要求等合同文件另有约定外，买方监造人员可到合同设备及其关键部件的生产制造现场进行监造，卖方应予配合。卖方应免费为买方监造人员提供工作条件及便利，包括但不限于必要的办公场所、技术资料、检测工具及出入许可等。除专用合同条款另有约定外,买方监造人员的交通、食宿费用由买方承担。

4.1.3 卖方制订生产制造合同设备的进度计划时,应将买方监造纳入计划安排,并提前通知买方;买方进行监造不应影响合同设备的正常生产。除专用合同条款和(或)供货要求等合同文件另有约定外,卖方应提前7日将需要买方监造人员现场监造事项通知买方;如买方监造人员未按通知出席,不影响合同设备及其关键部件的制造或检验,但买方监造人员有权事后了解、查阅、复制相关制造或检验记录。

4.1.4 买方监造人员在监造中如发现合同设备及其关键部件不符合合同约定的标准,则有权提出意见和建议。卖方应采取必要措施消除合同设备的不符,由此增加的费用和(或)造成的延误由卖方负责。

4.1.5 买方监造人员对合同设备的监造,不视为对合同设备质量的确认,不影响卖方交货后买方依照合同约定对合同设备提出质量异议和(或)退货的权利,也不免除卖方依照合同约定对合同设备所应承担的任何义务或责任。

4.2 交货前检验

专用合同条款约定买方参与交货前检验的,双方应按本款及专用合同条款约定履行。

4.2.1 合同设备交货前,卖方应会同买方代表根据合同约定对合同设备进行交货前检验并出具交货前检验记录,有关费用由卖方承担。卖方应免费为买方代表提供工作条件及便利,包括但不限于必要的办公场所、技术资料、检测工具及出入许可等。除专用合同条款另有约定外,买方代表的交通、食宿费用由买方承担。

4.2.2 除专用合同条款和(或)供货要求等合同文件另有约定外,卖方应提前7日将需要买方代表检验事项通知买方;如买方代表未按通知出席,不影响合同设备的检验。若卖方未依照合同约定提前通知买方而自行检验,则买方有权要求卖方暂停发货并重新进行检验,由此增加的费用和(或)造成的延误由卖方负责。

4.2.3 买方代表在检验中如发现合同设备不符合合同约定的标准,则有权提出异议。卖方应采取必要措施消除合同设备的不符,由此增加的费用和

(或)造成的延误由卖方负责。

4.2.4　买方代表参与交货前检验及签署交货前检验记录的行为,不视为对合同设备质量的确认,不影响卖方交货后买方依照合同约定对合同设备提出质量异议和(或)退货的权利,也不免除卖方依照合同约定对合同设备所应承担的任何义务或责任。

5. 包装、标记、运输和交付

5.1　包装

5.1.1　卖方应对合同设备进行妥善包装,以满足合同设备运至施工场地及在施工场地保管的需要。包装应采取防潮、防晒、防锈、防腐蚀、防震动及防止其他损坏的必要保护措施,从而保护合同设备能够经受多次搬运、装卸、长途运输并适宜保管。

5.1.2　每个独立包装箱内应附装箱清单、质量合格证、装配图、说明书、操作指南等资料。

5.1.3　除专用合同条款另有约定外,买方无需将包装物退还给卖方。

5.2　标记

5.2.1　除专用合同条款另有约定外,卖方应在每一包装箱相邻的四个侧面以不可擦除的、明显的方式标记必要的装运信息和标志,以满足合同设备运输和保管的需要。

5.2.2　根据合同设备的特点和运输、保管的不同要求,卖方应在包装箱上清楚地标注"小心轻放""此端朝上,请勿倒置""保持干燥"等字样和其他适当标记。对于专用合同条款约定的超大超重件,卖方应在包装箱两侧标注"重心"和"起吊点"以便装卸和搬运。如果发运合同设备中含有易燃易爆物品、腐蚀物品、放射性物质等危险品,则应在包装箱上标明危险品标志。

5.3　运输

5.3.1　卖方应自行选择适宜的运输工具及线路安排合同设备运输。

5.3.2　除专用合同条款另有约定外,每件能够独立运行的设备应整套装运。该设备安装、调试、考核和运行所使用的备品、备件、易损易耗件等应随相关的主机一齐装运。

5.3.3　除专用合同条款另有约定外,卖方应在合同设备预计启运 7 日前,将合同设备名称、数量、箱数、总毛重、总体积(用 m³ 表示)、每箱尺寸(长×宽×高,均用 cm 表示)、装运合同设备总金额、运输方式、预计交付日期和合同设备在运输、装卸、保管中的注意事项等预通知买方,并在合同设备启运后 24 小时之内正式通知买方。

5.3.4　卖方在根据第 5.3.3 项进行通知时,如果发运合同设备中包括专用合同条款约定的超大超重包装,则卖方应将超大和(或)超重的每个包装箱的重量和尺寸通知买方;如果发运合同设备中包括易燃易爆物品、腐蚀物品、放射性物质等危险品,则危险品的品名,性质,在运输、装卸、保管方面的特殊要求,注意事项和处理意外情况的方法等,也应一并通知买方。

5.4　交付

5.4.1　除专用合同条款另有约定外,卖方应根据合同约定的交付时间和批次在施工场地车面上将合同设备交付给买方。买方对卖方交付的包装的合同设备的外观及件数进行清点核验后应签发收货清单,并自负风险和费用进行卸货。买方签发收货清单不代表对合同设备的接受,双方还应按合同约定进行后续的检验和验收。

5.4.2　合同设备的所有权和风险自交付时起由卖方转移至买方,合同设备交付给买方之前包括运输在内的所有风险均由卖方承担。

5.4.3　除专用合同条款另有约定外,买方如果发现技术资料存在短缺和(或)损坏,卖方应在收到买方的通知后 7 日内免费补齐短缺和(或)损坏的部分。如果买方发现卖方提供的技术资料有误,卖方应在收到买方通知后 7 日内免费替换。如由于买方原因导致技术资料丢失和(或)损坏,卖方应在收到买方的通知后 7 日内补齐丢失和(或)损坏的部分,但买方应向卖方支付合理的复制、邮寄费用。

6.开箱检验、安装、调试、考核、验收

6.1　开箱检验

6.1.1　合同设备交付后应进行开箱检验,即合同设备数量及外观检验。开箱检验在专用合同条款约定的下列任一种时间进行:

(1)合同设备交付时。

(2)合同设备交付后的一定期限内。

如开箱检验不在合同设备交付时进行,买方应在开箱检验 3 日前将开箱检验的时间和地点通知卖方。

6.1.2　除专用合同条款另有约定外,合同设备的开箱检验应在施工场地进行。

6.1.3　开箱检验由买卖双方共同进行,卖方应自负费用派遣代表到场参加开箱检验。

6.1.4　在开箱检验中,买方和卖方应共同签署数量、外观检验报告,报告应列明检验结果,包括检验合格或发现的任何短缺、损坏或其他与合同约定不符的情形。

6.1.5　如果卖方代表未能依约或按买方通知到场参加开箱检验,买方有权在卖方代表未在场的情况下进行开箱检验,并签署数量、外观检验报告,对于该检验报告和检验结果,视为卖方已接受,但卖方确有合理理由且事先与买方协商推迟开箱检验时间的除外。

6.1.6　如开箱检验不在合同设备交付时进行,则合同设备交付以后到开箱检验之前,应由买方负责按交货时外包装原样对合同设备进行妥善保管。除专用合同条款另有约定外,在开箱检验时如果合同设备外包装与交货时一致,则开箱检验中发现的合同设备的短缺、损坏或其他与合同约定不符的情形,由卖方负责,卖方应补齐、更换及采取其他补救措施。如果在开箱检验时合同设备外包装不是交货时的包装或虽是交货时的包装但与交货时不一致且出现很可能导致合同设备短缺或损坏的包装破损,则开箱检验中发现合同设备短缺、损坏或其他与合同约定不符的情形的风险由买方承担,但买方能够证明是由于卖方原因或合同设备交付前非买方原因导致的除外。

6.1.7　如双方在专用合同条款和(或)供货要求等合同文件中约定由第三方检测机构对合同设备进行开箱检验或在开箱检验过程中另行约定由第三方检验的,则第三方检测机构的检验结果对双方均具有约束力。

6.1.8　开箱检验的检验结果不能对抗在合同设备的安装、调试、考核、验收中及质量保证期内发现的合同设备质量问题,也不能免除或影响卖方依照合同约定对买方负有的包括合同设备质量在内的任何义务或责任。

6.2　安装、调试

6.2.1　开箱检验完成后,双方应对合同设备进行安装、调试,以使其具备考核的状态。安装、调试应按照专用合同条款约定的下列任一种方式进行:

(1)卖方按照合同约定完成合同设备的安装、调试工作。

(2)买方或买方安排第三方负责合同设备的安装、调试工作,卖方提供技术服务。除专用合同条款另有约定外,在安装、调试过程中,如由于买方或买方安排的第三方未按照卖方现场服务人员的指导导致安装、调试不成功和(或)出现合同设备损坏,买方应自行承担责任。如在买方或买方安排的第三方按照卖方现场服务人员的指导进行安装、调试的情况下,出现安装、调试不成功和(或)造成合同设备损坏的情况,卖方应承担责任。

6.2.2　除专用合同条款另有约定外,安装、调试中合同设备运行需要的用水、用电、其他动力和原材料(如需要)等均由买方承担。

6.2.3　双方应对合同设备的安装、调试情况共同进行及时记录。

6.3　考核

6.3.1　安装、调试完成后,双方应对合同设备进行考核,以确定合同设备是否达到合同约定的技术性能考核指标。除专用合同条款另有约定外,考核中合同设备运行需要的用水、用电、其他动力和原材料(如需要)等均由买方承担。

6.3.2　如由于卖方原因合同设备在考核中未能达到合同约定的技术性能考核指标,则卖方应在双方同意的期限内采取措施消除合同设备中存在的缺陷,并在缺陷消除以后,尽快进行再次考核。

6.3.3　由于卖方原因未能达到技术性能考核指标时,为卖方进行考核的机会不超过 3 次。如果由于卖方原因,3 次考核均未能达到合同约定的技术性能考核指标,则买卖双方应就合同的后续履行进行协商;协商不成的,买方有权解除合同。但如合同中约定了或双方在考核中另行达成了合同设备的最低技术性能考核指标,且合同设备达到了最低技术性能考核指标的,视为合同设备已达到技术性能考核指标,买方无权解除合同,且应接受合同设备,但卖方应按专用合同条款的约定进行减价或向买方支付补偿金。

6.3.4　如由于买方原因合同设备在考核中未能达到合同约定的技术性能

考核指标,则卖方应协助买方安排再次考核。由于买方原因未能达到技术性能考核指标时,为买方进行考核的机会不超过 3 次。

6.3.5　考核期间,双方应及时共同记录合同设备的用水、用电、其他动力和原材料(如有)的使用及设备考核情况。对于未达到技术性能考核指标的,应如实记录设备表现、可能原因及处理情况等。

6.4　验收

6.4.1　如合同设备在考核中达到或视为达到技术性能考核指标,则买卖双方应在考核完成后 7 日内或专用合同条款另行约定的时间内签署合同设备验收证书一式 2 份,双方各持一份。验收日期应为合同设备达到或视为达到技术性能考核指标的日期。

6.4.2　如由于买方原因合同设备在 3 次考核中均未能达到技术性能考核指标,买卖双方应在考核结束后 7 日内或专用合同条款另行约定的时间内签署验收款支付函。除专用合同条款另有约定外,卖方有义务在验收款支付函签署后 12 个月内应买方要求提供相关技术服务,协助买方采取一切必要措施使合同设备达到技术性能考核指标。买方应承担卖方因此产生的全部费用。

在上述 12 个月的期限内,如合同设备经过考核达到或视为达到技术性能考核指标,则买卖双方应按照第 6.4.1 项的约定签署合同设备验收证书。

6.4.3　除专用合同条款另有约定外,如由于买方原因在最后一批合同设备交货后 6 个月内未能开始考核,则买卖双方应在上述期限届满后 7 日内或专用合同条款另行约定的时间内签署验收款支付函。

除专用合同条款另有约定外,卖方有义务在验收款支付函签署后 6 个月内应买方要求提供不超出合同范围的技术服务,协助买方采取一切必要措施使合同设备达到技术性能考核指标,且买方无需因此向卖方支付费用。

在上述 6 个月的期限内,如合同设备经过考核达到或视为达到技术性能考核指标,则买卖双方应按照第 6.4.1 项的约定签署合同设备验收证书。

6.4.4　在第 6.4.2 项和第 6.4.3 项情形下,卖方也可单方签署验收款支付函提交买方,如果买方在收到卖方签署的验收款支付函后 14 日内未向卖方提出书面异议,则验收款支付函自签署之日起生效。

6.4.5　合同设备验收证书的签署不能免除卖方在质量保证期内对合同设

备应承担的保证责任。

7. 技术服务

7.1　卖方应派遣技术熟练、称职的技术人员到施工场地为买方提供技术服务。卖方的技术服务应符合合同的约定。

7.2　买方应免费为卖方技术人员提供工作条件及便利,包括但不限于必要的办公场所、技术资料及出入许可等。除专用合同条款另有约定外,卖方技术人员的交通、食宿费用由卖方承担。

7.3　卖方技术人员应遵守买方施工现场的各项规章制度和安全操作规程,并服从买方的现场管理。

7.4　如果任何技术人员不合格,买方有权要求卖方撤换,因撤换而产生的费用应由卖方承担。在不影响技术服务并且征得买方同意的条件下,卖方也可自负费用更换其技术人员。

8. 质量保证期

8.1　除专用合同条款和(或)供货要求等合同文件另有约定外,合同设备整体质量保证期为验收之日起 12 个月。如对合同设备中关键部件的质量保证期有特殊要求的,买卖双方可在专用合同条款中约定。在合同第 6.4.2 项情形下,无论合同设备何时验收,其质量保证期最长为签署验收款支付函后 12 个月。在合同第 6.4.3 项情形下,无论合同设备何时验收,其质量保证期最长为签署验收款支付函后 6 个月。

8.2　在质量保证期内如果合同设备出现故障,卖方应自负费用提供质保期服务,对相关合同设备进行修理或更换以消除故障。更换的合同设备和(或)关键部件的质量保证期应重新计算。但如果合同设备的故障是由于买方原因造成的,则对合同设备进行修理和更换的费用应由买方承担。

8.3　质量保证期届满后,买方应在 7 日内或专用合同条款另行约定的时间内向卖方出具合同设备的质量保证期届满证书。

8.4　在合同第 6.4.2 项情形下,如在验收款支付函签署后 12 个月内由于买方原因合同设备仍未能达到技术性能考核指标,则买卖双方应在该 12 个月届满后 7 日内或专用合同条款另行约定的时间内签署结清款支付函。

8.5　在合同第 6.4.3 项情形下,如在验收款支付函签署后 6 个月内由于买方原因合同设备仍未进行考核或仍未达到技术性能考核指标,则买卖双方应在该 6 个月届满后 7 日内或专用合同条款另行约定的时间内签署结清款支付函。

8.6　在第 8.4 款和第 8.5 款情形下,卖方也可单方签署结清款支付函提交买方,如果买方在收到卖方签署的结清款支付函后 14 日内未向卖方提出书面异议,则结清款支付函自签署之日起生效。

9. 质保期服务

9.1　卖方应为质保期服务配备充足的技术人员、工具和备件并保证提供的联系方式畅通。除专用合同条款和(或)供货要求等合同文件另有约定外,卖方应在收到买方通知后 24 小时内做出响应;如需卖方到合同设备现场,卖方应在收到买方通知后 48 小时内到达,并在到达后 7 日内解决合同设备的故障(重大故障除外)。如果卖方未在上述时间内做出响应,则买方有权自行或委托他人解决相关问题或查找和解决合同设备的故障,卖方应承担由此产生的全部费用。

9.2　如卖方技术人员需到合同设备现场进行质保期服务,则买方应免费为卖方技术人员提供工作条件及便利,包括但不限于必要的办公场所、技术资料及出入许可等。除专用合同条款另有约定外,卖方技术人员的交通、食宿费用由卖方承担。卖方技术人员应遵守买方施工现场的各项规章制度和安全操作规程,并服从买方的现场管理。

9.3　如果任何技术人员不合格,买方有权要求卖方撤换,因撤换而产生的费用应由卖方承担。在不影响质保期服务并且征得买方同意的条件下,卖方也可自负费用更换其技术人员。

9.4　除专用合同条款另有约定外,卖方应就在施工现场就质保期服务的情况进行记录,记载合同设备故障发生的时间、原因及解决情况等,由买方签字确认,并在质量保证期结束后提交给买方。

10. 履约保证金

除专用合同条款另有约定外,履约保证金自合同生效之日起生效,在合同设备验收证书或验收款支付函签署之日起28日后失效。如果卖方不履行合同约定的义务或其履行不符合合同的约定，买方有权扣划相应金额的履约保证金。

11. 保证

11.1 卖方保证其具有完全的能力履行本合同项下的全部义务。

11.2 卖方保证其所提供的合同设备及对合同的履行符合所有应适用的法律、行政法规、地方性法规、自治条例和单行条例、规章及其他规范性文件的强制性规定。

11.3 卖方保证其对合同设备的销售不损害任何第三方的合法权益和社会公众利益。任何第三方不会因卖方原因而基于所有权、抵押权、留置权或其他任何权利或事由对合同设备主张权利。

11.4 卖方保证合同设备符合合同约定的规格、标准、技术性能考核指标等，能够安全和稳定地运行，且合同设备（包括全部部件）全新、完整、未使用过，除非专用合同条款和（或）供货要求等合同文件另有约定。

11.5 卖方保证，卖方所提供的技术资料完整、清晰、准确，符合合同约定并且能够满足合同设备的安装、调试、考核、操作以及维修和保养的需要。

11.6 卖方保证合同范围内提供的备品备件能够满足合同设备在质量保证期结束前正常运行及维修的需要，如在质量保证期结束前因卖方原因出现备品备件短缺影响合同设备正常运行的，卖方应免费提供。

11.7 除专用合同条款和（或）供货要求等合同文件另有约定外，如果在合同设备设计使用寿命期内发生合同项下备品备件停止生产的情况，卖方应事先将拟停止生产的计划通知买方，使买方有足够的时间考虑备品备件的需求量。根据买方要求，卖方应：

（1）以不高于同期市场价格或其向任何第三方销售同类产品的价格提供合同设备正常运行所需的全部备品备件。

（2）免费提供可供买方或第三方制造停产备品备件所需的全部技术资料，以便买方持续获得上述备品备件以满足合同设备在寿命期内正常运行的需要。卖方保证买方或买方委托的第三方制造及买方使用这些备品备件不侵犯任何人的知识产权。

11.8　卖方保证,在合同设备设计使用寿命期内,如果卖方发现合同设备由于设计、制造、标志等原因存在足以危及人身、财产安全的缺陷,卖方将及时通知买方并及时采取修正或者补充标志、修理、更换等措施消除缺陷。

12. 知识产权

12.1　买方在履行合同过程中提供给卖方的全部图纸、义件和其他含有数据和信息的资料,其知识产权属于买方。

12.2　除专用合同条款另有约定外,买方不因签署和履行合同而享有卖方在履行合同过程中提供给买方的图纸、文件、配套软件、电子辅助程序和其他含有数据和信息的资料的知识产权。

12.3　如合同设备涉及知识产权,则卖方保证买方在使用合同设备过程中免于受到第三方提出的有关知识产权侵权的主张、索赔或诉讼的伤害。

12.4　如果买方收到任何第三方有关知识产权的主张、索赔或诉讼,卖方在收到买方通知后,应以买方名义并在买方的协助下,自负费用处理与第三方的索赔或诉讼,并赔偿买方因此发生的费用和遭受的损失。除专用合同条款另有约定外,如果卖方拒绝处理前述索赔或诉讼或在收到买方通知后 28 日内未作表示,买方可以自己的名义进行这些索赔或诉讼,因此发生的费用和遭受的损失均应由卖方承担。

13. 保密

合同双方应对因履行合同而取得的另一方当事人的信息、资料等予以保密。未经另一方当事人书面同意,任何一方均不得为与履行合同无关的目的使用或向第三方披露另一方当事人提供的信息、资料。

合同当事人的保密义务不适用于下列信息:

(1)非因接受信息一方的过失现在或以后进入公共领域的信息。

(2)接受信息一方当事人合法地从第三方获得并且据其善意了解第三方也不对此承担保密义务的信息。

(3)法律或法律的执行要求披露的信息。

14. 违约责任

14.1　合同一方不履行合同义务、履行合同义务不符合约定或者违反合同项下所作保证的,应向对方承担继续履行、采取修理、更换、退货等补救措施或者赔偿损失等违约责任。

14.2　卖方未能按时交付合同设备(包括仅迟延交付技术资料但足以导致合同设备安装、调试、考核、验收工作推迟)的,应向买方支付迟延交付违约金。除专用合同条款另有约定外,迟延交付违约金的计算方法如下:

(1)从迟交的第一周到第四周,每周迟延交付违约金为迟交合同设备价格的 0.5%。

(2)从迟交的第五周到第八周,每周迟延交付违约金为迟交合同设备价格的 1%。

(3)从迟交第九周起,每周迟延交付违约金为迟交合同设备价格的 1.5%。

在计算迟延交付违约金时,迟交不足一周的按一周计算。迟延交付违约金的总额不得超过合同价格的 10%。

迟延交付违约金的支付不能免除卖方继续交付相关合同设备的义务,但如迟延交付必然导致合同设备安装、调试、考核、验收工作推迟的,相关工作应相应顺延。

14.3　买方未能按合同约定支付合同价款的,应向卖方支付迟延付款违约金。除专用合同条款另有约定外,迟延付款违约金的计算方法如下:

(1)从迟付的第一周到第四周,每周迟延付款违约金为迟延付款金额的 0.5%。

(2)从迟付的第五周到第八周,每周迟延付款违约金为迟延付款金额的 1%。

(3)从迟付第九周起,每周迟延付款违约金为迟延付款金额的 1.5%。

在计算迟延付款违约金时,迟付不足一周的按一周计算。迟延付款违约金的总额不得超过合同价格的 10%。

15. 合同的解除

除专用合同条款另有约定外,有下述情形之一,当事人可发出书面通知全

部或部分地解除合同,合同自通知到达对方时全部或部分地解除:

(1)卖方迟延交付合同设备超过3个月。

(2)合同设备由于卖方原因3次考核均未能达到技术性能考核指标或在合同约定了或双方在考核中另行达成了最低技术性能考核指标时均未能达到最低技术性能考核指标,且买卖双方未就合同的后续履行协商达成一致。

(3)买方迟延付款超过3个月。

(4)合同一方当事人未能履行合同项下任何其他义务(细微义务除外),或在未事先征得另一方当事人同意的情况下,从事任何可能在实质上不利影响其履行合同能力的活动,经另一方当事人书面通知后14日内或在专用合同条款约定的其他期限内未能对其行为做出补救。

(5)合同一方当事人出现破产、清算、资不抵债、成为失信被执行人等可能丧失履约能力的情形,且未能提供令对方满意的履约保证金。

16.不可抗力

16.1　如果任何一方当事人受到不能预见、不能避免且不能克服的不可抗力事件的影响,例如战争、严重的火灾、台风、地震、洪水和专用合同条款约定的其他情形,而无法履行合同项下的任何义务,则受影响的一方当事人应立即将此类事件的发生通知另一方当事人,并应在不可抗力事件发生后28日内将有关当局或机构出具的证明文件提交给另一方当事人。

16.2　受不可抗力事件影响的一方当事人对于不可抗力事件导致的任何合同义务的迟延履行或不能履行不承担违约责任。但该方当事人应尽快将不可抗力事件结束或消除的情况通知另一方当事人。

16.3　双方当事人应在不可抗力事件结束或其影响消除后立即继续履行其合同义务,合同期限也应相应顺延。除专用合同条款另有约定外,如果不可抗力事件的影响持续超过140日,则任何一方当事人均有权以书面通知解除合同。

17.争议的解决

因本合同引起的或与本合同有关的任何争议,双方可通过友好协商解决。友好协商解决不成的,可在专用合同条款中约定下列一种方式解决:

(1)向约定的仲裁委员会申请仲裁。

(2)向有管辖权的人民法院提起诉讼。

第三部分 合同专用条款(略)

第四部分 合同附件(略)

货物类采购合同①

第一部分　合同书

合同编号：_____

项目名称：_____

甲　　方：_____

乙　　方：_____

签 订 地：_____

签订日期：_____年_____月_____日

---

①　本合同根据《杭州市政府采购公开招标文件示范文本（试行 2023 年版·货物）》整理而成。

　　_____年_____月_____日，__（采购人）__以__（政府采购方式）__对__（项目名称、编号）__项目进行了采购。经__（相关评定主体名称）__评定，__（中标或者成交供应商名称）__为该项目中标或者成交供应商。现于中标或者成交通知书发出之日起 10 个工作日内，按照采购文件等确定的事项签订本合同。

　　根据《中华人民共和国民法典》《中华人民共和国政府采购法》等相关法律法规之规定，按照平等、自愿、公平、诚实信用和绿色的原则，经__（采购人）__（以下简称"甲方"）和__（中标或者成交供应商名称）__（以下简称"乙方"）协商一致，约定以下合同条款，以兹共同遵守、全面履行。

　　1　合同组成部分

　　下列文件为本合同的组成部分，并构成一个整体，需综合解释、相互补充。如果下列文件内容出现不一致的情形，那么在保证遵守采购文件确定事项的前提下，组成本合同的多个文件的优先适用顺序如下：

　　1.1　本合同及其补充合同、变更协议。

　　1.2　中标或者成交通知书。

　　1.3　投标或者响应文件（含澄清或者说明文件）。

　　1.4　采购文件（含澄清或者修改文件）。

　　1.5　其他相关采购文件。

　　2　货物

　　2.1　货物名称、品牌、规格型号、花色：_____。

　　2.2　货物数量：_____。

　　2.3　货物质量：_____。

　　3　价款

　　本合同总价（含税）为：￥_____元（大写：_____元人民币）。

　　分项价格：

序号	分项名称	分项价格
总价		

4　履约保证金

乙方_____（是/否）需要支付履约保证金。若需要支付履约保证金的,则:

4.1　履约保证金的比例为合同金额的_____％。

4.2　履约保证金支付方式详见__合同专用条款__。

4.3　如果乙方不履行合同,履约保证金不予退还;如果乙方未能按合同约定全面履行义务,那么甲方有权从履约保证金中取得补偿或赔偿,同时不影响甲方要求乙方承担合同约定的超过履约保证金的违约责任的权利。

4.4　甲方在项目验收结束后及时退还履约保证金。甲方在项目通过验收之日起_____个工作日内将履约保证金无息退还乙方,逾期退还的,乙方可要求甲方支付违约金,违约金按每迟延退还 1 日的应退还而未退还金额的__0.05(可根据情况修改)　％计算,最高限额为本合同履约保证金的　20　％。

5　预付款

甲方_____（是/否）需要支付预付款。若需要支付预付款的,则:

5.1　预付款比例、支付方式、时间详见__合同专用条款__。

5.2　预付款的扣回方式详见__合同专用条款__。

5.3　预付款的担保措施详见__合同专用条款__。

6　资金支付

6.1　甲方应严格履行合同,及时组织验收,验收合格后及时将合同款支付完毕。对于满足合同约定支付条件的,甲方自收到发票后 5 个工作日内将资金支付到合同约定的乙方账户,有条件的甲方可以即时支付。甲方不得以机构变动、人员更替、政策调整、单位放假等为由延迟付款。

6.2 资金支付的方式、时间和条件详见 __合同专用条款__ 。

7 货物交付期限、地点和方式

7.1 交付期限:详见 __合同专用条款__ 。

7.2 交付地点:详见 __合同专用条款__ 。

7.3 交付方式:详见 __合同专用条款__ 。

8 违约责任

8.1 除不可抗力外,如果乙方没有按照本合同约定的期限、地点和方式交付货物,那么甲方可要求乙方支付违约金,违约金按每迟延交付货物一日的应交付而未交付货物价格的 __0.05(可根据情况修改)__ ‰计算,最高限额为本合同总价的 __20__ ‰;迟延交付货物的违约金计算数额达到前述最高限额之日起,甲方有权在要求乙方支付违约金的同时,书面通知乙方解除本合同。

8.2 除不可抗力外,如果甲方没有按照本合同约定的付款方式付款,那么乙方可要求甲方支付违约金,违约金按每迟延付款一日的应付而未付款的 __0.05(可根据情况修改)__ ‰计算,最高限额为本合同总价的 __20__ ‰;迟延付款的违约金计算数额达到前述最高限额之日起,乙方有权在要求甲方支付违约金的同时,书面通知甲方解除本合同。

8.3 除不可抗力外,任何一方未能履行本合同约定的其他主要义务,经催告后在合理期限内仍未履行的,或者任何一方有其他违约行为致使不能实现合同目的的,或者任何一方有腐败行为(即提供或给予或接受或索取任何财物或其他好处或者采取其他不正当手段影响对方当事人在合同签订、履行过程中的行为)或者欺诈行为(即以谎报事实或者隐瞒真相的方法来影响对方当事人在合同签订、履行过程中的行为)的,对方当事人可以书面通知违约方解除本合同。

8.4 除前述约定外,任何一方未能履行本合同约定的义务,对方当事人均有权要求继续履行、采取补救措施或者赔偿损失等,且对方当事人行使的任何权利救济方式均不视为其放弃其他法定或者约定的权利救济方式。

8.5 如果出现政府采购监督管理部门在处理投诉事项期间,书面通知甲方暂停采购活动的情形,或者询问或质疑事项可能影响中标或者成交结果的,导致甲方中止履行合同的情形,均不视为甲方违约。

8.6　违约责任　合同专用条款　另有约定的,从其约定。

9　合同争议的解决

本合同履行过程中发生的任何争议,双方当事人均可通过和解或者调解解决;不愿和解、调解或者和解、调解不成的,可以选择以下第_____条款规定的方式解决:

9.1　将争议提交　合同专用条款中约定的　仲裁委员会依申请仲裁时其现行有效的仲裁规则裁决。

9.2　向　合同专用条款中约定的　人民法院起诉。

10　合同生效

本合同自双方当事人盖章签字时生效。

甲方:	乙方:
统一社会信用代码:	统一社会信用代码或身份证号码:
住所:	住所:
法定代表人	法定代表人
或授权代表(签字):	或授权代表(签字):
联系人:	联系人:
约定送达地址:	约定送达地址:
邮政编码:	邮政编码:
电话:	电话:
传真:	传真:
电子邮箱:	电子邮箱:
开户银行:	开户银行:
开户名称:	开户名称:
开户账号:	开户账号:

第二部分　合同一般条款

1　定义

本合同中的下列词语应按以下内容进行解释：

1.1　"合同"系指采购人和中标或成交供应商签订的载明双方当事人所达成的协议，并包括所有的附件、附录和构成合同的其他文件。

1.2　"合同价"系指根据合同约定，中标或成交供应商在完全履行合同义务后，采购人应支付给中标或成交供应商的价格。

1.3　"货物"系指中标或成交供应商根据合同约定应向采购人交付的一切各种形态和种类的物品，包括原材料、燃料、设备、机械、仪表、备件、计算机软件、产品等，并包括工具、手册等其他相关资料。

1.4　"甲方"系指与中标或成交供应商签署合同的采购人；采购人委托采购代理机构代表其与乙方签订合同的，采购人的授权委托书作为合同附件。

1.5　"乙方"系指根据合同约定交付货物的中标或成交供应商；两个以上的自然人、法人或者其他组织组成一个联合体，以一个供应商的身份共同参加政府采购的，联合体各方均应为乙方或者与乙方相同地位的合同当事人，并就合同约定的事项对甲方承担连带责任。

1.6　"现场"系指合同约定货物将要运至或者安装的地点。

2　技术规范

货物所应遵守的技术规范应与采购文件规定的技术规范和技术规范附件（如果有的话）及其技术规范偏差表（如果被甲方接受的话）相一致；如果采购文件中没有技术规范的相应说明，那么应以国家有关部门最新颁布的相应标准和规范为准。

3　知识产权

1.3.1　乙方应保证甲方在使用该货物或其任何一部分时不受任何第三方提出的侵犯其著作权、商标权、专利权等知识产权方面的起诉；如果任何第三方提出侵权指控，那么乙方须与该第三方交涉并承担由此发生的一切责任、费用和赔偿，乙方还应及时澄清相关信息，使甲方声誉免受损害，甲方保留追责的权利。

1.3.2　具有知识产权的计算机软件等货物的知识产权归属,详见　合同专用条款　。

4　包装和装运

4.1　除　合同专用条款　另有约定外,乙方交付的全部货物,均应采用本行业通用的方式进行包装;没有通用方式的,应当采取足以保护货物的包装方式,且该包装应符合国家有关包装的法律、法规的规定。如有必要,包装应适用于远距离运输、防潮、防震、防锈和防粗暴装卸,确保货物安全无损地运抵现场。由于包装不善所引起的货物锈蚀、损坏和损失等一切风险均由乙方承担。

4.2　乙方提供产品及相关快递服务的具体包装要求应符合《商品包装政府采购需求标准(试行)》《快递包装政府采购需求标准(试行)》,并作为履约验收的内容,必要时甲方可以要求乙方在履约验收环节出具检测报告。

4.3　装运货物的要求和通知,详见　合同专用条款　。

5　履约检查和问题反馈

5.1　甲方有权在其认为必要时,对乙方是否能够按照合同约定交付货物进行履约检查,以确保乙方所交付的货物能够依约满足甲方之项目需求,但不得因履约检查妨碍乙方的正常工作,乙方应予积极配合。

5.2　合同履行期间,甲方有权将履行过程中出现的问题反馈给乙方,双方当事人应以书面形式约定需要完善和改进的内容。

6　技术资料和保密义务

6.1　乙方有权依据合同约定和项目需要,向甲方了解有关情况,调阅有关资料等,甲方应予积极配合。

6.2　乙方有义务妥善保管和保护由甲方提供的钱款信息和资料等。

6.3　除非依照法律规定或者对方当事人的书面同意,任何一方均应保证不向任何第三方提供或披露有关合同的或者履行合同过程中知悉的对方当事人任何未公开的信息和资料,包括但不限于技术情报、技术资料、商业秘密和商业信息等,并采取一切合理及必要措施和方式防止任何第三方接触到对方当事人的上述保密信息和资料。

7 质量保证

7.1 乙方应建立和完善履行合同的内部质量保证体系,并提供相关内部规章制度给甲方,以便甲方进行监督检查。

7.2 乙方应保证履行合同的人员数量和素质、软件和硬件设备的配置、场地、环境和设施等满足全面履行合同的要求,并应接受甲方的监督检查。

8 货物的风险负担

货物或者在途货物或者交付给第一承运人后的货物毁损、灭失的风险负担详见   合同专用条款   。

9 延迟交货

甲乙双方签订合同后,乙方应按照合同约定履行合同义务,除不可抗力外,乙方不得延迟交货。在合同履行过程中,如果因不可抗力,乙方遇到不能按时交付货物的情况,应及时以书面形式将不能按时交付货物的理由、预期延误时间通知甲方;甲方收到乙方通知后,认为其理由正当的,可以书面形式酌情同意乙方可以延长交货的具体时间。

10 合同变更

合同继续履行将损害国家利益和社会公共利益的,双方当事人应当以书面形式变更合同。有过错的一方应当承担赔偿责任,双方当事人都有过错的,各自承担相应的责任。

11 合同转让和分包

11.1 合同的权利义务依法不得转让,但经甲方同意,乙方可以依法采取分包方式履行合同,即依法可以将合同项下的部分非主体、非关键性工作分包给他人完成,接受分包的人应当具备相应的资格条件,并不得再次分包,且乙方应就分包项目向甲方负责,并与分包供应商就分包项目向甲方承担连带责任。

11.2 乙方采取分包方式履行合同的,甲方可直接向分包供应商支付款项。

12 不可抗力

12.1 如果任何一方遭遇法律规定的不可抗力,致使合同履行受阻时,履行合同的期限应予延长,延长的期限应相当于不可抗力所影响的时间。

12.2 因不可抗力致使不能实现合同目的的,当事人可以解除合同。

12.3 因不可抗力致使合同有变更必要的,双方当事人应在 合同专用条款 约定时间内以书面形式变更合同。

12.4 受不可抗力影响的一方在不可抗力发生后,应在 合同专用条款 约定时间内以书面形式通知对方当事人,并在 合同专用条款 约定时间内,将有关部门出具的证明文件送达对方当事人。

13 税费

与合同有关的一切税费,均按照中华人民共和国法律的相关规定执行。

14 乙方破产

如果乙方破产导致合同无法履行时,甲方可以书面形式通知乙方终止合同且不给予乙方任何补偿和赔偿,但合同的终止不损害或不影响甲方已经采取或将要采取的任何要求乙方支付违约金、赔偿损失等的行动或补救措施的权利。

15 合同中止、终止

15.1 双方当事人不得擅自中止或者终止合同。

15.2 合同继续履行将损害国家利益和社会公共利益的,双方当事人应当中止或者终止合同。有过错的一方应当承担赔偿责任,双方当事人都有过错的,各自承担相应的责任。

16 检验和验收

16.1 货物交付前,乙方应对货物的质量、数量等方面进行详细、全面的检验,并向甲方出具证明货物符合合同约定的文件;货物交付时,甲方在 合同专用条款 约定时间内组织验收,并可依法邀请相关方参加,验收应出具验收书。

16.2 合同期满或者履行完毕后,甲方有权组织(包括依法邀请国家认可的质量检测机构参加)对乙方履约的验收,即按照合同约定的技术、服务、安全标准,组织对每一项技术、服务、安全标准的履约情况进行验收,并出具验收书。

16.3 检验和验收标准、程序等具体内容以及前述验收书的效力详见 合同专用条款 。

17 通知和送达

17.1 任何一方因履行合同而以合同第一部分尾部所列明的传真或电子邮件_____发出的所有通知、文件、材料,均视为已向对方当事人送达;任何一方变更上述送达方式或者地址的,应于__3__个工作日内书面通知对方当事人,在对方当事人收到有关变更通知之前,变更前的约定送达方式或者地址仍视为有效。

17.2 以当面交付方式送达的,交付之时视为送达;以电子邮件方式送达的,发出电子邮件之时视为送达;以传真方式送达的,发出传真之时视为送达;以邮寄方式送达的,邮件挂号寄出或者交邮之日的次日视为送达。

18 计量单位

除技术规范中另有规定外,合同的计量单位均使用国家法定计量单位。

19 合同使用的文字和适用的法律

19.1 合同使用汉语书就、变更和解释。

19.2 合同适用中华人民共和国法律。

20 合同份数

合同份数按__合同专用条款__规定,每份均具有同等法律效力。

第三部分 合同专用条款

本部分是对前两部分的补充和修改,如果前两部分和本部分的约定不一致的,应以本部分的约定为准。本部分的条款号应与前两部分的条款号保持对应;与前两部分无对应关系的内容可另行编制条款号。

条款号	约定内容

参考文献

［1］窦然.国际商务谈判与沟通技巧［M］.上海:复旦大学出版社,2009.

［2］冯炜.商务谈判［M］.杭州:浙江工商大学出版社,2013.

［3］高铁见闻.高铁风云录［M］.长沙:湖南文艺出版社,2015.

［4］郭红生.商务谈判［M］.2版.北京:中国人民大学出版社,2016.

［5］贺继红,王书环.商务谈判［M］.北京:经济管理出版社,2019.

［6］金正昆.商务礼仪教程［M］.5版.北京:中国人民大学出版社,2016.

［7］乐国林,艾庆庆,孙秀明.商务谈判:实务技巧与国际适应［M］.北京:经济管理出版社,2018.

［8］李晶.商务谈判［M］.苏州:苏州大学出版社,2019.

［9］刘华,周莉.实用商务谈判［M］.北京:科学出版社,2019.

［10］毛晶莹.商务谈判［M］.北京:北京大学出版社,2010.

［11］莫群俐.商务谈判［M］.北京:人民邮电出版社,2023.

［12］乔·纳瓦罗,马文·卡尔林斯.FBI教你读心术［M］.长春:吉林文史出版社,2011.

［13］乔·纳瓦罗,托尼·夏拉·波因特.超强掌控［M］.长沙:湖南文艺出版社,2019.

［14］汤海滨.商务谈判［M］.北京:清华大学出版社,2015.

［15］田晖.商务谈判与礼仪［M］.北京:清华大学出版社,2021.

［16］王宝山,张国良,孙长新.精编商务谈判［M］.2版.武汉:武汉理工大学出版社,2011.

［17］汪华林.现代商务谈判［M］.北京:企业管理出版社,2018.

［18］姚凤云,龙凌云,张海南.商务谈判与管理沟通［M］.2 版.北京:清华大学
　　　出版社,2016.

［19］易开刚.现代商务谈判［M］.3 版.上海:上海财经大学出版社,2013.

［20］张强.商务谈判学:理论与实务［M］.北京:中国人民大学出版社,2010.

［21］张祥.国际商务谈判:原则、方法、艺术［M］.北京:社会科学文献出版
　　　社,2014.

［22］张笑恒.1 分钟漫画回话技巧［M］.天津:天津科学技术出版社,2022.

［23］最高人民法院民法典贯彻实施工作领导小组.中华人民共和国民法典合同
　　　编理解与适用［M］.北京:人民法院出版社,2020.

［24］常健,张晓燕.冲突转化理论及其对公共领域冲突的适用性［J］.上海行政
　　　学院学报,2013,14(4):46-56.

［25］布鲁斯·阿伦,尼尔·多赫提,基思·韦格尔特,等.阿伦 & 曼斯菲尔德管
　　　理经济学(原书第六版)［M］.毛蕴诗,刘阳春,等,译.北京:中国人民大学
　　　出版社,2009.

［26］林晓华,王俊超.商务谈判理论与实务［M］.北京:人民邮电出版社,2016.